ローマ世界の歴史

ウェレイユス・パテルクルス

西洋古典叢書

凡例

一、本書は、ギリシア初期の歴史と前一五〇年頃の共和政期から第二代ローマ皇帝ティベリウス統治時代までウェレイユス・パテルクルスが書き綴った古代ローマの概略史である。

二、翻訳の底本として用いたのは、J・エルグアルクの校訂本(Hellegouarc'h, J., *Velleius Paterculus: Histoire Romaine*, 2 vols., Paris, 1982)である。

三、ラテン語のカナ表記について従った原則は、

(1) ph, th, ch はそれぞれ p, t, c (=k) と同じ音価とする。

(2) cc, pp, ss, tt は「ッ」で表わし、ll, rr は「ッ」を省略する。

(3) 長母音については、原則これを短母音と等価とするが、ラテン語の場合もギリシア語の場合もわれわれ日本人に馴染み深い名を表わすときは、それに従った。

四、ローマ人あるいはラテン語圏に属する固有名詞はラテン語風の、ギリシア人あるいはギリシア語圏に属する固有名詞はギリシア語風の読み方で表記した。それ以外の固有名詞はテクストに示されているものをラテン語風の読み方で表記した。

目次

第一巻 …………… 3

第二巻 …………… 35

訳者あとがき ………………… 219

人名索引（逆丁）

ローマ世界の歴史

西田卓生
高橋宏幸
訳

第一巻

第一章

一　……[1]〈エペイオスは[2]〉嵐のために自分の主人ネストル[3]から引き離され、のちにメタポントス[4]を建国した。テウクロス[5]は自分の兄弟が被った悪行に対する復讐を怠ったため、父親テラモンの怒りを買い、キュプロス島へ追放された。そこに植民都市を建設し、自分の祖国の名にちなんでサラミスと命名した。アキレウスの息子ピュロス[6]はエペイロスに地歩を固め、ペイディッポス[7]はテスプロティアのエピュラに地歩を得た。

二　王たちの王アガメムノン[8]は暴風雨に押し流されてクレタ島に漂着し、三つの都市を建設、そのうち二つは祖国にちなんでミュケナイとテゲアと命名し、もう一つは彼の勝利を記念してペルガモンと名づけた。そのアガメムノンは、先代から受け継いだ彼への憎しみを実行に移した父方の従弟アイギストス[9]と、自身の妻クリュタイムネストラとの共犯により不意を襲われて殺された。

三　アイギストスは七年間王位を保持した。オレステスは、自分の姉妹で男優りの大胆さを備えたエレクトラと協力してすべての計画を立て、アイギストスと母親のクリュタイムネストラを殺した。オレステスの行為が神々に支持されていたことは彼の人生の長さと幸福な統治から明らかであった。というのは、彼は九〇歳まで生き、七〇年間統治したのであるから。さらにオレステスは、アキレウスの息子ピュロスにも武勇をもって復讐を果たした。というのは、オレステスはメネラオスとヘレネのあいだに生まれた娘で自分の許

(1) 作品の冒頭部分は失われている。そこには、作品の構成、意義、目的などを述べる序文が記されていたと推測される。その一方、作品本体については、伝存テキストの第一章もトロイア戦争終了後のギリシアの英雄たちの帰国を記しているが、欠損部分もここに言及されないオデュッセウス、メネラオス、ディオメデスなど他の主だった英雄たちについての記述から始まっていたと考えられる。

(2) 女神アテナの助力を得て作り上げた有名な木馬の製作者。

(3) ペロペネソス半島中西部の沿岸都市ピュロスの王。賢明な忠告と弁舌、および、長寿で知られる。

(4) メタポントスは初期のギリシア人植民都市で、南イタリア、タレントゥム（現ターラント）の西に位置する。第二次ポエニ戦争で廃墟となった。

(5) アッティカの都サラミスの王テラモンの息子。兄弟のアイアスとともにトロイア戦争で活躍した英雄。練達の弓射手として知られる。

(6) ピュロスは、別名ネオプトレモスとも言い、父親であるギリシア軍随一の英雄アキレウスの死後、トロイア戦争に参加した。エペイロスはギリシア本土北西部、イタリア半島の踵部分と向き合う沿岸地方。

(7) ヘラクレスの孫で、テッサロスの息子。ヘレネの求婚者の一人で木馬の中に入って、トロイアを攻略した兵士の一人。テスプロティアはエペイロスの南部。

(8) ミュケナイの王で、トロイアに遠征したギリシア軍の総大将。テゲアは母アエロペの生まれ故郷で、ペロペネソス半島中央に位置する町。ペルガモンはトロイアの城塞の名。

(9) アガメムノンの父アトレウスは弟テュエステスの子らを、末子でまだ赤子だったアイギストスのみを残して、殺害した。兄たちの復讐のため、アイギストスはアガメムノン王がトロイア戦争に遠征しているあいだに王后クリュタイムネストラと情を通じ、王が帰国したとき共謀して殺害した。このときまだ幼かった王の息子オレステスは他国に預けられ、成人して帰国後、姉エレクトラと協力して母クリュタイムネストラとアイギストスを殺し、父王の復讐を果たした。

嫁のヘルミオネをピュロスが奪ったという理由で、彼をデルポイで殺したからである。
四　この頃、リュドスとテュレノスという名の二人の兄弟がリュディア(1)を統治していたが、作物不足で窮地に追い込まれたリュディアの人々は、二人の王のうちどちらが国民の一部を連れて祖国を去るか、くじ引きで決めることにした。くじはテュレノスに当たった。テュレノスはイタリアへ渡って、定住した土地と住民と海に彼にちなむ高貴で不朽の名を冠することとなった(2)。
オレステスの死後、彼の息子たちのペンティロスとテイサメノスが三年間統治した。

第二章

一　当時、トロイア陥落(3)後約八〇年、ヘラクレスが神々のもとに旅立って約一二〇年後、ペロプスの末裔たちがヘラクレスの末裔を追い出してペロポネソスの統治権を掌握していたが、今度は逆にヘラクレスの末裔たちに放逐されてしまう。統治権を取りもどした指導者たちは、高祖父にヘラクレスを持つテメノス、クレスポンテス、そしてアリストデモス(4)であった。
ほとんど同じ頃、アテナイでも王による統治が終焉する時が来た。その最後の王はメラントスの息子コドロスであったが、この人物を看過するわけにはいかない。というのもスパルタとの戦争がアテナイ人に重くのしかかったとき、デルポイの神はアテナイ人に次のような神託を与えた。それは、指導者が敵に殺される側が勝利を得るであろう、というものであった。そこでコドロスは王衣を脱ぎ捨て家畜番の衣服を身にまとって敵陣の中に入り込み、わざと喧嘩を吹っ掛け、誰と分からぬまま殺されてしまう。

二 コドロスは死ぬことで不朽の名声を得、アテナイ人は勝利を収めた。臆病者ならばたいてい、自分の命が救われるよう行動するのに、コドロスは策略を巡らせて死を求めた。その男を称讃せぬ者が誰かいるであろうか。彼の息子メドンはアテナイにおいて最初のアルコーン(5)となった。この人物にちなみ、アッティカ地方で彼の末裔はメドンティダイと呼ばれた。メドンと彼に引き続くアルコーンたちは、カロプスにいたるまで終生その職の栄誉を独占した。ペロポネソス人たちも、コリントスとアテナイの中間地点にメガラを建国した。

三　その頃、テュロス人(6)も、艦隊によって海上を席巻し、ヒスパニアの最も奥、この世界の果てにあって、海洋が周囲を取り囲み、じつに狭い海峡で大陸から隔てられている島にガデスを建国した。その数年後、テュロス人たちはまた、アフリカにおいてウティカを建国した。ヘラクレスの末裔たちにより追放されたオレ

(1)小アシア西岸中央の一地方。
(2)それぞれ、テュレニア、テュレニア人、テュレニア海。
(3)古代では前一一八三年とも、前一一二七年とも言われた。
(4)パウサニアス三-一-五、アポロドロス二-一八に従えば、アリストデモスはペロポネソスに到着する前、雷に打たれて死んでいる。
(5)アテナイの最高指導者であるアルコーンの始まりは、はっきりしていない。おそらくは、はじめアルコーンは一人で任期は終生、次にアルコーンは七人で一〇年間権力を振るい、次に歴史時代に入って任期は各年ごと、数は九人となった。
(6)フェニキアの都。

ステスの子供たち(1)は、さまざまな境遇と荒れ狂う海に翻弄され、十五年目にやっとレスボス島の周辺地域に居を定めた。

第三章

一　当時ギリシアの地は未曽有の大動乱で揺れていた。ラコニアから放逐されたアカイア人らは、現在彼らが占拠している地方を奪った。ペラスゴイ人たちは一団となってアテナイに移住した。テスプロティア出身で名をテッサロスという大変好戦的な若者が、数多くの国人を率いて、以前はミュルミドン人の国と呼ばれ、現在ではテッサロスの名にちなんでテッサリアと呼ばれている地方を占拠した。二　この点で、誰もが一様に驚くのは、トロイア戦争の時代を語るときに、その地方をテッサリアと呼ぶ人々があることである。そのようなことをとりわけ悲劇詩人らが最も頻繁にしているが、それは決して許されるべきではない。詩人の語りはすべて自身の立場からではなく、その時代に生きた人々の立場からなされるのであるから。しかし、ヘラクレスの息子テッサロスの名により彼らはテッサリア人と呼ばれていると誰か言い張るのであれば、その人は二番目のテッサロス以前の人々がなぜこの名を名乗らなかったか説明しなければならない。三　少し前、ヒッポテスの息子で、ヘラクレスから数えて六代目に当たるアレテスは、ペロポネソス半島入り口の要衝、かつてエピュラと呼ばれていた地峡にコリントスを建国した。コリントスがホメロスに言及されていること(2)も驚くには当たらない。というのは、詩人たちはこの都市もまたイオニア地方にあるいくつかの植民都市と同様、トロイア陥落後はるかに時を経てそう呼ばれるようになった地名で呼んでいるのである。

第四章

一　アテナイ人たちは、エウボイア島に植民都市カルキスとエレトリアを建設した。スパルタ人たちは、アシアにマグネシアを建国した。そうして既述のようにそれほど時を経ることなく、アテナイに起源を持つカルキス人たちはヒッポクレスとメガステネスの指導のもとイタリアにクマエ[3]を建国した。彼らの艦隊の針路は、ある人々によれば、船の前を飛び交う鳩に導かれ、別の人々によればケレス[4]の祭りの夜に聞こえるような青銅の音に導かれたという。二　そうしてクマエ市民となった彼らの一部は、かなり時を経た後ネアポリスを建設した。これら二つの都市は、ローマへの変節することのない格別の忠誠心ににじつかわしい

(1) ペンティロスとテイサメネスのこと。ある伝承では、最初ペンティロスがレスボス島に都市を建設、もう一人のテイサメネスは、ヘラクレスの末裔たちとの戦いで殺された。別伝によれば、彼の従臣たちとともに、ペロポネソスの北に地歩を得たイオニア人との戦いで死んだ。生き残った従臣たちは、イオニア人から奪い取った地域に支配権を樹立し、その地をアカイアと名づけた。

(2) ホメロス『イリアス』第二歌五七〇行、第十三歌六六四行。

(3) クマエ（現クーマ）はネアポリス（現ナポリ）の西方にある古都。エウボイア島にある都市キュメからの入植者が起源ともされる。クマエのアポロ神殿にはローマの国運を記すとされるシビュラ預言書が保管されていた。

(4) ローマの五穀豊穣の女神。ギリシアのデメテルに相当。

評判と快適な環境を備えている。しかし、ネアポリスが父祖伝来の宗教儀式をより忠実に守り続けたのに対し、クマエは隣国オスキ(1)から影響を受けて変化していった。これらの都市が古くから権勢を保っていたことは、今日でも城市の大きさから明白である。三　それに引き続いて人口過剰を理由として数多くのギリシア人が居住地を求めてアシアに広がっていった。というのも、イオンを指導者と仰ぐイオニア人たちはアテナイを離れ、今日イオニアと呼ばれ、海の神が祭られている海岸のきわめて名高い地方を占拠した。建設された諸都市は、エペソス、ミレトス、コロポン、プリエネ、レベドス、ミュウス、エリュトライ、クラゾメナイ、ポカイアなどで、またエーゲ海やイカロス海に浮かぶ大きな島々、つまり、サモス、キオス、アンドロス、テノス、パロス、デロス、その他無名の島々をギリシア人たちは占拠した。四　少し遅れてアイオリア人たちもギリシアを離れ、きわめて長期間の放浪の末、名だたる土地を手に入れ、音に聞こえた諸都市を建設したが、それらはスミュルナ、キュメ、ラリッサ、ミュリナ、ミュティレネ、その他レスボス島にある都市である。

第五章

一　このあと、ホメロスの詩才が至上の光彩を輝かせることとなった。例を見ない偉大な才能は、作品の壮大さと詩歌が発する光のゆえに、唯一詩人の名に値した。二　最も注目すべきことは、ホメロス以前にホメロスが模倣した詩人はおらず、ホメロス以後に彼を模倣できたような詩人も見いだせない、ということである。詩歌のある分野の創始者であり、かつその分野においても完璧な詩人を、ホメロスとアルキロコス[2]以外に誰をも見いだすことはあるまい。三　ホメロスは人々が考えている以上の長い年月を、詩に歌われたトロイア戦争の時代から隔たっている。なぜならホメロスの詩才が花開いたのは約九五〇年前で、彼が誕生してから千年と経っていないのだから。その点で、ホメロスが「現在の人間のような」[3]という言い回しを用いていることは、格段驚くほどのことではない。実際、時代ともに人間にも違いが認められる。ホメロスが盲目のまま生まれてきた[4]と信じる者がいれば、その者こそ〈五感全体〉を欠いているのである。

第六章

一　それに続く時代に、一〇七〇年間アシアにおける支配権を掌中に収めてきたアッシュリア人たちはその支配権をメディア人たちに譲った。およそ八七〇年前のことである。二　アシア人たちの王サルダナパロスは贅沢な生活で気力を奪われ、幸運にもあまりに過剰な財産を得てかえって不幸を呼び込んだ。バビュロン

(1) クマエ、ネアポリスのあるカンパニア地方の北部に原住の民族。
(2) ホメロスが英雄叙事詩人であるのに対し、アルキロコスはイアンボス（短長格）による抒情詩の創始者と考えられている。
(3) 原文はギリシア語での引用。
(4) ホメロスが盲目であったとの言い伝えは、アレクサンドリアの文法家がホメロスの名を“ὁ μὴ ὁρῶν”「見えない人」と解したことに始まり、そこからさまざまな逸話が生じた。

を建国したニノスとセミラミス以来第三十三代に当たり、ずっと王権を父から息子に継承してきたが、メディアのアルバケスによって王国ばかりか命まで奪われた。三　同時代、最も著名なギリシア人にラケダイモンのリュクルゴスがいた。彼は王族出身で、きわめて厳格で正義に適った法制と、人間教育に最もふさわしい規律を創始した。これにスパルタ人たちが細心の注意を払うかぎり、スパルタは大いに繁栄した。四　この頃、ローマ建国の六五年前に(1)、ディドの名で呼ばれることもあるテュロス人のエリッサがカルタゴを建国した。

五　ほぼその頃、王家の出身でヘラクレスから数えて十六代目に当たるカラノス(2)がアルゴスを出発し、マケドニアをわがものとした。アレクサンドロス大王は、カラノスから数えて十七代目、母方はアキレウスを、父方はヘラクレスを家系の祖とすることを誇りに思っていた。六　アエミリウス・スラの『ローマ国民年代記』によれば、世界全体に対する権力を最初に奪取したのはアッシュリア人たちで、次にメディア人、ペルシア人、マケドニア人たちであった。その後、マケドニア出身の二人の王ピリッポスとアンティオコスは、カルタゴが征服されて程なくローマに徹底的敗北を喫し、最高統治権はローマ国民に引き継がれた。この時代と世界最初の支配者でアッシュリア人の王ニノスのあいだには一九九五年の時が経過している。

第七章

一　ホメロスから一二〇年ほど降った時代にヘシオドスがいた。彼は非常に明敏な頭の持ち主で、その穏やかで魅力的な詩行は記憶に値する。なによりも余暇と静謐を求め、時代の点でも著作の威光の点でもホメロスの次に位置する詩人であった。ホメロスが陥った過ちを避け、祖国と両親について証言しているが、彼に不利益を与えた祖国についてはひどく侮辱するかのように歌っている。[3] 二 さて、外国のことばかり述べているあいだに、たまたま一つ自国のことにぶつかったが、それがひどく間違っているうえに、歴史家の意見の相違もはなはだしい。というのも、ある者は、この頃、つまり約八三〇年以前にエトルリア人がカプアとノラを建国したと述べる。三 これには私も同意したい。しかしカトーが支持している説とは何たる違いか。カトー曰く、「カプアと、そのすぐあとにノラを建国したのは同じエトルリア人である。しかしカプアは、ローマ人に占領される以前二六〇年ほどしか存続していないのだ」と。

四 もしそうだとすれば、カプアがローマ軍に占領されたのは今から二四〇年前[4]のことだから、建国されて約五〇〇年しか経過していないことになる。私としては、カトーの正確さには頭が下がるが、このように速くカプアのような大都市が、建国され、栄え、滅ぼされ、そうして再建されたとは信じがたいのである。

(1) ローマ建国は前七五三年とされる。カルタゴ建国についてキケロ『国家について』二-四二にも同じ表現が見られる。

(2) マケドニア征服は、ヘロドトス四-一三七によれば、ペルディッカスが達成した。カラノスの名はペルディッカスの祖先としてディオドルス・シクルス七-一七、ティトゥス・リウィウス四五-九-三に現われる。

(3) ヘシオドスの父親はアイオリスの町キュメからボイオティアのヘリコン山麓の村アスクラに移り住んだが、移住は「悪しき困窮を逃れて」のものである一方、アスクラを「厭わしい村、冬は悪しく、夏は過酷、心地よいときがない」と詩人は歌っている(『仕事と日』六三六行以下)。

(4) 前二一一年。

第八章

一　それからエリスのイピトスの提唱により、オリュンピア競技祭が始まった。それはあらゆる競技祭のうち最も名が知られ、心身の徳性涵養に最も有効である。イピトスは競技の種目と開催の日時と場所を定めた。マルクス・ウィニキウスよ、あなたが執政官職にある年から数えて八二三年前[1]のことである。二　この神聖な式典は、言い伝えによると、われわれの年代から約一二五〇年前にアトレウスが同じ場所で父親ペロプスに捧げるため、葬儀の競技祭を開催したときに始まる。そのとき全種目の優勝者はヘラクレスであった。

三　この頃アテナイでは、終生任期のアルコーンがその地位を占めることがなくなった。その最後のアルコーンは、アルクマイオンであった。以後アルコーンは、一〇年ごとに選出された。この慣例は七〇年続き、次にアテナイは毎年選出される官職者に委ねられた。一〇年任期の最初のアルコーンはカロプスで、最後のアルコーンはエリュクシアスであり、一年任期の最初はクレオンであった。

四　オリュンピア競技祭の創設から――第六回を経て――二二年後[2]、マルスの子ロムルスは祖父が被った不正に復讐を成し遂げてから、パラティウム丘上でパリリア祭[3]の日にローマを建国した。ローマ建国から、マルクス・ウィニキウスよ、あなたがた[4]が執政官の時代まで七八一年が経過し、トロイア陥落からローマ建国まで四三七年の時を経ている。五　ロムルスは彼の祖父配下のラティヌスの軍団の援助を得て、それを成し遂げた。私はこのような見方をわれわれの時代に伝えてくれた人々に喜んで賛同しよう。そうでなければ、隣国にウェイイ人ほか、エトルリア人、サビニ人がいるのに非好戦的牧者のような部隊では、新たに建国の礎を据えることは不可能であっただろう。もっとも、ローマ人たちは、聖林の中に隠れ家を構えて軍隊を増強していた。(5)

六　ロムルスは一〇〇人を選んで、彼らを父（パテル）と呼び、公的協議会に類似したものを作ってそれに参加させた。貴族（パトリキイー）という名はここに起源を持つ。サビニ族の乙女らの強奪は……(6)〈……この

(1) この計算では前七九三年ということになるが、実際のオリュンピア競技祭第一回は前七七六年。なお、イピトスは神話上の英雄。伝承によれば、ヘラクレスの末裔で、デルポイの神託を受けてヘラクレスが制定した競技会を一人で再編成した。

(2) 前七五三年。ローマの母市となるアルバ・ロンガの都の王ヌミトルから弟アムリウス王位を奪い、ヌミトルの血筋の男子すべてを殺害したうえ、娘レア・シルウィアを純潔を守らねばならない巫女にした。しかし、レア・シルウィアは、軍神マルスの胤から双子ロムルスとレムスを生んだ。双子はアムリウスの命令で遺棄されるが、牝オオカミに育てられ、成長したのちアムリウスを駆逐、ヌミトルをアルバ・ロンガの王位に復帰させ、自分たちはローマ建国に着手する。このとき、ロムルスがパラティウム丘に、レムスがアウェンティヌス丘に、それぞれ城を構えて対立、レムスはロムルスに殺されることになる。

(3) 四月二十一日。パリリア祭は農耕・牧畜を司るローマ古来の神格パレスに捧げられた祝祭。

(4) マルクス・ウィニキウスとともに同僚執政官カッシウス・ロンギヌスへも呼びかけを意図した表現。

(5) ロムルスは富国強兵のために人口を増やそうと犯罪人までも自分の領内に呼び込んだ。

(6) ここに大きな写本欠損部があり、ロムルス統治の初めから第三次マケドニア戦争まで五八〇年間の部分が欠けている。

時代ミルティアデスの息子キモンはそれに劣らず有名であった……。〉

第九章

一　……〈ローマ国民は〉〈敵が恐れていた以上に〉……〈ゆっくりと敵の不正に対して復讐〉した。というのも、ペルセウス[1]は二年間にわたりローマの執政官と勝敗あい入れ替わる戦闘を続け、全般的に有利に立つと、首尾よくギリシア全体を自分の同盟に引き入れた。二　そればかりか、以前からローマにこのうえなく忠誠心を抱いていたロドス島の住民[2]でさえ、そのときばかりは忠誠心も揺らぎ、事の成りゆきを窺い、王党派に傾いたように見えた。エウメネス王[3]は、その戦争において中立を保ち、先に動いた兄弟にも従わず、自分のいつものやり方もとらなかった。三　このときローマの元老院とローマ国民はルキウス・アエミリウス・パウルスを執政官に選んだ。すでに法務官のときも執政官のときも凱旋式を祝い[4]、武勇にかけておよそ考えうるかぎりの称讃に値する人物であった。カンナエの戦闘では、国家にとって破滅的な戦闘に踏み切ることに躊躇する一方、戦いが始まるや勇敢な死を遂げたパウルス[5]の息子であった。四　アエミリウス・パウルスは、マケドニアのピュドナにおける大規模な戦闘[6]でペルセウスを潰走させ、陣営を奪い、王の軍勢を殲滅して、あらゆる望みを絶った。王はマケドニアから逃げ出すことを余儀なくされ、船でサモトラケ島へ逃走し、嘆願者として神殿の聖域に自身を委ねた。五　艦隊を指揮した法務官グナエウス・オクタウィウス[7]は王の許へ赴き、身柄の措置をローマ人に一任するよう無理やりというより理詰めで説得した。かくしてアエミリウス・パウルスは偉大で高貴な王を凱旋式(8)の行列に加えた。この年には、海軍司令官オクタウィウスと、イリュリクムの王ゲンティウスを自分の戦車の前に引き連れたアニキウス(9)の凱旋式も挙行された。六 際立った幸運には嫉妬がどれほどしっかり寄り添い、高ければ高いほどまとわりつくか、次のことからも理解できる。アニキウスとオクタウィウスの凱旋式には誰も異議を唱える者はいなかったが、パウルスの場合、凱

(1)マケドニア王ペルセウスは第三次マケドニア戦争において、前一七一年にペネイオス河畔で執政官プブリウス・リキニウス・クラッススを、前一七〇年に執政官ホスティリウス・マンキヌスを破った。

(2)ロドス島の人々は交易上の障害に対する不満から、和平にいたるまで撤退を促そうとした。

(3)ペルガモン王エウメネス二世は、生涯の最後二年間表裏のあるどっちつかずの態度に終始したが、いずれにせよペルセウスとは秘密裏に交渉せざるをえなかった(ポリュビオス二九-九-一二、リウィウス四四-二四、アッピアノス『マケドニア戦争』一八)。

(4)前一八二年、最初の執政官の年にリグリア人に勝利して、凱旋将軍となっている一方、前一九一年の法務官のときに(ヒスパニアで勝利を収めたが)凱旋式を挙行したという典拠は他にない。

(5)前二一六年の執政官ルキウス・アエミリウス・パウルスはカンナエにおいて、戦わずにハンニバルを消耗させる考えであったが、同僚執政官ガイウス・テレンティウス・ウァロが血気に逸って交戦し、ローマ軍は壊滅的敗北を蒙る結果となった。

(6)前一六八年六月二十一日。

(7)前一六五年にオクタウィウス氏で初めて執政官職に就いた人物。

(8)ピュドナの戦いの翌年の前一六七年十一月二十七―二十九日。

(9)ゲンティウスはローマの同盟国に対する海賊行為によってペルセウスを支援していたが、スコドラにおいて前一六八年の海外担当法務官ルキウス・アニキウス・ガッルス(前一六〇年の執政官)によって包囲され、敗北した。

旋式を邪魔しようとする連中がいたのである。[1] パウルスの凱旋式は、ペルセウス王の偉大さ、彫像群の見映え、金品の点で先例にまさっていた。国庫に二〇万セステルティウスを納め、規模の点で以前に行なわれたどのような凱旋も比較にならなかった。[2]

第十章

一　同じ頃、アテナイでゼウス・オリュンピア神殿建立に着手した当時のシュリア王アンティオコス・エピパネスが、[3] アレクサンドリアにおいて少年王プトレマイオスを包囲攻撃していた。[4] アンティオコス王にその企てから身を引くように命じるため、ローマから王の許へマルクス・ポピリウス・ラエナスが使者として派遣された。[5] 二　ラエナスが命令を伝えると、王は「熟考するであろう」と答えた。するとラエナスは、王の周りに杖で円を描き、返答しないうちは砂に書かれた円の外へ出てはならないと言った。かくしてローマ人の毅然とした態度を受けて、王の抱いた企ては頓挫するにいたり、王は命令に従った。

三　ところで、ピュドナの戦いに大勝利を収めたルキウス・パウルスには四人の息子がいたが、年長の二人のうち一人はアフリカヌスの息子で、[6] 表向きの名前と活力ある雄弁以外何も親譲りの卓越した面を持たないプブリウス・スキピオに、もう一人はファビウス・マクシムスに養子に出された。[7] 年少の二人は、パウルスが勝利を収めたとき、まだ縁取りのトガを着ていた。四　パウルスは、凱旋式を前にしたある日、祖先の習慣に従って[8] 首都の外で開催された集会で自身の一連の事績を述べ、もし自分の業績と幸運を妬む者がいれば、神々の怒りが国家よりむしろ自分自身に激しく襲いかかるよう不死なる神々に祈りを捧げた。五　その声はあたかも神託のように発せられ、彼の血統の大部分を彼から奪い去った。というのも、家庭内に留めておいた二人の息子のうち一人を凱旋式の二、三日前に、もう一人をさらに間もなく失った(9)からである。六　この頃(10)、フルウィウス・フラックスとポストゥミウス・アルビヌスは監察官権限を厳しく行使した。という

(1) 原因は、アエミリウス・パウルスが戦勝による略奪を嫌い、戦利品は国庫に収める方針であったことから、勝利の大きさに比してわずかな報酬しかないことへの兵士らの不満にあった。

(2) 凱旋式の壮麗さについて、プルタルコス『アエミリウス・パウルス』三二―三四、またディオドルス・シクルス三一―八―一〇―一二参照。

(3) アンティオコス四世・エピパネスは、兄王セレウコス四世が暗殺されたあと、前一七四年に即位した。彼は人質としてローマで一四年間過ごしたことがあり、即位にはローマの支援もあったと考えられる。

(4) プトレマイオス六世・ピロメトル（在位、前一八一―一四五年）がシュリアに宣戦布告したのに対し、アンティオコスも対抗して進軍し、ペルシオン（下エジプト沿岸の町）においてエジプト軍を破った。

(5) 前一七二年の執政官。なお、他の典拠では、個人名はマルクスではなく、ガイウス。

(6) 大スキピオ・アフリカヌスのこと。その息子プブリウス・コルネリウス・スキピオの養子とされたパウルスの子が小スキピオ・アエミリアヌス。

(7) クイントゥス・ファビウス・マクシムス・アエミリアヌス（前一四五年の執政官）。

(8) 凱旋式を控えた将軍はローマの母市境界線の外側で待機するしきたりであった。

(9) 二人の息子は一二歳と一四歳で、凱旋式の五日前と三日後に死去した。なお、三節末に「縁取りのトガ（ローマ人の市民服）を着ていた」とあるのも成人前であることへの言及。また、自身が災いを受けることで国家が救われることを祈る祈願は通常、命運を左右する決戦の前に行なわれる。

(10) 前一七四年。

のも、監察官フルウィウスの兄弟で共同相続人グナエウス・フルウィウスまでもがこの両監察官により元老院から締め出されたのだから。

第十一章

一　ペルセウスが敗北して捕縛され、四年後にアルバで軟禁されたまま死んだあと[1]、似非ピリッポスが[2]――彼はもともと最下層の出身であったにもかかわらず、ピリッポスと名乗って王の家系に属すると僭称したがゆえにそう呼ばれているのだが――武力によりマケドニアを占領すると、王家の顕彰を身につけた。だが、すぐにその軽挙に罰が下された。二　というのも、法務官クイントゥス・メテルスがこのときの武勇ゆえにマケドニクスという添え名を賦与されたほどの輝かしい勝利でピリッポスとマケドニア軍を圧倒し、さらに大規模な戦闘で、蜂起の軍を起こしたアカイア人をも潰走させたからである[3]。三　このメテルス・マケドニクスこそ、今ではオクタウィウスの柱廊がまわりを囲む二つの神殿[4]に挟まれた銘文のない柱廊を建設した人物である。また彼は、神殿に向かって立つ騎馬像群をマケドニアからローマへ運び込み、それは現在でもその場の主たる装飾になっている。四　その由来として伝わるところでは、アレクサンドロス大王が彫像製作では並ぶ者ないリュシッポス[5]に依頼して、自軍の騎兵たちのうちグラニコス河畔の戦い[6]で倒れた騎兵たちに似せた彫像を作らせ、それらの中央に自分の彫像を置くように命じたという。五　このメテルスは、ローマ人たちのうち最初に大理石の神殿を建立し、これら記念碑の中央に配した。かくして壮麗さの、あるいは言葉を変えて言えば贅沢さの先駆者となった。どの国民にも、どの時代にも、どの階級にも、メテルスが享受した幸運の恵みという点で比肩しうる人物は見いだせないであろう。六　なぜなら、卓越した勝利、比類ない栄誉、国家の最高位、長寿、国家のために政敵と激しく争って手を汚すことがなかったことに加え、育て上げた四人の息子は全員成人まで生き延びて国家最高位の官職に就き、四人とも父親より長命であったのだから。七　メテルスの遺体を載せた輿は四人の息子にかつがれ、演壇（ロストラ）の前に置かれた。四人のうち一人は執政官と監察官の経験者、二人目も執政官の経験者、三人目は当年の執政官、四人目は執政官の候

(1) アエミリウス・パウルスは自身が打ち負かしたマケドニア王ペルセウスをアルバ・フケンス（ローマの東八〇キロメートルほどの町）で監獄には入れずに緩やかな監視下においたが、ペルセウスは自ら食を断って死にいたったという。
(2) 本名はアンドリスコス、ミュシアの町アドラミュッティオン出身。ペルセウスの息子ピリッポスと名乗って集めた軍勢を率いて前一四九年にトラキアからマケドニアへ進攻、ストリュモン河畔の戦いで勝利してマケドニア王となった。ローマが派遣した法務官プブリウス・ウェンティウス率いる軍をも破ったが、前一四八年、クイントゥス・カエキリウス・メテルス指揮下の軍に敗れた。これを機にマケドニアはローマの属州となった。
(3) アカイア人は自分たちとスパルタの紛争に介入してきたローマに対して反乱を起こした。これをカエキリウス・メテルス・マケドニクスは、マケドニアでの勝利に続いて、鎮圧に当たった。
(4) フラミニウス競技場近くにあるユノ女王神とユッピテル擁護神の神殿。
(5) 前三九〇年頃、シキュオンで生まれ、競技会の勝利者の像を製作して有名になった。
(6) アレクサンドロスがペルシア人に対し達成した初めての勝利で、その地の支配権を握った。グラニコスはプロポンティス（現マルマラ海）に流れ込む小アシア沿海部の河。

補者で、のちにその栄誉を授かることになる。[1] 確かに彼は死ぬというより、幸福に人生から旅立ったと言えよう。

第十二章

一　次いでアカイア全体が、戦争へと蜂起し、その大部分の地域は既述のように、かのメテルス・マケドニクスの武勇と武器により打ちのめされたが、とくにコリントス人たちがローマ人に重大な侮辱を加えてまで戦争へ挑発しているのに対しては、執政官ムンミウスが戦争遂行のために指名された。[3] 二　同じ年に元老院はカルタゴ殲滅を決議した。それは、ローマ人がカルタゴに関するどのような噂でも信じようとしたからで、信頼できる情報が届いていたからではない。三　同じ頃、父祖代々美徳を持つという点で祖父の大スキピオ・アフリカヌスと父アエミリウス・パウルスに酷似した小スキピオ・アエミリアヌス ―― 戦時にも平和時にもあらゆる天賦の才に恵まれ、さまざまな才覚と探求心に溢れ、終生称讃される行為以外はすることも、言うことも、考えることもなく、既述のとおり、パウルスの息子として生まれ、スキピオ・アフリカヌスの息子の養子となった人物 ―― が高等造営官を目指して立候補したのに執政官に選出された。四　カルタゴとの戦争はすでに二年前、前任の執政官のときから始まっていた。[4] これ以前、彼はヒスパニアで「壁の冠」[5]を、アフリカでは「包囲の冠」[6]を賦与され、ヒスパニアでは、自身は並の体力であるのに、挑発までして巨軀の敵を殺した。五　カルタゴは当時ローマに危険であるからでなく、カルタゴの権勢ゆえに憎まれた。これを小スキピオは徹底的に破壊し、彼の祖父が示した慈悲の象徴でもあったカルタゴを自分の武勇の記念碑とした。カルタゴが破壊されたのは建国以来六百六十六年目の年で、現在から数えて一七七年前、グナエウス・コルネリウス・レントゥルスとルキウス・ムンミウスが執政官の年のことであった。(7)

六　ローマと覇権を争ったカルタゴはこのようにして潰えた。(8) カルタゴとの戦争をわれわれの祖先が始めたのはクラウディウスとフルウィウスが執政官の年で、マルクス・ウィニキウスよ、あなたが執政官在任の

(1) 四人の息子はクイントゥス・カエキリウス・メテルス・バレアリクス（前一二三年の執政官、前一二〇年の監察官）、ルキウス・カエキリウス・メテルス・ディアデマトゥス（前一一七年の執政官）、マルクス・カエキリウス・メテルス（前一一五年の執政官）、ガイウス・カエキリウス・メテルス・カプラリウス（前一一三年の執政官、前一〇二年の監察官）。マケドニクスの死は前一一五年。

(2) 前一四六年、コリントス人たちはグナエウス・パピリウスを代表とするアカイア同盟へのローマの使節に退去を強要した。

(3) 前一四六年の執政官ルキウス・ムンミウスはアカイア同盟に対する戦争の指揮をメテルス・マケドニクスから引き継いだ。

(4) 前一四九年の執政官マニウス・マニリウスとルキウス・マルキウス・ケンソリヌス、前一四八年の執政官ルキウス・カルプルニウス・ピソ・カエソニヌスとポストゥミウス・アルビヌス・マグヌスの指揮下でローマ軍は苦戦していた。

(5) 黄金製で胸壁を象り、敵の城壁を最初に乗り越えた兵士に贈られる顕彰。これを小スキピオは、前一五一年、ヒスパニアでルキウス・リキニウス・ルクルス配下の軍団副官として従軍したとき、インテルカティア攻略戦において獲得した。

(6) 草を編んだ冠で、包囲戦に勝利した指揮官から兵士に贈られる顕彰。

(7) 前一四六年。

(8) 前二六四年。アッピウス・クラウディウス・カウデクスとマルクス・フルウィウス・フラックスが執政官の年に第一次ポエニ戦争が始まった。

年から数えて二九六年前のことである。かくして、一一五年のあいだ、[1]両国民は交戦状態か、戦争の準備期間か、さもなくば不実な休戦状態にあった。七　ローマは今や世界を征服していたが、どこかにカルタゴという名が残っていれば安堵ならなかった。それほどに敵対関係から生じた憎しみは恐れを超えて持続し、相手が敗北しても捨てられず、敵意が消えるのは存在そのものが消えてからであった。

第十三章

一　カルタゴが破壊される三年前、ルキウス・ケンソリヌスとマニウス・マニリウスが執政官の年、[2]カルタゴ絶滅を絶えず主張し続けた大カトーが死んだ。カルタゴ滅亡と同年にルキウス・ムンミウスは、ヒッポテスの息子アレテスが九五二年前に建国[3]したコリントスを根こそぎ破壊した。二　どちらの場合も将軍は勝利を収めた民の名を名乗る栄誉を与えられ、一方はアフリカヌス、他方はアカイクスと呼ばれた。ムンミウス以前には新人[4]の誰一人として武勇によって添え名を獲得した者はいなかった。

三　指揮官たちは性格も探求の対象もさまざまであった。たとえば、小スキピオは雅人であった。自由市民の持つべき学芸と学識を主導かつ称揚し、ポリュビオスやパナイティオスのような才能に秀でた人々を、自宅同様、戦場でもそばに置いていた。[5]このスキピオより公務の合間を余暇として優雅に過ごす者はおらず、彼は戦時であれ平和時であれ常に、学芸の僕であった。常に戦場か書斎かに身を置き、危険により肉体を鍛えるか、学門により精神を鍛錬するかしていた。四　ムンミウスは非常に粗野な人物で、コリントス陥落後、最も偉大な芸術家の手で仕上げられた絵画や彫刻のイタリアへの運送を請け負わせたとき、業者に対し、もし彼らがそれらを失ったら、新品と取り代えるよう命令したという。五　だがウィニキウス殿よ、あなたは躊躇せずに次のように考えると私は思う、国家のためにはコリントスの美術品に対する理解が今もまだ粗野なままであったほうが、今のようにここまで理解されるよりよかった、そして、今の知識よりかの時代の無知のほうが国家の品格に資していたろう、と。

第十四章

一　一つの出来事は時間的に隔てて述べられるより、一括して示すほうが容易に目にも心にも焼き付くのだが、私は本巻の前半と後半のあいだに有用な要約を置くことにした。すなわち、ガリア人らによる首都ロ

---

(1) 前二六四年から前一四九年まで。
(2) 前一四九年。
(3) 前出、第三章三参照。
(4) 家系の中で最初に高位政務官（法務官または執政官）に就いた者。
(5) 小スキピオが主宰した文壇サークルへの言及。ポリュビオスはピュドナの戦い（前一六八年）後にアカイア同盟がローマへ引き渡した一〇〇〇人の人質の一人としてローマに来て、小スキピオのサークルに加わり、第一次ポエニ戦争に始まるローマ史四〇巻（一部伝存）を著わした。パナイティオス（前一八〇－一一〇年）はストア派哲学者で、スキピオ・サークルの中心人物となる一方、その著作（散逸）はキケロの哲学書に大きな影響を及ぼした。

ーマの占拠以後、元老院が各時代に命じた植民都市の建設やその年代などの細目をさし挟むことにしようと思う。軍事上築かれた植民都市では、建設の理由や建国者は都市自体の名前から明らかである。これに加え、市民権賦与による諸都市の増加発展やローマの伸張を織り込むことは不適切ではないであろう。

二　ガリア人らが首都ローマを占拠し[1]て七年後に植民都市ストリウムが建設され、その翌年にセティアが、九年を経てネペが建設され、その後三二年を経て、アリキアの住民は市民権を得た[2]。**三**　三五〇年前、スプリウス・ポストゥミウスとウェトゥリウス・カルウィヌスが執政官の年[3]、カンパニア人と一部のサムニテス人に投票権のない市民権[4]が与えられ、同年、カレス[5]が建設された。その後三年を経て、アレクサンドリアが建設された年にフンディとフォルミアエ[6]に市民権が賦与された。**四**　次の年、監察官スプリウス・ポストゥミウスとピロ・プブリリウスによってアケラエ[7]に市民権が与えられた。さらに三年後にタラキナ、その四年後にルケリア、さらに三年遅れてスエッサ・アウルンカ、サティクラ、そしてまた二年後にインテラムナへの入植[8]が行なわれた。

五　それから一〇年間の事業休止があったのち、ソラとアルバへ、それから二年後にカルセオリへの入植[9]が行なわれた。

六　クイントゥス・ファビウスが五度目、デキムス・ムースが四度目の執政官の年で、ピュロスが王国を統治し始めた最初の年[10]に、入植者がシヌエッサとミントゥルナエへ、その四年後にはウェヌシアへ入った[11]。二年を隔ててマニウス・クリウスとルフィヌス・コルネリウスが執政官の年[12]に、サビニ人に投票権のない市民権が与えられた。今から三二〇年前のことである。

七　コサとパエストゥムには、今から二三〇〇年前、ファビウス・ドルソとクラウディウス・カニナ両名が執政官の年に、(13)そして、その五年後のセンプロニウス・ソプスと、アッピウス・クラウディウス・カエクス

(1) 前三九〇年もしくは前三八七年
(2) ストリウム（現ストリ）はローマの北五〇キロメートルほどに、セティア（現セッツェ）はローマの南東、ポンプティヌス湿原沿いに位置する。ネペ（現ネピ）はエトルリア、アリキア（現アリチャ）はアルバ山麓にある町。
(3) 前三三四年。
(4) 投票する権利とともに被選挙権もなかった。
(5) カレス（現カルヴィ・リゾルタ）はカンパニア地方のラティウム街道上の町。
(6) フンディ（現フォンディ）とフォルミアエはいずれもラティウム地方の町。
(7) カンパニア地方のオスキ人の古市。
(8) タラキナは、古くはアンクスルと呼ばれ、ポンプティヌス湿原南端の沿岸の町で前三二九年に、ルケリアはアプリア地方の町で前三一四年に、それぞれ入植。スエッサ・アウルンカはカンパニア地方、サティクラはサムニウム地方にあり、いずれも前三一三年の入植。インテラムナ（現テルミニ）はリリス川左岸に位置し、前三一二年の入植。
(9) ソラはリリス河岸のラティウムとカンパニアとの境界にある町。アルバはアルバ・フケンス（前出第十一章一）。カルセオリ（現カルソリ）はラティウムの町。
(10) 前二九五年。ピュロス（前三一八―二七二年）はエペイロスの王。この年に単独支配を確立した。
(11) シヌエッサ（ギリシア名、シノペ）とミントゥルナエはいずれもラティウム地方とカンパニア地方の境にある町。ウェヌシアはアプリア地方の町で、詩人ホラティウス誕生の地として知られる。
(12) 前二九〇年。
(13) 前二七三年。コサ（現アンセドニヤ）はテュレニア海沿岸の町。パエストゥムはサレルノ湾に面する。

の息子アッピウスが執政官の年、(1)アリミヌムとベネウェントゥムに入植者が送られ、また、サビニ人に投票権が与えられた。

八　第一次ポエニ戦争が始まった年に、(2)フィルムムとカストルムが入植者に占拠され、翌年にはアエセルニアが、一七年後にはアエフルムとアルシウムが、その二年後にはフレゲナエが、その翌年、執政官がトルクァトゥスとセンプロニウスの年に(3)ブルンディシウムが、さらに三年後にはスポレティウムが建設された。その年、女神フローラに捧げる競技祭(4)が初めて挙行された。その二年後にウァレンティアが、そしてハンニバルがイタリアへ到着したとき、クレモナとプラケンティアが建設された。(5)

第十五章

一　ハンニバルがイタリアに滞留しているあいだ(6)も、またイタリアから撤退したあとも、ローマ人が植民市建設の手を休めることはなかった。なぜなら、戦争中は、兵員の任を解くより、かり集めねばならず、戦争後は、力を拡散するより回復せねばならなかったからである。二　こうしてグナエウス・マンリウス・ウルソとフルウィウス・ノビリオルが執政官の年(7)で今から約二一七年前、ボノニアの入植が行なわれ、その四年後にピサウルムとポテンティア、そのまた三年後にアクイレイアとグラウィスカ、続いて四年後にはルカに入植が行なわれた。(8)

三　疑問を呈する人もいるが、同じ頃で今から数えて約一八七年前、プテオリ、サレルヌム、ブクセントゥムに加え、ピケヌム地方のアウクシムムへ入植者が送られた。(9) これは監察官カッシウスがルペルカル(10)からパラティウムに向かって劇場の建設を始めた三年前のことである。この工事に着工しようとしたとき、カッシウスに対して市民たちと執政官カエピオの異例な反対が噴出した。私はその抵抗を市民たちの最も輝かしい意向が現われでた実例に数えたい。

(1) 前二六八年。アリミヌム(現リミニ)はアドリア海沿岸、イタリア半島付け根部分に、ベネウェントゥムはカンパニア地方内陸部、アッピウス街道沿いに位置する。
(2) 前二六四年。フィルムム(現フェルモ)とカストルム(現ジュリアノーヴァ)はピケヌム地方の町。アエセルニア(現イセルニャ)はサムニウム地方の軍事上の要衝。アエフルム(現エフラ)はラティウム地方北部、アルシウム(現アルシオ)はエトルリアの町。フレゲナエはラティウム地方、テュレニア海沿岸の町。
(3) 前二四四年。ブリンディシウム(現ブリンディジ)はイタリア半島の踵部分に位置する要衝。スポレティウム(現スポレート)はウンブリア地方の町。
(4) フロラリア祭において競技祭の始まったのが前二四一年。
(5) ウァレンティア、クレモナ、プラケンティアはいずれも北イタリア、パドゥス(現ポー)河畔の町。後二者の入植は前二一八年。
(6) 前二一八年秋から前二〇三年の秋まで。
(7) 前一八九年。
(8) ボノニアは現在のボローニャ。ピサウルム(現ペサロ)とポテンティア(現ポテンツァ)はピケヌム地方の町。アクイレイアは北イタリア、現在のトリエステの近くに位置し、グラウィスカとルカ(現ルッカ)はエトルリアの町。
(9) プテオリ(現ポッツォーリ)とサレルヌム(現サレルノ)はカンパニア地方、ブクセントゥム(現ポリカストロ)はルカニア地方の町。
(10) 生まれてすぐティベリスの川辺に捨てられたロムルスとレムスの双子に牝狼がここで授乳したとされ、ルペルカリア祭(二月十五日開催の田園神ファウヌスに捧げる祝祭)で祭司団の巡行の出発点となる場所。

四　カッシウス・ロンギヌスとセクスティウス・カルウィヌスが執政官の年(1)――セクスティウスは彼にちなんで砦がアクアエ・セクスティアエと名づけられた場所でサルウェ族を打ち破った人物である(2)――、今から数えて約一五七年前にファブラテリアが建設された。翌年、スコラキウム・ミネルウィア、タレントゥム・ネプトゥニアへの植民がなされ(3)、また、カルタゴが再建され、すでに述べたように、イタリアの外で最初の植民市となった。

五　デルトナの場合は諸説あるが、ガリアのナルボ・マルティウスについては、ポルキウスとマルキウスが執政官の年で、今から約一五三年前に入植者たちが移住した(4)。その二三年後、バギエンニ人たちの領土に植民市エポレディアが建設された。その年の執政官はウァレリウス・フラックスと六度目になるガイウス・マリウスであった(5)。この年以降に関し、軍事要衝以外の植民都市を挙げるのは容易ではない。

第十六章(6)

一　本書のこの部分は言わば構想の枠を逸脱することになろう。確かに私はまっしぐらに急がねばならず、そのため、回転する車輪、落下する滝、そして渦潮のように記述の停止を許されず、不可欠な部分でさえ省略せねばならないほどなのに余計なものを含めえないことは私自身十分承知しているとはいえ、それでもなお私の心を沸き立たせたのに理性の光で十分照らすことができなかった事実をペンで記録することを控えるよう、心を押さえつけることも私にはできなかった。

二　それぞれの分野でこのうえなく秀でた才覚の持ち主たちが同じ水準で、このように限られた時代に集中して現われたことに、誰が心の底から驚愕して十分と言えようか。あたかも檻に閉じ込められたり柵に囲われて別種のものから隔離された動物が、唯一同一の集団に集うたかのように、それぞれ才能を持つ各人が共通する時代と分野において他の者と際立った一線を画した。

三　さほど年月の隔たりもない同一の世代のうちに、神々から霊感を得た人々、つまり、アイスキュロス、ソポクレス、エウリピデスが、悲劇を輝かせた。同一の世代のうちに、クラティノス、アリストパネス、そしてエウポリスらが古喜劇を輝かせた。新喜劇はメナンドロスと、作風よりむしろ世代を同じくするピレモンやディピロスによってほんのわずかの年月のあいだに創出されるとともに、真似できないものとして残さ

（1）前一二四年。

（2）前一二二年。アクァエ・セクスティアエはマッシリア（現マルセイユ）の北二五キロメートルほどに位置する。

（3）ファブラテリアはラティウム地方の町で、前一二二年の建設。スコラキウム・ミネルウィア（その地の壮麗な身ネルウァ神殿に名をちなむ）はブルッティイ地方の町。また、タレントゥム（現ターラント）は海神ネプトゥヌスに神聖な都として知られる。

（4）デルトナ（現トルトナ）は北イタリア、現ジェノヴァの北五〇キロメートルほどに位置する。マルクス・ポルキウス・カトーとクイントゥス・マルキウス・レクスが執政官の年は前一一八年。ナルボ（現ナルボンヌ）はガリア南部の都市。

（5）前一〇〇年。エポレディア（現イヴレア）北イタリア、メディオラヌム（現ミラノ）の西一〇〇キロメートルほどに位置する。

（6）本章から第十八章までは歴史記述を中断して、ギリシア古典期から前一世紀前半までの著名な文人、詩人を列挙する。それぞれについては索引を参照されたい。

れた。

四　だが、私が少し前に列挙した哲学者すべてのうち、天性の才覚はソクラテスの口から流れ出し、プラトンとアリストテレスの死後も、どれほど長期にわたり光彩を放ってきたことか。[1]

五　イソクラテス以前、そして、イソクラテスの聴衆の世代と、さらにその弟子の世代のあと、弁論の分野で何か輝かしいことはあっただろうか。それほど短い時間の中に皆が混み合うように現われたので、記憶に値する人物はお互いに顔を合わせないことがありえないほどだった。

第十七章

一　このようなことはギリシア人に劣らずローマ人にも起きた。というのは、粗雑で未熟、称讃に値するのは創始者としての名のみという作品まで遡らないかぎり、アッキウスと彼の周辺がローマ悲劇の担い手である。ユーモアの甘美な優雅さを持つラテン語は、カエキリウス、テレンティウス、そしてアフラニウスを通して、ほぼ同じ世代のうちに光輝いていた。

二　歴史家たちの場合も、リウィウスが前世代に属するとし、カトーや、その昔の名前もよく分からぬ幾人かを別とすれば、八〇年足らずの期間に輩出された。同様に詩人たちが最も豊かに創作した時期もそれより昔でも今に近くもない。

三　さて弁論、つまり、法廷での武器にして散文での雄弁の完璧な輝きは、またしてもカトーを別とすれば、そして、プブリウス・クラッスス、スキピオ、ラエリウス、グラックス兄弟、ファンニウス、セルウィウス・ガルバといった人々には申し訳ないが、この分野の第一人者マルクス・トゥリウス・キケロの下で、全体が花開いた。このため、キケロ以前の弁論家で喜びを与えるのは、ほんの一握りである一方、讃嘆しうるのはキケロを見たことがあるかキケロに見られたことがある人に限られるほどである。

四　著名な文法家、陶工、画家、彫刻家たちについても同じことが起きたこと、並びに各人の成果の頂点がきわめて狭い期間の範囲に収まっていることは、時代に目を凝らしてみれば誰でも見いだせるであろう。

五　私は、なぜ特定の時代に似通った才能を持った人々が現われて、同一の探求に集まり、大きな成果を成し遂げたか、この原因をいつも探している。真実であるとの確信はまったくないが、おそらく真実に近い原因は見つけており、中でも次の原因が第一である。六　すなわち、競争心が才能を育み、ときには羨望が、ときには人々の称讃が模倣に火を点じる。最高の熱意で求められた成果が最高点に達するのは自然である一方、完璧を保つことは難しく、前進できないものが後退するのも自然の理である。

七　最初は先人たちの域に達するよう刺激されるが、先人たちを凌駕することも、対等に並ぶ可能性もないと絶望したとき、われわれの熱意は、希望とともに衰退してゆき、達成不可能なことを成し遂げようとするのをやめ、言わば手垢のついた主題を放置し新しい主題を求めて、われわれが抜きんでることができない分野は顧ず、他に努力を傾けるべき分野を探し、こうしてこの頻繁に生じる気まぐれと心の移ろいは作品完

(1) 現存するテキストに該当する記述は見当たらない。

成の最大の障害となる。

第十八章

一　われわれの称讃は時代ごとのものから都市ごとのものに移る。アッティカはただ一つの都市で全ギリシアのどこよりも多年にわたり、雄弁が織りなす創造物の花を咲かせた。それは、ギリシア民族は他の諸ポリスにも分かれているのに、アテナイ人の城壁の中にのみ才能が閉じ込められたと思うほどである。二　この点で私がなにより驚かされるのは、アルゴス、テバイ、スパルタの弁論家は誰一人として、存命中は影響力に、死後は記憶に値すると評価されていないことである。三　それらの都市は、ピンダロスの歌がテバイを輝せたことを除けば、そうした探求心に不毛であった。というのも、アルクマンの場合、スパルタ人たちは誤って自分らの詩人だと主張しているにすぎないのだから。

第二巻

第一章

一　大スキピオ(1)はローマ人たちが権力へ至る道を、その後、小スキピオ(2)はローマ人たちが奢侈へ至る道を切り開いた。というのも、カルタゴに対する恐怖が除去され、覇権を争う好敵手が一掃されると、ローマは美徳から逸脱して、漸次的どころかまっしぐらに悪徳への道を突き進んだ。古の軍事規律は見捨てられ、新しいものに衣更えした。国家は寝ずの番からまどろみへ、軍務から快楽へ、実務から閑暇へと方向を転じた。

二　スキピオ・ナシカ(3)がカピトリウムの丘に柱廊を築き、メテルス(4)が既述の柱廊を設置、また、グナエウス・オクタウィウスが円形競技場の中に飛びぬけて贅を尽くした柱廊(5)を建設したのも、この頃であった。そうして公的な偉業のあとに個々人の贅沢が現われた。

三　その後ヒスパニアでは、略奪者たちの将ウィリアトゥス(6)を敵の頭目とする悲惨で不名誉な戦争が始まった。戦闘の勝敗は絶えず相入れ替わったとはいえ、ローマ軍のほうが頻繁に苦境に追い込まれた。だが、セルウィリウス・カエピオの勇気というよりむしろ奸策によりウィリアトゥスが殺されると、今度はヌマンティア(7)で一層深刻な戦争が燃え上がった。

四　この都市は戦力となる地元の若者が一万人を越えなかったが、彼らが持つ天性の勇猛さのためか、ローマ軍の指揮官の経験不足のためなのか、運に恵まれたためなのか、その原因がいずれであれ、無双の偉大なる名を持つポンペイユス(8)——彼はポンペイユス家系が輩出した初めての執政官だった——にひどく恥ずべ

(1) プブリウス・コルネリウス・スキピオ・アフリカヌス。前二〇二年、ザマの決戦でハンニバルに勝利し、第二次ポエニ戦争をローマの勝利のうちに終結させた。その結果、西地中海地域におけるローマの支配権は確固たるものになった。
(2) プブリウス・コルネリウス・スキピオ・アエミリアヌス・アフリカヌス。第三次ポエニ戦争末、前一四六年にカルタゴを徹底的に破壊して、カルタゴを滅亡させた。
(3) プブリウス・コルネリウス・スキピオ・ナシカ・コルクルム。前一六二年の執政官。前一五九年、監察官のときに言及される柱廊を築いた。
(4) カエキリウス・メテルス・マケドニクスのこと。第一巻第十一—十二章参照。
(5) オクタウィウスの柱廊。マルスの野に前一六八年、法務官グナエウス・オクタウィウスが、ペルセウスに海戦で勝利し、サモトラケ島を占領、その戦利品を素材として建設した。火災で焼失したが、前三三年にオクタウィアヌス（のちのアウグストゥス）により再建された。
(6) ウィリアトゥスは、元はルシタニア（現在のポルトガル）の牧人。人々を集めて軍団を編成し自らその指揮官となる。ローマがギリシアとアフリカで手いっぱいなのに乗じ、また、地の利を生かして、一連の戦いで次々にローマの将軍たちに勝利する。前一四〇年には、クイントゥス・ファビウス・セルウィリアヌス（前一四二年の執政官）に勝利して、ローマ国民の同盟者の地位を得る。だが、彼の弟クイントゥス・セルウィリウス・カエピオ（前一四〇年の執政官）は、この協定はローマにとって不名誉と考え、ウィリアトゥスと再交渉を装いながら、ウィリアトゥスの友人三人を買収して、彼が眠っているところを殺させた。
(7) ケルティベリア人が本拠とするイベリア半島の都市。
(8) クイントゥス・ポンペイユス。前一四四年の執政官。

き協定[1]を結ばせ、さらにそれに劣らず不名誉で忌むべき協定を執政官ホスティリウス・マンキヌス[2]に強いた。

五　ポンペイユスは彼が持つ権勢に守られて罰せられなかったが、マンキヌスは恥の気持ちから処罰を拒まなかった。裸になり、両手を後ろ手に縛らせ、軍事祭官[3]に伴われて投降し、わが身を敵に委ねた。すると誓約の公的な違反は一個人の血で贖われてはならないとして、かつてカウディウムの戦い[4]の場合のように、ヌマンティア人はマンキヌスの受け入れを拒否した。

第二章

一　マンキヌスの降伏は祖国で大規模な対立を引き起こした。事実きわめて輝かしく卓抜したティベリウス・グラックス[5]の息子で、大スキピオ・アフリカヌスの母方の孫[6]のティベリウス・グラックス[7]は、マンキヌスの財務官かつ条約締結の担当者として従軍していたが、自分が結んだ協定に承認されない部分があることに憤る一方、裁判でも刑罰でも似たりよったりの危険を恐れ、護民官選挙に打ってでて当選した。この人物はまったく非の打ちどころがなく、才能は花開き、志は高潔で、要するに完璧な素質と勤勉とを備えた人間が獲得可能なかぎりの美徳に恵まれていた。そのような人物が、プブリウス・ムキウス・スカエウォラとルキウス・カルプルニウスが執政官の年[8]で、今から数えて一六二年前、国家の貴族階級と決別した。三　イタリアの全住民に市民権を賦与することを約束、同時に農地法を提案した[9]。人々は皆情勢の安定を望んでいた。しかし、ティベリウスはすべての上下を逆転させ、国家は危機的、きわめて危険な状態に陥った。グラックスは、公共の利益を代表する同僚のオクタウィウス[10]から権限を剥奪し、農地の分配と植民市建設担当三人委員会を創設した。しかしその三人委員会とはティベリウス自身と、元執政官で義父のアッピウス[11]、そうしてまだほんの若者だった弟ガイウス[12]から構成されていた。

(1) ポンペイユスが署名した協定は、ポンペイユスの後継者マルクス・ポピリウス・ラエナスに無視された。
(2) ガイウス・ホスティリウス・マンキヌス。前一三七年の執政官。
(3) 宣戦布告や、和平協定の調印などを司る官職。
(4) 前三二一年、ローマ軍がサムニテス軍に大敗北を喫した。
(5) ティベリウス・センプロニウス・グラックス。前一七七年に執政官、前一六九年に監察官、前一六三年に再度の執政官。有名なグラックス兄弟の父で、気高い性格と自由な考え方の持ち主。
(6) コルネリア。グラックス兄弟の母親、大スキピオの娘。
(7) ティベリウス・センプロニウス・グラックス。グラックス兄弟の兄。前一三三年の護民官。
(8) 前一三三年
(9) 大土地所有者が不当に占有している公共地を各人に三〇ユゲラ分配することを見込んでいた。大土地所有者の土地は五〇〇ユゲラに制限されたが、子供一人につき二五〇ユゲラが追加され、最大一〇〇〇ユゲラまで所有できた。
(10) マルクス・オクタウィウス。前一三三年の護民官。ティベリウスの農地法の賛否を問う投票の際、一貫して反対の態度を取り、強制的に辞任させられた。この処置でグラックスは、農地法に必ずしも反対していなかった人々までも敵にまわすことになった。
(11) アッピウス・クラウディウス・プルケル。前一四三年の執政官、前一三六年の監察官。小スキピオの敵で、平民の立場に立った考え方の持ち主。
(12) ガイウス・グラックス。グラックス兄弟の弟。前一五二年生まれ。

第三章

一　そのとき、プブリウス・スキピオ・ナシカ・セラピオ[1]が登場した。この人物は、元老院から「国家最良の市民」と見なされたスキピオ・ナシカ[2]の孫で、監察官在任中、カピトリウムの丘に柱廊を巡らせたあのスキピオ・ナシカ・コルクルムの息子、大スキピオ・アフリカヌスの父方の有名な伯父グナエウス・スキピオ[3]のひ孫である。彼はそのとき私人の立場にあり、ティベリウス・グラックスと従兄弟だが、血縁関係よりも国家の利益を優先し、国家の不利益は自分にとっても不利益と考え――その美徳のゆえに初めて不在のまま大神祇官に選ばれもしたが――、ガビイ人風に左腕にトガを巻き付け、カピトリウムの丘の最も高い段に立って、国家の安寧を気にかけている者は自分に従うよう呼びかけた。二　すると貴族、元老院議員、貧富と階級の差こそあれ、騎士階級の人々、破滅的思想に染まっていない平民たちが、ティベリウスに向かって突進した。彼は支持者の群衆に囲まれ、カピトリウムの丘の一角に立ち、イタリアのほぼ全域から首都ローマへ流入した民衆を蜂起させようとしていたが、カピトリウムの丘から逃げ下って来たところを椅子の破片で殴り殺され、栄光に包まれて過ごすこともできた人生をその早すぎる死をもって終えた。

三　これは、首都ローマにおいて、市民が血を流し剣を振るっても罰せられない最初の事件であった。以後暴力によって法は踏みにじられ、権勢が大きいほど指導力があると見なされ、以前は話し合いによる解決が慣例となっていた市民たちの不和は剣で決着がつけられ、大義名分によらず、見込める利益によって戦争が始められた。

四　だがこれは別に驚くほどのことではない。というのも、この種の先例は初めに現われた場所に留まるのではなく、それを受け入れた道がいかに狭くとも、可能なかぎり広くさまよえる道を作り出す。つまり人々は、いったん正しい道から横に逸れると、険しい深みにとめどもなく落下し、他人に利益をもたらした行為なら、自分自身にも破廉恥とは思わなくなる。

第四章

一　イタリアでこのような事件が起きているあいだに、アッタロス王(4)が世を去り、後世、ニコメデス王(5)に

(1) プブリウス・スキピオ・ナシカ・セラピオ。前一三八年の執政官。ティベリウスの農地法に強く反対し、執政官スカエウォラがティベリウスに軍隊を差し向けることを拒否したとき、元老院議員らと自分の保護民とでティベリウスを殺した。この行為は元老院にも平民にも称讃された。

(2) プブリウス・コルネリウス・スキピオ・ナシカ。大スキピオの従兄弟。前一九一年の執政官。

(3) グナエウス・コルネリウス・スキピオ。大スキピオの父プブリウスの兄弟。前二二二年の執政官で、第二次ポエニ戦争のときヒスパニアで戦い（前二一八年）、前二一一年に戦死した。

(4) アッタロス三世・ピロメトル。ペルガモン王国の王。前一三三年没。遺言により王国をローマに委譲した。

(5) ニコメデス四世・ピロパトル。王位を継ぐべき子供に恵まれなかった。もともとこの継承に対する異議が、ミトリダテスとの第三次戦争の原因。

よってビテュニアが遺贈されたように、アッタロス王によって、アシアがローマ国民を相続人として残されたが、アリストニコスなる人物が虚言を弄して自らを王族出身と主張、武力でその属州を征服した。だが、アリストニコスはマルクス・ペルペンナに敗北し、凱旋式の行列の中で引き回されたが、彼を処刑したのはマニウス・アクイリウスである(1)。というのもアリストニコスが戦争勃発時に、法律の偉大な識者でアシアから帰途にあった執政官格総督のクラッスス・ムキアヌス(2)を殺したからである。

二　さて、カルタゴを破壊した小スキピオ・アエミリアヌスは、ローマ軍がヌマンティア周辺で数多くの敗北を喫したあとになってやっと再度執政官に選出され、ヒスパニアへ派遣された。彼は、アフリカで実証済みの幸運と武勇をヒスパニアでも示した。彼はヌマンティアに到着すると一年三ヵ月のうちに包囲攻撃をしかけて征服、その都市を根こそぎ破壊して平地にした(3)。

三　小スキピオ・アエミリアヌス以前、誰一人として二つの大都市に名高い破壊を加えたことで後世の記憶に不朽の名を留めた者はいない(4)。なぜならカルタゴとヌマンティアを破壊することにより、一方では恐怖から、他方では恥辱からわがローマを開放したからである。

四　護民官パピリウス・カルボが、「ティベリウス・グラックスの殺害についてどう思うか」とこのスキピオに尋ねると彼は次のように答えた。「もしティベリウスが国家占拠を意図していたのであれば、殺されて当然である」。これに集会全体が叫声を上げると、スキピオは言った、「武装した敵兵の叫び声を何ら恐れずに幾度も聞いてきた私が、どうして諸君らの叫び声に動揺することがあろうか。諸君はイタリアの継子なのだから(5)」と。

五　マニウス・アクイリウスとガイウス・センプロニウスが執政官の年で、今から一六〇年前、首都ローマに帰還した小スキピオは短期間のうちに二回の執政官職と二度の凱旋式、さらに二度国家に及んだ脅威を根絶したあと、ある朝ベッドで死亡しているところを発見された。首に喉を絞められたような痕跡が見て取れた。(6)

六　かような偉大な男の死であるのに何ら検死も行なわれぬまま、遺体は顔にベールがかけられて搬出された。彼の偉業によりローマは世界全体の首都として抜きんでた。小スキピオ・アエミリアヌスはその最期が、多くの人々が考えているように運命による自然死であれ、幾人かの人々が伝えているように陰謀による急《せ》き立てられた死であれ、少なくとも誉れに満ち満ちた人生を全うした。彼の祖父の輝かしい人生を別とす

(1) アリストニコスはストラトニケイアでペルペンナ（前一三〇年の執政官）によって捕縛されたが、ローマ到着前にペルペンナは死亡し、最終的に勝利を達成したのはアクイリウス（前一二九年の執政官）で、アリストニコスはローマの獄中で殺された。

(2) プブリウス・リキニウス・クラッスス・ムキアヌス。前一三一年の執政官。アッピウス・クラウディウス・プルケルとプブリウス・ムキウス・スカエウォラとともに、グラックスの農地法に賛成した数少ない貴族のうちの一人。ムキアヌスは、レウカス近郊で囚われたが、惨殺されたという話も伝わっている。

(3) 前一三三年。

(4) 小スキピオは前一四七年と一三九年に執政官になっている。前一四六年のカルタゴ破壊後、初めて凱旋将軍となり、ヌマンティア破壊後二度目の凱旋将軍となる。

(5)「真正のイタリア人ではない」という意味の比喩表現。

(6) 前一二九年。

れば、彼にまさる人生を送った者は現在まで一人もない。

七　小スキピオ・アエミリアヌスは、五六歳で逝去したが、もしもこの点に疑問を持つ者がいるならば、彼が執政官に初めて就いた年(1)まで遡ってみよ。その年にスキピオは三六歳で選出されている。したがって疑問は解消される。

第五章

一　ヌマンティア滅亡以前、すでにヒスパニアではデキムス・ブルトゥス(2)が燦然とした戦果を挙げ、ヒスパニアの全部族の領土に進攻し、軍事力を投入して多くの人や町をわがものとした。それまでほとんど聞いたことのない部族の領土にも至り、ガラエクスという添え名を勝ち得た。

二　デキムス・ブルトゥスよりほんの二、三年前(3)、かのクイントゥス・マケドニクス(4)がこの地域で非常に厳格な指揮をふるい、ヒスパニアのコントレビア(5)という町を攻撃していたとき、五箇大隊の軍団兵が急峻な場所から撃退されると、すぐに同じ場所へ攻め寄せるよう命令した。三　兵士たちは皆、死は確実と思って戦場における遺言書をしたためていたが、マケドニクスは不屈の精神を発揮し前言を翻すことはなかった。マケドニクスも死は不可避と思いながら兵士を送りだしたが、勝利者となって帰陣してくる兵士らを迎えた。それほどの効力が恐怖と混じり合った廉恥心、絶望から得られた希望にはあった。この将軍は、発揮した勇気と厳格さにより最高の栄誉を得た。ファビウス・アエミリアヌス(6)は、ヒスパニアの統治に当たって、一方でパウルスの先例に従っていたが、他方、美徳の点で、また厳格な規律を適用した点できわめて輝かしい人物であった。

第六章

一　それから一〇年の年月をはさんで、ティベリウス・グラックスを襲った同じ狂気が今度は弟ガイウスを襲った。総じて彼は美徳ばかりか悪徳まで兄に酷似していたが、弁論の才能は兄よりはるかに優っていた。

二　魂を平静に保てればプリーンケプス［国家の第一人者］にもなれたであろうが、兄の死に復讐するためであれ、王権への道ならしをするためであれ、いずれにせよガイウスは兄の先例に従ってまず最初に護民官に

(1) 四三頁註(4)参照。

(2) デキムス・ユニウス・ブルトゥス・ガラエクス。前一三八年の執政官。前一三七年、ルシタニア人との戦いで勝利を得るが、その過程でガラエキ人にも勝利し、それにちなんでガラエクスという添え名を得た。ガイウス・グラックスの殺害にも関与した。

(3) 前一四三年から一四二年。

(4) クイントゥス・カエキリウス・メテルス・マケドニクス。前一四三年の執政官。第一巻第十一章三参照。

(5) 現タラッコの町。今のバルセロナ近くに位置し、第二次ポエニ戦争のとき、ローマ側の軍事拠点であった。

(6) クイントゥス・ファビウス・マクシムス・アエミリアヌス。アエミリウス・パウルスの息子、小スキピオの兄。前一四五年の執政官で、その翌年と翌々年、ヒスパニアで指揮を取った。

就任した。[1] しかし、ガイウスの方が兄よりはるかに大規模で激しい改革を目指してイタリアの全住民に市民権を賦与し、さらにそれをほとんどアルプスの麓に近い地域まで拡大しようとした。[2] 三　ガイウスは土地を分配し、一人につき五〇〇エーカー以上の土地所有を禁止し──これはリキニウス法[3]が課した条項である──新しい税制を定め、属州を新たな植民都市で満たそうとした。さらに司法権を元老院から騎士階級に移し、[4] 穀物の平民たちへの分配[5]を実践し始めた。ガイウスはいかなるものも不動のまま、平静なまま、穏やかなまま、要するにそれまでと同じ状態のまま放っておかなかった。あげくに、彼は護民官職にもう一年留まった。

四　これに対して、法務官のときにフレゲラエの町を破壊した執政官ルキウス・オピミウス[6]は武力をもってガイウスをフルウィウス・フラックスともども追い詰め、殺害した。フラックスは執政官経験者で凱旋式の栄誉に浴したことのある人物だが、ガイウスと同じように邪まな欲望を抱き、ガイウスによって兄ティベリウスの代わりに三人委員の一人に指名され、王の権力の共同執行者とされていた。**五**　オピミウスが犯した唯一神意にそぐわぬ犯罪は、ガイウスの首ではなく──そんなことを私は言うつもりはない──ローマ市民の首に賞金を懸け、それを黄金で支払うと約束したことである。**六**　フラックスは、アウェンティヌスの丘で武装し、いざ出陣しようとしているところを、長男とともに喉を掻き切られて殺された。ガイウス・グラックスは逃走中にオピミウスが放った刺客に捕縛され、首は主人を助けにやって来た奴隷エウポルスに渡され、その奴隷もすぐさま命を絶った。[7] その日、ローマ騎士ポンポニウスがガイウスに示した忠誠心は際立っていた。その者もコクレスのように橋の上で敵を押し止めたあと、剣でわが身を貫いた。**七**　ガイウスの胴体は、ティベリウスの場合と同じように驚くほどの残酷さを顕わにした勝利者たちにより、ティベリス河に投げ捨てられた。

第七章

一　ティベリウス・グラックスの息子で大スキピオ・アフリカヌスの孫たちは、アフリカヌスの娘である母親コルネリアがまだ存命中に、最良の資質を濫用したため、かように生き、かように死ぬ結末となった。その兄弟が、もし市民としての限度を弁えた栄誉を望んでいたなら、国家は彼らが騒乱を起こして獲得しようと欲したどのようなものも、ことを荒だてずに彼らに与えたであろう。

(1) 前一二三年。ガイウスは友人のフルウィウス・フラックスと交互に護民官に就くことによりその権限を独占しようとした。そのため、王権を狙っていると非難がなされた。
(2) 完全な拡大は前四九年になってようやく実現した。ガイウス・グラックスの提案は限られたもので、ラティニ人とその同盟者とが区別され、前者のみ完全な市民権が与えられた。
(3) 前三七七年に護民官ガイウス・リキニウス・ストロとルキウス・セクスティウス・ラティヌスにより提案された。
(4) 三〇〇人の元老院議員に対し、騎士階級者六〇〇人を付け加え、評決に参加させようと企てた。
(5) 穀物法は、各ローマ人に、ひと月に定額で一定量の穀物を買う権利を保障した。
(6) 前一二一年の執政官。フレゲラエ攻略は前一二五年。
(7) ホラティウス・コクレス。共和政創始期にローマを攻めたポルセンナの軍勢をスブリキウス橋で押し止めた勇士。

二　このような残酷さにさらに前例のない犯罪が加わった。というのは、容姿にすぐれ、まだ一八歳にも達しておらず、父親の犯罪とは無関係なフルウィウス・フラックスの息子が、交渉条件について話し合うため父親から派遣されたところをオピミウスに処刑されてしまう。友人でエトルリア人の腸占師は、鎖に繋がれて涙を流しながら連行されてゆくフルウィウス・フラックスの息子を見て、「なぜ君は私がするようにしないのか」と叫ぶと、即座に牢獄の石作りの門柱に頭を叩きつけ、脳髄がほとばしり出た状態で絶命した。

三　やがてグラックス兄弟の保護民や友人たちに対し過酷な取り調べが行なわれた。しかし、オピミウスも、このとき以外は誠実で慎重な人物であったが、のちに公の裁きによって断罪された[1]。彼の非情さゆえに市民はまったく同情を示さなかった[2]。

四　ルピリウスとポピリウスは執政官としてきわめて厳格にティベリウス・グラックスの友人たちへの措置を下したが、やはり後日公の裁きを受け、当然の報いとして嫌悪された[3]。このような重大事にさほど関係のない記述をここで差し挿もう。

五　有名なオピミウス酒がそのように名づけられたのは、ほかならぬ執政官オピミウスにちなんでいる。この酒がもはや手に入らないことは歳月の隔たりから理解できる。マルクス・ウィニキウスよ、オピミウスが執政官の年から、あなたが執政官になる年まで一五一年の年月が経過しているのだ。

六　オピミウスの行為の場合、彼が抱いた敵意に対する復讐が求められていたので、さほど信認を得なかった。公権の擁護というより私怨のための復讐と考えられたのである。グラックス兄弟の立法のうち最も破滅的なものの中に、イタリアの領土外部に植民都市を建設したことを数えたい。

七　われわれの祖先はそのことを注意深く避けていた。カルタゴがテュロスより強かったこと、マッシリアがポカエアより、シュラクサイがコリントスより、キュジコスとビュザンティオンがミレトスより勢力を有していたこと、要するに母国より植民都市の方が勢力を有していたことを見ていたからで、国勢調査の際、戸籍を登録するためローマ市民たちは属州から首都ローマに呼び戻された。(4)

八　だが、イタリアの外部で最初に建設された植民都市はカルタゴであった。(5)その後すぐポルキウスとマルキウスが執政官の年に植民都市ナルボ・マルティウスが建設された。(6)

第八章

一　次いで法廷で荒れ狂った厳格さは、記憶に留めるべきであろう。というのはマルクス・ポルキウス・

(1) オピミウスは、ミキプサ死後のヌマンティア王国をアドヘルバルとユグルタに分割する任務を引き受けたが、ユグルタによりその職務遂行が台なしにされるがまま放置していた。これが理由でオピミウスは流刑に処せられ、前一〇〇年頃、デュラキオンで死亡した。

(2) プブリウス・ポピリウス・ラエナスとプブリウス・ルピリウス。前一三二年。

(3) 記述に混乱がある。プブリウス・ルピリウスは執政官の年から一年ないし二年前に死亡し、ポピリウスはガイウス・グラックスにより追放されている。

(4) 植民者は、国勢調査のため、五年ごとにローマへ戻る義務が課せられた。

(5) 前一二二年。第一巻第十五章四参照。

(6) 前一一八年。第一巻第十五章五参照。

カトーの孫で、小スキピオ・アエミリアヌスの姉妹の息子のガイウス・カトーという執政官経験者[1]は総督時代にマケドニアから徴集した公金の横領罪で有罪との判決を受けた。しかし、査定された横領額は四〇〇〇セステルティウスにすぎない。それほどに当時の人々は犯罪の規模より、その目的に目を向け、行為を意図と照らし合わせ、罪の大きさではなく、罪の性質を考量していた。

二　同じ頃、メテルス家の二人の兄弟がそろって同じ日に凱旋式を挙行した[2]。それに劣らず輝かしく、現在まで類例のない出来事として、カプアを占領した[3]フルウィウス・フラックスの息子たちが、両者のうち一方は養子に出されたが、互いに同僚となって執政官に就いたことがある[4]。養子に出された一方は、マンリウス・アキディヌス家に与えられた。監察官職に就いた二人のメテルス[5]は従兄弟で、兄弟ではなかった。このような事例は、スキピオ家だけに生じたわけではなかった。

三　当時キンブリ族とテウトニ族がライン河を渡った[6]が、この事件はやがてわれわれ数多くのローマ人にとっても、またこの異民族にとっても災禍として有名になる[7]。ほとんど同時期にミヌキウスのスコルディスキ族に対する勝利を祝って凱旋式が燦然と執り行なわれた[8]。彼こそ、今日でも人目を引く柱廊を建設した人物である。

第九章

一　同時代を通じてつややかに輝いた弁論家は、小スキピオ・アエミリアヌスとラエリウス[9]、セルウィウス・ガルバ[10]、グラックス兄弟、ガイウス・ファンニウス[11]、カルボ・パピリウス[12]、また忘れてはならない人として、メテルス・ヌミディクス[13]とスカウルス[14]、そして誰よりもまずルキウス・クラッススとマルクス・アン

(1)有名な監察官ポルキウス・カトーの孫のガイウス・ポルキウス・カトー。前一一四年の執政官。
(2)前一一一年のこと。ルキウス・カエキリウス・メテルス(前一一五年の執政官)はサルディス人に勝利したため、彼の弟ガイウス・カエキリウス・メテルス・カプラリウス(前一一三年の執政官、前一〇四年の監察官)はパルティア人から勝利を得たため、それぞれ凱旋式が挙行された。
(3)前二一二―二一〇年。
(4)クイントゥス・フルウィウス・フラックスとルキウス・マンリウス・アキディヌスの兄弟で、前一七九年の執政官。
(5)前一〇四年。ガイウス・カエキリウス・メテルス・カプラリウスとクイントゥス・カエキリウス・メテルス・ヌミディクス。
(6)キンブリ族とテウトニ族の侵入は前一一三年に始まる。
(7)前一〇五年にクイントゥス・セルウィリウス・カエピオ指揮下のローマ軍がアラウシオにおいて敗北したあと、マリウスが前一〇二年にテウトニ族に対して、前一〇一年にキンブリ族に対して勝利した。
(8)前一〇六年のこと。スコルディスキ族はケルト系の部族で、低地パンノニアと低地モエシアに居住していた。彼らは前一一四年執政官ガイウス・ポルキウス・カトーに指揮されたローマ軍を粉砕したが、最終的に、前一一〇年にマルクス・ミヌキウス・ルフスに敗北した。
(9)ガイウス・ラエリウス。小スキピオの友人で「賢人」の異名をもつ。
(10)前一四四年の執政官。キケロは『ブルトゥス』八二で、彼の弁論が持つ広大さと感情を評価している。
(11)キケロ『ブルトゥス』九九―一〇三は二人のガイウス・ファンニウスがいたと伝える。
(12)ガイウス・パピリウス・カルボ。ティベリウス・グラックスの友人。
(13)後出、第十一章参照。
(14)マルクス・アウレリウス・スカウルス。前一〇九年の補充執政官。

トニウス(1)である。

二　彼らの才能を受け継いだのは、ガイウス・カエサル・ストラボ(2)や、プブリウス・スルピキウスである。というのもクイントゥス・ムキウス(3)の場合、文字どおりの雄弁というより法律の知識により人々にもてはやされていたからである。

三　同時代を通して輝かしい天才が現われ、ローマ喜劇ではアフラニウス(4)の才能が、悲劇ではパクウィウス(5)の才能が輝き、とりわけアッキウス(6)の才能がギリシア人の才能と比較に耐えうるまで高まり、ギリシア人たちの作品のあいだでも、その作品は偉大な地位を得た。錬磨ではギリシア人が上でも、血の熱さはアッキウスがまさるように思われるほどであった。

四　ルキリウス(7)の名もてはやされたが、彼は小スキピオ・アエミリアヌスの指揮下にヌマンティア戦争へ騎兵として従軍した。同じ頃にまだ若者だったユグルタとマリウスは同じく小スキピオ・アエミリアヌスの下で従軍し、同じ陣営で戦術を学んだが、のちに相対抗する陣営でその戦術を実行することになる。

五　その頃すでにシセンナ(8)は若くして『歴史』を著わしていたが、六年の齢を重ねてのち、『内乱』と『スッラ戦役』を公刊した。六　カエリウス(9)はシセンナより世代が上で、シセンナと同時代人にはルティリウス(10)、クラウディウス・クァドリガリウス、ウァレリウス・アンティアス(11)がいた。同時代人にポンポニウス(12)がいたことも忘れないでおこう。構想をもてはやされる一方、言葉使いは粗野で、彼の創案したジャンルの新しさは注目に値する。

第十章

一　監察官カッシウス・ロンギヌスとカエピオの厳格さをあとづけてみよう。両名は今から一五七年前に

(1) キケロは二人をローマにおける最も偉大な弁論家と見なし、『弁論家について』の主要な対話者にした。ルキウス・リキニウス・クラッスス（前一四〇－九一年）は前九五年の執政官、前九二年の監察官。マルクス・アントニウス（前一四三－八七年）は前九九年の執政官、前八七年の監察官。
(2) 前一二六年生まれ、前八七年にマリウスによる追放の犠牲者。即答とユーモアで評判を得ていたらしい。
(3) プブリウス・スルピキウスは前一二四年生まれ。前八八年の護民官。キケロは『ブルトゥス』二〇三で「聞いたことのある中で最も荘重にして悲劇的弁論家」と評する。のちにスッラの命令を受けて斬首された。クイントゥス・ムキウス・スカエウォラは前九五年の執政官。雄弁と法律に関する学識がキケロにより称讃されている。
(4) 前一二〇年生まれ。前一三〇年没。エンニウスの甥。第一巻第十七章二参照。
(5) 前一七〇年生まれ。前八七年没。四、五の悲劇のうち二つの前文が残る。
(6) 第一巻第十七章二参照。
(7) ガイウス・ルキリウス。風刺詩を創始したとされる。
(8) コルネリウス・シセンナ。前一一八年頃の生まれ、前六七年没。
(9) ルキウス・カエリウス・アンティパテルは第二次ポエニ戦争を扱った歴史書の著者。前一一〇年頃が彼の円熟期。
(10) プブリウス・ルティリウス・ルフス。アフリカにおけるメテルスとマリウスの副官。前一〇五年の執政官。公金横領で告発され、前九二年スミュルナへ亡命、その地で歴史書や自伝を書く。
(11) 彼らはリウィウスの主要な典拠となったうちの二人。
(12) ルキウス・ポンポニウス。前一世紀初頭に活躍した劇作家。

ト占官アエミリウス・レピドゥス(1)が自分の家を六〇〇〇セステルティウスで賃貸しているとの理由で、レピドゥスに自分らの許に出頭するように命じた。だがもし現在そのような安い値段で誰かが家を借りていれば、その者はほとんど元老院議員とは見なされないであろう。このように人間の本性は正直から邪悪へ、邪悪から悪徳へ、悪徳から奈落へ行きつく。二　同じ頃、ドミティウスがアルウェルニ族から奪った勝利(2)とファビウスがアロブロゲス族から奪った勝利(3)が、際立っていた。このファビウスはパウルスの孫であって、この勝利のため、アロブロギクスという添え名が賦与された。ドミティウス氏にとって格別の幸運であったことにも留意しておこう。光輝に溢れる家門であるけれども、恵まれる機会は限られていたからである。現在際立って質素な生活を送るグナエウス・ドミティウス(4)の生前、家中には七人の構成員がおり、皆にわずか一人ずつ息子がいたが、全員執政官、神祇官に登りつめ、ほとんど全員が凱旋将軍の顕彰を得るまでにいたった。

第十一章

一　次にユグルタに対する戦争がクイントゥス・メテルス(5)により遂行された。いかなる同世代人もこの人物に肩を並べる者はいなかった。彼の副官はすでに言及したガイウス・マリウスで、出身は騎士階級、粗野で品が無かったが、生活の点では潔癖で、戦時に優れていればいるだけ平和時には災いとなるといった人物である。名誉欲は際限がなく、自足と自制を知らず、常に平静を欠いていた。二　マリウスは徴税請負人や他のアフリカで仕事をもつ人々の口をかりて、すでに三年目になるまで戦争を引き延ばしているメテルスの優柔不断と、貴族階級に属する者らが持つ天性の傲慢と、指揮権を掌中に確保しておこうとする強欲を責め立てると、帰休を願い出て首都ローマへ帰ったあと、執政官当選を果たした。[6] そして、二度もユグルタを戦闘で潰走させてもうほとんど戦争を終結させかけていたメテルスから、最高指揮権を自分のものとした。だが、メテルスの勝利もきわめて輝かしいもので、彼の勇気のなせる功績にふさわしいヌミディクスという添え名が与えられた。三　先ほど私はドミティウス氏の栄光に触れたが、同様にカエキリウス氏の栄光をも指摘せねばなるまい。というのは、ほぼここ十二年のうちにメテルス家が執政官か監察官の輩出をするか凱旋式を行なった回数は合わせて十二回以上に及んだ。ここからも明らかなように、氏族の場合も、都市や帝国の場合と同様で、あるときには栄え、あるときには衰退し、消滅してゆくということである。

(1) マルクス・アエミリウス・レピドゥス・ポルキナ。前一三七年の執政官。
(2) グナエウス・ドミティウス・アヘノバルブス（前一二二年の執政官）は前一二一年に現在のアヴィニヨン付近でアルウェルニ族の王を捉えて勝利し、凱旋式を挙行した。
(3) クイントゥス・ファビウス・マクシムス。アエミリウス・パウルスの孫で、クイントゥス・ファビウス・アエミリアヌスの息子。前一二一年八月八日、ロダヌス（現ローヌ）河とイサラ（現イゼール）河の合流点の戦いでアロブロゲス人に勝利する。この勝利に続いて外ガリアが属州になった。
(4) グナエウス・ドミティウス・アヘノバルブスは後三二年執政官、未来の皇帝ネロの父親、ゲルマニクスの娘アグリッピナと結婚して皇帝一族の仲間入りをする。
(5) 前一〇九年の執政官クイントゥス・カエキリウス・メテルス・ヌミディクスのこと。
(6) 前一〇七年のこと。

第十二章

一　さて、将来発生する対立をあらかじめ回避せんとするかのような運命のもと、マリウスは当時すでにスッラを自分の財務官として用い、関係をもっていた。マリウスはスッラをボッコス[1]王の許へ派遣し、その王の助力により、今から約一三八年前、ユグルタを捕らえた[2]。二度目の執政官就任を控えて首都ローマへ戻ったマリウスは第二次執政官任期[3]の始まる一月一日にユグルタを行列に連ねた凱旋式を挙行した。二　既述の如く、キンブリ族とテウトニ族という名のゲルマニア人たちの強力な大群が自分らの国から溢れ出して、国境を越えた。これら諸部族はかつて、両執政官カエピオとマンリウス、さらに以前にはカルボとシラヌスを打ち負かして敗走させ、軍隊を奪い取り、また執政官経験者のスカウルスとアウレリウスら名だたる著名人の殺害に及んだ[4]ので、ローマ国民は、このような危険な敵を駆逐するためにはマリウス以外適任者はいないと考えた。三　かくしてマリウスの執政官職が繰り返された。三度目の執政官職の年[5]をマリウスは、戦争の準備に充てた。その年の護民官グナエウス・ドミティウスは以前、同僚の指名により補填されていた神祇官の地位を今後はローマ国民が選出する主旨の法案を提出した。四　四度目の執政官のとき、マリウスはアルプスを越え、アクァエ・セクスティアエ付近でテウトニ族と交戦し、初日と翌日の戦闘で一五万人以上の敵を殺戮し、テウトニ族を全滅させた[6]。五　五度目の執政官に就いた年[7]、アルプス前方に広がるラウディイという名の平野における戦闘で執政官マリウスと前執政官クイントゥス・ルタティウス・カトゥルス[8]は稀に見る大勝利を収めた。(9) 一〇万人以上の敵が殺されるか捕虜とされた。

この勝利でマリウスは、国家が彼の誕生を嘆かずにすむだけの功績を挙げ、悪行を善行で埋め合わせたように思われる。六 六度目の執政官職(10)は、言わばマリウスの功績の褒賞として彼に与えられた。だがこの年のマリウスの執政官職から栄光を奪い取ってはならない。というのは、この年、セルウィリウス・グラウキアとサトゥルニヌス・アプレイユスが狂気の沙汰か公職に居座って国家機能を寸断し、剣で殺害までして選挙を実施不能にしたのに対しマリウスは執政官として武力で制圧、ホスティリウス議事堂の中で破滅をもた

(1) ボッコス王はマウレタニアの王でユグルタの義父。裏切って王の近くにやって来たユグルタを捉え、スッラに引き渡した。
(2) 前一〇五年。
(3) 前一〇四年。
(4) クイントゥス・セルウィリウス・カエピオ(前一〇六年の執政官)とグナエウス・マンリウス・マクシムス(前一〇五年の執政官)は前一〇五年十月六日の戦闘で、グナエウス・パピリウス・カルボ(前一一三年の執政官)はノリクムのノレイアにおいて、マルクス・ユニウス・シラヌス(前一〇九年の執政官)は現リヨンの近郊で、それぞれ敗北した。また、マルクス・アウレリウス・スカウルスは、キンブリ族がアルプスを越境するのを防ごうとしたが、そのキンブリ族に投獄され、彼らに高慢で尊大な態度を取ったため、殺された。
(5) 前一〇三年。
(6) 前一〇二年の秋。
(7) 前一〇一年。
(8) 前一〇二年の執政官。前一〇六年の執政官クイントゥス・セルウィリウス・カエピオの義兄弟。
(9) いわゆるウェルケラエの戦い(前一〇一年七月三十日)。ラウディエンヌ平原は、ポー河の左岸に広がる。
(10) 前一〇〇年。

らす張本人たちを処刑した(1)。

第十三章

一　その数年［九年］後(2)、マルクス・リウィウス・ドルススが護民官に就任した。彼は比類のない高貴、雄弁、高潔さを備えていたが、あらゆる面で才能と志に釣り合う幸運に恵まれなかった。二　この人物は古の威信を元老院に取り戻し、裁判権を騎士階級から元老院に移そうとした。というのも、グラックス兄弟の法令により騎士階級はその司法権を手中に収めると、多くのじつに高名で潔白な人々、とりわけ、同時代のみならず、あらゆる時代を通じて最良の人物プブリウス・ルティリウス(3)に不当な仕打ちを加えた。彼は、公金横領の嫌疑をかけられ、市民が激しく嘆息する中で断罪された。だが、ドルススが元老院のために努力していたまさにそのことにおいて、元老院が敵対した。ドルススが平民を益する意見を述べる場合は、餌を与えて引き寄せるためにしているのであり、小を譲って大を認めさせる意図であることを元老院は理解していなかったからである。三　要するにドルススには運がなかった。彼がどれほど立派な法案を出そうと、元老院は彼の同僚護民官たちの悪法を是認し、ドルススが申し出た栄誉を拒絶し、同僚たちがつきつけた不正を平然と受け入れ、さらには、ドルススの栄光を妬む一方、同僚たちの凡庸さを辛抱した。

第十四章

一　それからドルススは、立派な試みが不首尾に終わったとき、イタリアの住民に市民権を賦与することに関心を転じた。その仕事に従事している頃、ドルススは中央広場からいつも彼に伴う数えきれない雑多な人々の群衆に囲まれて帰宅すると、自宅の玄関先で短刀により刺された。短刀は脇腹に刺さったまま残され、ドルススは二、三時間後に息絶えた。(4) 二　だがドルススは、最期の息を引き取る前に自分を囲んで悲しみにくれて立っている群衆を見上げ、自分の確信に基づくこのうえなく的を射た言葉を発した、「親愛なる身内の方々よ、友人たちよ、国家には将来、私のような市民が現われるのでしょうか」。三　これが誰よりも輝

(1) 前一〇〇年の護民官ルキウス・アプレイユス・サトゥルニヌスは次期の再任を確保するとともに、執政官として友人のガイウス・セルウィリウス・グラウキアが指名されるよう工作した。しかし、グラウキアは法務官在任中で被指名権がないため、サトゥルニヌスは、マリウスの友人でもある対立候補のガイウス・メンミウス（前一一一年の著名な護民官）を暗殺させた。前一〇〇年十二月十日（新護民官の就任日に当たる）に執政官マリウスとルキウス・ウァレリウス・フラックスは、元老院最高決議を受けてカピトリウムの丘に立てこもるサトゥルニヌスとグラウキアの一派制圧に向かった。二人はホスティリウス議事堂（元老院議場として用いられた建物）に逃れたが、建物の屋根から剝ぎ取られた瓦を投げつけられ、その下敷きになって圧殺された。

(2) 前九一年。

(3) 五三頁註（10）参照。

(4) 前九一年十月初旬の出来事。

かしい若者の最期であった。彼の性格について見過ごすわけにはいかない話が残っている。ドルススがパラティウムの丘に自宅を建てたときのことである。敷地はかつてキケロのものであり、やがてケンソリヌス(1)のものとなり、現在ではスタティリウス・シセンナ(2)の邸宅の立っている場所だが、建築士がドルススに、人目が及ばず、どんな詮索も利かず、上から内を覗かれることもないように邸宅を建てると約束すると、ドルススは「もしあなたに技術があるなら、あらゆる人々に見られるように私の邸宅を建てて欲しい」と言った。

第十五章

一　ドルススの死は、すでに以前からくすぶっていた同盟市戦争(3)に火を点じた。というのも、ルキウス・カエサルとプブリウス・ルティリウスが執政官の年で今から数えて一二〇年前［前九〇年］にその蜂起はアスクルムの住人たちによって引き起こされた。というのは、まず彼らが法務官セルウィリウスと副官のフォンテイユスを殺し(4)、次に戦火がマルシ人に飛び、イタリア全地域に浸透してついにはイタリア全土がローマ人に対し武器を取ったのである。

二　これら諸部族の運命が過酷であればあるほど、それだけ大義名分も正当であった。イタリア人たちは自分たちの軍隊で守れる範囲内の市民権を要求した。自分たちは一年過ぎるごとに、一回の戦闘ごとに倍の数の歩兵と騎兵を負担しながら、市民権を与えられることはなかったのに、市民権を有する人々は自分たちのおかげで頂点にまで登りつめて、人種も血統も同じ人々を外人や異邦人のように見下すことができる、と訴えた。

三　この戦争はイタリアの若者たち三〇万以上の命を奪った。また、この戦争における最も著名なローマの将軍には、大ポンペイユスの父親、つまりグナエウス・ポンペイユス、既述したガイウス・マリウス、前年に法務官に就いていたルキウス・スッラ、ヌミディクスの息子クイントゥス・メテルスなどがいた。クイントゥス・メテルスは、彼の功績にふさわしいピウス［孝心の］という添え名を獲得した。四　というのも、法に対する忠誠の誓約をただ一人拒否したため、護民官ルキウス・サトゥルニヌスにより流刑に処せられた(5)父ヌミディクスを、彼は自身の孝心と元老院の指導力と全国民の賛同により、復権させた。ヌミディクスは、自分の勝利の凱旋式や彼が得た公的な名誉よりも、流刑の原因、流刑そのもの、そして流刑地からの帰還ゆえに有名になった。

(1) おそらく、前三五年の執政官ルキウス・マルクス・ケンソリヌス。彼はカエサルの殺害者たちに対抗し、アントニウスを支持した。

(2) ティトゥス・スタティリウス・シセンナ。後一六年の執政官。

(3) 同盟市戦争は、ドルススが約束したイタリア住民への市民権授与が彼の死により反故にされたと考えたイタリア住民の失望に起因する、とされる。

(4) この暗殺は前九一年に起きた。アスクルムは、ピケヌム地方の都市。

(5) 前一〇〇年。マリウス六度目の執政官の年。サトゥルニヌスの農地法にヌミディクスは反対したため、ロドス島へ流刑になった。

第十六章

一　名を馳せたイタリアの最も著名な将軍たちには、シロー・ポパエディウス、ヘリウス・アシニウス、インステイユス・カトー、ガイウス・ポンティディウス、テレシヌス・ポンティウス、マリウス・エグナティウス、パピウス・ムティルスがいた。(1) 二　私は事実を伝える以上、わが一族が得た栄光を、慎みの気持ちを理由に省くことがあってはならぬと思う。というのも、私の曾祖父で、アエクラヌム出身のミナトゥス・マギウスの事績は多くを歴史に残すべきだからである。カンパニア人らの指導者で、名高く忠誠心の厚いデキウス・マギウスの孫に当たり、この戦争において彼はローマ人への忠誠を貫いた。その結果、ヒルピニ人のあいだで自ら徴集した軍団を率いてティトゥス・ディディウスとともにヘルクラネウムを占領、またルキウス・スッラとともにポンペイイの町を攻略、コンプサを占領するという功績を揚げた。三　彼の武勇についての人々も語っているが、とりわけクイントゥス・ホルテンシウスが自著『年代記』(2)の中で、ありありと物語っている。彼のそうした忠誠に対する十二分の感謝を示すために、ローマ国民は市民権を与え、法務官の定員がまだ六人に限られていたとき、(3)彼の二人の息子を法務官に選んだ。四　同盟市戦争はことのほか激しく勝敗あい入れ替り、二年間に続けて二人の執政官すなわち、ルティリウス、次にポルキウス・カトーが敵に倒され、(4)ローマ国民の軍隊は多くの戦地で敗北を喫した。兵士たちは軍用マントを身につけると、長期にわたってまとい続けることになった。イタリア人は自分たちの首都としてコルフィニウムを選び、その地をイタリカと呼んでいた。その後武器を取らなかったか、早くから放棄した人々を市民として受け入れることによって少しずつ国力が回復した。ポンペイユスとスッラとマリウスが、足を滑らせ倒れかけたローマ国民に力を取り戻させたのであった。(5)

第十七章

一　ノラ近郊で戦争の残り火がまだくすぶっていたが、同盟市戦争の大部分が終結すると、ローマ人たちは自分たちも戦争で消耗していたため、市民権賦与をどの都市にも区別なくするより、打ち負かして痛めつ

(1) 蜂起した人々は、クイントゥス・ポパエディウス・シロー指揮下のマルシ人と、ガイウス・パピウス・ムティルス指揮下のサムニテス人との二つのグループに分けられる。ヘリウス・アシニウスはマルシ人の町マルビウムの、インステイユス・カトーはサビニ人の町パエリグニの、テレシヌス・ポンティウスとマリウス・エグナティウスはサムニテス人の町テレシアの、それぞれ出身。ガイウス・ポンティディウスの出自は不明。

(2) プルタルコス『ルクルス』一-七によると、ルクルスとシセンナに張り合って、ホルテンシウスは同盟市戦争の歴史を書いた。

(3) 法務官の数は前一九八年より六名、前八一年にスッラにより八名となった。

(4) プブリウス・ルティリウス・ルプスは前九〇年の執政官で、北部前戦の指揮官だが、ポパエディウス・シローと対決し、アルバ・フケンスの近くで殺された。ルキウス・ポルキウス・カトーは前八九年の執政官で、各地でマルシ人に勝利したあと、フキヌスの湖水近くで殺された。

(5) 完全な市民権をルビコン河以南の全イタリア住民に賦与する一方、以北の住民には限定的な市民権を与えた。

けた都市に対して行なうことを選んだ。クイントゥス・ポンペイユスとルキウス・コルネリウス・スッラが執政官の年のことであった(1)。そのうちスッラについては、戦勝まではいくら称讃しても十分となりえない一方、戦争後の非難はいくらなされてもなされすぎることはない。

二 スッラは貴族の家系に生まれ、ピュロス王との戦争の折り、最も高名な将軍たちの中に名を連ねていたコルネリウス・ルフィヌスから数えて六代目の子孫である(2)。その家系に衰えが見えたため、スッラは執政官職を目指す考えがないかのように振る舞っていた。

三 法務官就任のあとになってやっと、同盟市戦争で勝利の栄誉に輝いた。それ以前にはガリアにおいてマリウス配下の副官として名だたる敵の指導者たちを打ち破った(3)。その勝利のためスッラは自信を強め、執政官選挙に臨み、市民らのほとんど全員一致で栄誉ある職に選出された。しかしスッラはこの役職に就任したとき、すでに四九歳になっていた。

第十八章

一 同じ頃にポントスの王はミトリダテスであった。彼は、黙過やなおざりな記述の対象とすべき人物ではない。戦争ではきわめて好戦的、並はずれた勇気を備え、ときには幸運の点で、常に気概の点で誰にも劣らず、作戦を立案するときは将軍だが、戦うときは一兵卒で、ローマ人たちに対する憎しみの点ではハンニバルの再来であった。この王がアシアを征服し、そこに滞在するローマ市民全員を殺した(4)。二 多大の報酬を約束する書簡を諸都市に発送し、同日同時刻にローマ人をすべて殺すように命じた。三　そのときミトリダテスに勇敢に対抗してローマ人たちへの忠誠を守ったことで、ロドス島の住人に匹敵する人々はいなかった。この住人たちの忠誠心は、ミュティレネ人たちの裏切り行為を目の当たりにすると、一層明るく輝く。ミュティレネ人たちは、マニウス・アクイリウスとその他のローマ人を鎖に繋いだままミトリダテスに引き渡した。しかし、ミュティレネ人らは、ただ一人だけテオパネスと親交のあったポンペイユスにより、のちに自由を取り戻してもらえた。(5) こうしてミトリダテスがイタリアにとっても恐ろしい脅威となっていた頃、属州アシアがスッラに割り当てられたのである。四　スッラは首都ローマを出発したものの、ノラ周辺で足止めされていた。というのも、ノラはどこにもまして頑強に武装を解かずにローマ軍の攻囲の中にあり、ポエニ戦争時には神聖不可侵として貫き通した忠誠を後悔しているかのようだったからである。

(1) 前八八年。
(2) 前二九〇年の執政官。前二七七年、二回目の執政官のとき、ピュロス王との戦争においてクロトナを奪い、サムニテス族と同盟を結ぶ。
(3) 前九三年。
(4) 前八八年。
(5) 前六三年のこと。ミュティレネ人テオパネスは、前八八年、ミトリダテスへのローマ人の引き渡しに加わったあと、ローマ側に味方して信頼されるようになる。その後、ポンペイユスのミトリダテスに対する戦争史を記述した。パルサロスの戦いのあとにポンペイユスがミュティレネへ避難したときには、エジプト王プトレマイオスに保護を求めるよう忠告した。

五　このとき、護民官プブリウス・スルピキウス(1)は雄弁家で気骨があり、富と信用と交友関係、溢れる才気と気概で際立ち、以前には誰よりも正しい志を抱いて国民からきわめて高い敬意を得ていたが、あたかも自分の美徳を悔いるかのように、また立派な振る舞いは身のためにならないとでもいうかのように　六　突然心を歪め、六度目の執政官の年に七〇歳を過ぎてもなお全統治権と全属州を熱望しているマリウスとその一派に盲目的にわが身を投じた。スッラから指揮権を剥奪し、対ミトリダテス戦争遂行をマリウスに委任する主旨の法案を提出するなど、他にも、自由な国家には耐えがたく有害で破滅をもたらす法案を提出した。それればかりか、スルピキウスは自分の党派の手先を働かせて、執政官クイントゥス・ポンペイユスの息子で、スッラの婿となっていた人物を殺した。

第十九章

一　そこでスッラは軍を結集させて首都ローマへ戻り、武力を行使して首都を占領し、これまでには無かった最悪の政変の首謀者十二人（その中にはマリウスとその息子、プブリウス・スルピキウスも含まれていた）を都域外へ追放したうえで、自ら成立させた法令に基づいて流刑者と宣告した(2)。スルピキウスは追っ手の騎兵に捕まり、ラウレントゥムの沼沢地で殺された。その首は、迫り来る粛清(3)の前触れであるかのように、高く掲げられロストラ［演壇］の前に晒された。二　マリウスは六度目の執政官職を務めあげた後七〇歳になっていたが、裸で全身に泥を被り、両目と鼻だけを出してマリカの湿原に身を隠した。追ってくるスッラの騎兵からそこへ逃げ込んだが、葦のあいだから引きずり出され、首に縄をかけられて二人委員の命令によりミントゥルナエの獄舎へ連行された。

三　彼を殺すためゲルマニア人の公務奴隷が派遣されたが、その奴隷は偶然にもキンブリ族との戦争の折り、指揮官だったマリウスに捕らえられた者であった。マリウスだと判ったとき、かくも偉大な男に降りかかった逆境に怒りを覚えて、かん高い悲痛の叫び声を揚げると監獄から逃げ出した。四　するとローマ市民らは、ほんの少し前まで国家の頂点にいた人物をかつての敵が憐れんでいるのを知ると、マリウスに旅費と衣類を与えて船に乗り込ませた。マリウスはアエナリア島(4)付近で息子に追いつくと舵をアフリカへと切らせ、廃墟となったカルタゴにある小屋の中で貧窮な生活に耐えた。マリウスはカルタゴを見て、カルタゴはマリウスを見て、互いに慰め合っていたのであろう。

---

(1) プブリウス・スルピキウスは、スッラの支持を得て前八八年の護民官になり、熱狂的貴族派として振る舞った。プルタルコス『スッラ』八-一―二では、スルピキウスが表裏を持つ、金銭ずくめの人間として描かれている。

(2) 前八八年。

(3) 実際に始まったのはスッラがアシアから帰還したあと、さらに七年遅く前八一年以後のこと。

(4) 今日のナポリ湾沖に位置する。

第二十章

一　この年、最初にローマ軍兵士の手を汚したのは執政官の血であった。すなわち、スッラの同僚のクイントゥス・ポンペイユスが前執政官グナエウス・ポンペイユスの軍隊が起こした命令不服従の際に殺された(1)が、その不服従は指揮官自身が引き起こしたものであった。

二　キンナは、マリウスとスルピキウスにまして抑制に欠ける人物だった。イタリアへの市民権賦与は新市民を八つの行政区に割りふるという条件で行なわれた。それによって、新市民が権限と数に任せて、古くからの市民の尊厳を押し潰すことがないように、また恩恵を与えるものより恩恵を受け取る者の方が一層強大な権力を持たないようにしたのである。それなのに、キンナはすべての行政区に彼ら新市民を割りふる約束をした。三　キンナはこの名目でイタリア全土から夥しい数の群衆を首都ローマへ呼び寄せた。しかし、同僚や貴族が力を合わせて彼を首都から追放すると、彼はカンパニアへ向かい、元老院と執政官の権限によって職権を剝奪された。空席となった執政官の地位をユッピテル神官のルキウス・コルネリウス・メルラが補充した。この超法規的措置はキンナにふさわしいものではあったが、先例とすべきものではなかった。四　するとキンナはまず百人隊長と軍団副官らを、そののち兵士たちを大盤振舞の期待によって籠絡し、ノラ近郊に駐屯している軍に迎え入れられた。キンナは、兵士全員が忠誠の誓詞を述べたとき、まだ執政官顕彰を保持したまま祖国に戦争をしかけた。恃みとするのは夥しい数の新市民であり、彼らを徴募して約三百箇以上の大隊に登録させ、三十箇軍団相当の規模を整えた。五　しかし、彼ら一派は指導力を必要としていたので、これを強化するためにキンナはガイウス・マリウスとその息子、その他、追放された人々を流刑地から呼び戻した。

第二十一章

一　キンナが祖国に戦争をしかける一方で、既述のとおり、大ポンペイユスの父、グナエウス・ポンペイユス(2)の輝かしい尽力は、とりわけピケヌム地方(3)におけるマルシ人との戦争(4)で国家に資した。彼がアスクルムを占領したときには、他の多くの地域に軍隊が分散していたにもかかわらず、七万五〇〇〇人のローマ市民と六万以上のイタリア人兵士が一日のうちに激突した。二　そうした彼の尽力にもかかわらず、続いてもう一年執政官に留まろうという希望は挫かれた。彼の諸党派に対する態度は煮え切らず中立の立場にいて、自分の利益だけ考えて行動しているようにも、時機を窺っているようにも見えた。どの党派に味方するにせよ、

(1) クイントゥス・ポンペイユス・ルフスは、息子がスッラの娘を妻に迎え、前八八年にはスッラの同僚執政官となった。翌年、内ガリア属州を割り当てられ、命令権を託されたばかりのときに暗殺された。アッピアノス『内乱記』一-四八参照。

(2) グナエウス・ポンペイユス・ストラボ、前八九年の執政官。

(3) ピケヌム地方はポンペイユス家の人々の領地で、彼らが政治的地位の上昇に必要な人的、物的資源をこの地で調達した。

(4) 前八九年十月初旬。

一層強大な権力を約束してくれる党派へわが身と軍隊を提供しようとした。三　しかし結局のところキンナと大規模で血みどろの戦闘を戦うことになる。(1) その戦闘は首都ローマの城下と居住地を戦場として交えられたが、戦闘員らにも、傍観者らにもいかに破滅的結果をもたらしたかほとんど筆舌に尽くせない。**四**　この戦闘ののちに両軍ともまだ戦争による消耗が足りないとでもいうかのように疫病が襲いかかり、グナエウス・ポンペイユスも病死した。彼の死を喜ぶ気持ちは、剣か疫病のために市民たちが失われた損失によって相殺された。ローマ国民は彼の存命中に向けるべきであった憎悪を彼の死体に向けた。**五**　ポンペイユス家を二代か三代遡ってみると、この名を持った最初の執政官として、約一七二年前、(2) グナエウス・セルウィリウスを同僚としたクイントゥス・ポンペイユスがいる。六　やがてキンナとマリウスは、夥しい流血を伴った戦闘を戦ったあと、首都ローマを占領し、いち早く首都に入城したキンナは、マリウス復権の法案を提出した。

第二十二章

一　すぐにマリウスはローマ市民に悪夢となる帰還を果たし、ローマに入城した。(3) この勝利以上に残酷なものはなかった。あったとしても、すぐあとに続いたスッラの勝利だけである。二　ところかまわず剣が荒れ狂い、一般市民だけでなく、国家の最高位にある人々、最も高名な人々もさまざまな仕方で処刑された。こういった人々の中には、温厚な気質の執政官オクタウィウスがおり、彼もキンナの命令で殺された。一方、メルラ[4]はキンナの到着の折り、執政官職を放棄したのに、血管を切り開き祭壇に血を振りかけ、かつてユッピテルの神官として国家の無事を祈ったその神々に、キンナとその党派に対する神罰を懇願し、国家のために最善の尽力をなした魂を手放した。三　ローマ国家の指導的立場にあり、雄弁なマルクス・アントニウスは、剣を構えた兵士たちすら雄弁の力で逡巡させたものの、マリウスとキンナの命令を受けた兵士たちの剣により体を貫かれた。**四**　クイントゥス・カトゥルスはさまざまな美徳を兼ね備え、名を馳せ、マリウスと共同して戦ったキンブリ族との戦争で得た栄誉のためよく知られていたが、刺客が来ると、少し前に石灰と砂で塗り固めた部屋に閉じこもり、有毒な蒸気を発生させるため部屋に火を放ち、その気体を吸いこんで窒息死した。彼の死は敵の望みどおりではあったが、敵が定めたとおりの死に方はしなかった。**五**　国家のすべてが下り坂を転げ落ちていた。それでも誰もローマ市民の財産を大胆にも「よこせ」と言ったり、躊躇せず要求する者は見いだせなかった。ところが、のちには物欲が残酷さを助長し、財産に応じて罰が決定されるにいたった。豊かな者は罪ありとされて、自分の首に賞金をかけることとなり、利益になるような行為ならば、決して不名誉であるとは見なされなかった。

(1) ポンペイユス・ストラボは、キンナがマリウスを呼び戻し、彼と同盟を結ぶ自分の希望が頓挫したので、元老院の支持を決意した。
(2) 前一四一年。
(3) マリウスは奴隷の一群と、バルダエイ人と呼ばれたイリュリクム人(彼がかつて大殺戮を行なった民族)の一群を伴って首都ローマへ入った。
(4) 第二十章三参照。

第二十三章

一　その後キンナは二回目、マリウスは七回目の執政官に就任した。だがマリウスの場合、以前の六回の執政官職に泥を塗るだけだった。しかし、マリウスはその任期の初期に病で亡くなった。[1] マリウスは戦時には敵にとって、平和時には市民にとって誰よりも危険な敵で、平穏な生活にまったく耐えることができない人物であった。二　空席になった執政官の地位にはウァレリウス・フラックスが選ばれ、破廉恥きわまりない法律を作った。すなわち、債務者は貸し手に対して負債金額の四分の一だけ返済すればよい、というもので、その行為にふさわしい罰が二年も経ないうちに、彼にふりかかることになる。三　イタリアでキンナが権勢を揮っているあいだ、貴族階級に属する大部分の人々が、アカイアへ、アシアへとスッラの許を目指して逃れた。その間スッラは、アテナイ、ボイオティアやマケドニア周辺でミトリダテスの将軍たちと戦ってアテナイを奪還する[2]とともに、ピラエウス港の幾重にも張り巡らせてある防衛線を大いに苦戦しながらも突破して[3]、敵兵二〇万人以上を殺し、さらにそれ以上の数の敵兵を捕虜にした。四　このときのスッラによるアテナイ攻略を招いた反逆ゆえにアテナイ人を非難する者がいれば、明らかにその者は歴史的真実に疎い。なぜならアテナイ人たちは、揺るぐことのない忠誠心をローマ人に懐いていたので、どのような状況下にあっても常に、純粋な忠誠心から行なわれるどのようなこともローマ人たちは、「アッティカ的」と呼んでいたほどだからである。五　しかし当時はミトリダテスの軍に制圧され、敵の支配下で極度に惨めな状況にあり、同胞の包囲攻撃の中でやむをえず体は壁の内側にあっても、彼らの心は壁の外側のローマ人とともにあった。六　それからスッラはアシアへ移動すると、ミトリダテスが嘆願者としてあらゆる点で従属的態度を取るのを見て取った。スッラは、ミトリダテスに罰金を科し、船舶の一部を没収、アシアと武力制圧していた属州すべてから撤退するよう強要した。捕虜引き渡しを受けると、脱走兵と犯罪人に処罰を加え、ミトリダテスには父祖伝来の領土、すなわちポントスだけで満足するよう命令した。(4)

第二十四章

一　ガイウス・フラウィウス・フィンブリアはスッラが到着する前に執政官経験者のウァレリウス・フラックスを殺して軍隊を自分の配下に組み入れると、自身を将軍と呼ばせた。たまたま、ミトリダテスを戦闘

(1) プルタルコス『マリウス』四五-五一七によれば、マリウスは前八六年一月十七日に没した。強い不安と悪夢を避けるため耽った飲酒が死の原因という。
(2) アテナイは飢餓状態に陥り、前八六年三月一日に降伏した。
(3) ピラエウスは強力な防壁に守られ、執拗な抵抗を試みたが、前八六年三月十五日にようやく屈した。
(4) 前八五年夏に結ばれた、いわゆるダルダノスの和平のこと。ミトリダテスは、甲板を持つ武装した七〇艘の艦船を乗組員とともに引き渡すことになり、罰金は、プルタルコス『スッラ』二二-九によれば、二〇〇〇タレントゥムであった。

で撃退したが、スッラが到着する直前に自ら命を絶った(1)。彼の若さゆえの行為は無謀のきわみをいくものではあったが、勇敢に遂行された。二　同年の護民官、プブリウス・ラエナスは、前年の護民官、セクストゥス・ルキリウスをタルペイユスの岩壁から突き落とした(2)。ルキリウスの同僚たちも刑の執行日を言い渡されるや恐れをなしてスッラの許へ逃亡したので、ラエナスは彼らに水と火の使用を禁止した(3)。三　その頃、スッラが海上通行の秩序を回復させると、ローマ人のうち初めてスッラの許にパルティア人の使節が派遣されてきた。使節の中には、スッラの体にあるしるしから判断して、スッラの命は神性を帯びていて永遠に記憶されるだろうと予言する魔術師もいた。スッラはイタリアを目指して海を渡り二〇万以上の敵側の兵員数に対して三万を越えない武装兵を伴ってブルンディシウムに上陸した(4)。四　私個人の判断ではスッラが成し遂げた成果のうち左記の事実より注目に値することはなかろう。つまり、なによりもキンナとマリウスの党派がイタリアを三年間占拠しているのに、スッラは彼らに戦争をしかける意図をまったく隠そうとせず、その戦争を放棄しなかったということ、並びにスッラは市民への懲罰より敵の粉砕を先にする、つまり、まず海の向こうの属州にいる敵に勝利し、国外から加えられる脅威を除去したのちに、イタリア国内の敵に打ち勝つことを考えていた、といった事実である。五　ルキウス・スッラがまだ到着しないうちに暴動が発生して軍隊によってキンナは殺されてしまう。しかしキンナは、怒りにかられた兵士の手にかかるよりも、勝利者たちの判決を受けて死ぬほうがふさわしかった。またキンナについて次のようにも言えよう。すなわち、キンナは善人ならば誰も敢行しないようなことを大胆にも行なった、このうえなく勇敢な人間以外、誰も遂行できないことをキンナは遂行した、計画は無謀でも実行の点ではじつに男らしかった、と。カルボは、キンナの執政官を補充する者が誰もいなかったので、その一年間単独で執政官を務めた。

第二十五章

一　スッラは戦争の護持者ではなく、平和の樹立者としてイタリアへやって来た、とも考えられたろう。それほど穏やかにスッラは、カラブリア、アプリア地方を通過して、野の実り、田野、人々そして諸都市を気遣いながらカンパニアへ軍を率いて進んだ。そこで正しい法と公平な協定に基づいて戦争を収束させようと試みた。しかし最悪で限度を知らない欲望をもった人々が平和を喜ぶことなどありえない。二　そうするうちにスッラの軍隊は日ごとに数を増した。立派で健全な人からわれ先にと彼のもとへ合流してきたからである。それからカプア近郊でスキピオとノルバヌス両執政官[5]を打ち負かした。ノルバヌスは戦列を交えた会戦で敗北し、スキピオは自軍に見捨てられて敵側に引き渡されたが、スッラはスキピオを無傷のまま解放し

(1) プルタルコス『スッラ』二五-一―三によれば、フィンブリア(マリウスとキンナのシンパで、おそらく、前一〇四年に執政官を務めた同名の父の息子)はリュディアにある都市に陣営を置いていたが、ダルダノスの和平の知らせを聞いて自殺した。

(2) 前八六年一月一日のこと。

(3) 公民権を剝奪する措置。

(4) 前八三年春のこと。アッピアノス『内乱記』一-七九によれば、四万人の兵員と一六〇〇艘の船舶を従えていた。

(5) 前八三年の執政官ルキウス・コルネリウス・スキピオ・アシアティクスとガイウス・ノルバヌス。カシリヌム近郊で敗北した。

た。三　というのも、戦争遂行者としてのスッラと勝利者のスッラはまったく別人であり、勝利に至る過程では過度にまで穏やかであるのに、勝利のあとは前例の無いほど残酷であった[1]。既述のようにスッラは戦う力を失った執政官を、またクイントゥス・セルトリウス[2]（悲惨なことだ、セルトリウスは大規模な戦争の火付け役になる）、そのほか自分が捕虜にした数多くの者を無傷で解放した。思うにこれは同一人物が二分化した両極端の矛盾した性格を持ちうるという実例を目の当たり示したものであろう。四　スッラは、執政官ノルバヌスとティファタ山麓[3]で戦って勝利したあと、ディアナ女神に感謝の儀式を執り行なった。そして体を癒し、健康を取り戻してくれることで名高い泉とその周辺地域全体をディアナ女神に捧げた。今日でも神殿の扉に掲げられた銘文と神殿内部の青銅板により、スッラの敬虔な感謝の気持ちがなお想起される。

第二十六章

一　翌年[4]の執政官は三期目を迎えたカルボともう一人は七期執政官を務めあげたマリウスの息子マリウス[5]であった。マリウスは二六歳で、父親から長寿よりも気概を受け継ぎ、すでに果敢に多くの問題に着手し、名前負けするところがなかった。彼はサクリポルトゥスの会戦[6]でスッラに撃退され、自然の地形に加えて守備隊で防備を固めてあったプラエネステへ軍隊ともども撤退した。二　国家の災いに欠けるものがないように、それまでは常に市民が美徳を競い合っていた国において、そのときは、自分を最良の人物だと思う者はきまって最悪の人間であった。というのも、サクリポルトゥスでの戦闘のあいだに法務官のダマシップス[7]

は執政官経験者のドミティウス(8)と、大神官で神事と人事に関する立法者としてきわめて高名なスカエウォラと、執政官の弟で法務官経験者のガイウス・カルボ、そして高等造営官のアンティスティウス(9)を、スッラ党派の支持者と見なしてホスティーリウス議事堂において殺した。三　ベスティア(10)の娘でアンティスティウスの妻カルプルニアは、既述のように夫が殺されたとき、剣で自分の体を貫いた女性で、その最も気高い栄光は失われてはならぬ。彼女はこの栄光と名声をどれほど多く得たことか。彼女は勇気ある行動で際立ち、父

---

(1) プルタルコス『スッラ』三八-六によれば、スッラは「私の友人にとって、誰も私以上に善行を行なった人はなく、私の敵にとって、誰も私以上に悪行を行なった人はいない」という銘を自分の墓碑に刻むよう指示したという。

(2) マリウス派の指揮官としてヒスパニアで戦っていたが、スッラ軍に敗れ、いったんアフリカに逃れたあと、ヒスパニアに戻り、オスカを首都とする自治共和国を設立した。セルトリウスは自分の権力を維持するためには、ミトリダテスや地中海の海賊との同盟も躊躇しなかった。

(3) ティファタ山はカプアの北、約五キロメートルにある火山。火口部の南西斜面に有名なディアナ・ティファティナの神殿があった。

(4) 前八二年。

(5) 言及はマリウスの息子のガイウス・マリウスについて。スッラの敵対者から貰いうけた養子で、また数人の歴史家によれば、マリウスの甥。

(6) 前八二年三月初旬。サクリポルトゥスは、セティアとプラエネステとのあいだにあって、ウォルスキ族の領土にある都市。

(7) ルキウス・ユニウス・ブルトゥス・ダマシップス。前八二年の首都ローマ担当法務官。

(8) ルキウス・ドミティウス。前九四年の執政官。

(9) ムキウス・スカエウォラについて第二巻第九章二参照。ガイウス・パピリウス・カルボ・アルウィナは前八三年の法務官。プブリウス・アンティスティウスはポンペイユスの義父。

(10) ルキウス・カルプルニウス・ベスティア。前一一一年の執政官。

親の悪評は看過され隠されている。

第二十七章

一　ポンティウス・テレシヌス[1]はサムニテス人の指導者で、戦争の折りにはきわめて勇敢な気性を発揮し、ローマという名に対する不倶戴天の敵であった。彼は若者たちのうち戦争を遂行するうえで決して武器を手放さぬ最も勇敢で屈強な者ら約四万人を徴集し[2]、カルボとマリウスが執政官の年[3]で、今から数えて一一一年前の十一月一日、コリナ門の近くでスッラと戦い、スッラのみならず国家をも存亡の危機に追い込んだ。二　ハンニバルの陣営が首都ローマから三マイルに見て取れたときの危機もこの日ほどではなかった。このときテレシヌスは自軍の隊列のまわりを飛び回りながら、しきりに「今日こそローマ人の最後の日だ。都を根こそぎ破壊せねばならぬ」と声を大きくして言い放ち、さらに「イタリアの自由を略奪する狼を駆除するには、それがいつも逃げ込む森を切り倒すしかない」とつけ加えた[4]。三　ローマ軍がようやく一息ついたのは、第一夜警時を過ぎた頃[5]であった。敵が撤退したからである。テレシヌスは翌日瀕死の状態で発見されたが、その顔は死者というよりも勝利者の表情をしていた。スッラは彼の首を切り取り、その首をプラエネステの周囲に晒して回るよう命じた。四　ここにいたって若いマリウスは、自分の置かれた状況に絶望し、驚愕すべき技術を用いてその地域のさまざまな場所に通じるように掘削された地下通路を通って脱出を試みたが、マリウスが地面の開口部から現われたとき、まさにそのような場合に備えて配置されていた兵士に切り殺された。**五**　マリウスは自ら手を下して死んだと伝える人もいる。また包囲され脱出しようとしているテレシヌスの弟と遭遇し互いに刺し違えて死んだと伝える人々もいる。マリウスがどのように死んだにせよ、父が偉大な人物であるので彼に関する記憶も今日まで鮮明である。若いマリウスについてスッラの評価は明白である。なぜなら、彼が殺されてやっとスッラはフェリクス〔幸福なる者、felix〕という名を帯びたからである[6]。だが、もしスッラが勝利と人生を同時に終えていたなら、その名を最も正当に用いることになっていたろう。**六**　ところで、プラエネステにおいてマリウスに対する包囲を指揮したのはオフェラ・ルクレティウスである。この人物はそれまでマリウス派の指揮官だったが、スッラ派に寝返った[7]。スッラは、サムニテス人とテレシヌスの軍勢が撃退されたその日の幸運を恒久的に記念するために大競場での競技祭で祝った[8]。それは「スッラの勝利」という名の下に今日でもなお祝賀されている。

(1) 同盟市戦争の指導者の一人。
(2) ルカニア人の指揮官マルクス・ランポニウスがもたらした援軍を含めて、彼は七万の兵員の頂点に立った。アッピアノス『内乱記』一-九〇。
(3) 前八二年。
(4) 十月三十日から三十一日の夜間に武装兵を進軍させて、スッラとポンペイユスの先を越そうとし、ローマから一七キロメートルの地点に陣営を置いた。
(5) 午後九時頃。
(6) スッラが自分を「フェリクス」と呼ばせたのは凱旋式を挙行した日の夕方であった(アッピアノス『内乱記』一九七、プルタルコス『スッラ』三四-三)。
(7) しかし、その後、オフェラはスッラの意に反して前八一年の執政官に立候補したので、スッラに処刑された。
(8) 十月二十七日から十一月一日にかけて開催された。

第二十八章

一　スッラがサクリポルトゥス近郊で戦ったその少し前、スッラ派の将軍たちは、見事な戦いぶりで敵の軍隊を蹴散らしていた。すなわち、二人のセルウィリウス[1]がクルシウム、メテルス・ピウスがファウェンティア、マルクス・ルクルスがフィデンティアにおいて、といった具合である。二　内乱による災いが終わったと思われたとき、スッラの残酷さゆえに災いが大きくなった。というのも、スッラは独裁官に指名される[2]と――この顕職は一二〇年間用いられず、最後の就任はハンニバルがイタリアから退去した翌年[3]のことであったので、ローマ国民が独裁官就任を望んだとき、それはその権力を恐れたのと同じ恐怖心からであることは明らかである――、先人たちがこのうえない危機から国家を救うために必要とした権限をスッラは何の抑制も受けず、限度を知らぬ残酷さを顕わにして行使した。三　スッラは、最後の人物であればよかったが、財産没収の悪例を作った最初の人物だった。ローマ市民を殺害した者に公然と金品の支払いが取り決められ、数多く殺せば殺すほど得るものが多く、敵の殺害に劣らぬ報酬が市民の殺害に振る舞われ、誰にもそれぞれ殺されたときの値段がついた。四　スッラに対抗して武器を取った者のみならず、数多くの無実の人々にも暴力の嵐は荒れ狂った。さらに追放された人々の財産は競売にかけられ、子供たちは父祖伝来の財産を相続できず、公職を求める道をも断たれ、同時に最も嫌悪すべきことだが、元老議員の息子たちは自分の階級の重圧に耐えねばならず、その階級の特権をも失うという事態が生じた。

第二十九章

一　ルキウス・スッラがイタリアに到着しようとする頃、前述のように、執政官在任中にマルシ人との戦争において最も華々しく活躍したグナエウス・ポンペイユスの息子で同名のグナエウス・ポンペイユス［大ポンペイユス］は、今から一一三年前(4)に二三歳にして彼自身の出費と思慮により大胆な企てを敢行し、見事に仕遂げた。祖国の尊厳を護り、かつ回復するため、父祖伝来の保護民が全土に溢れるピケヌム地方から徴集した軍隊をフィルムム(5)に集結した。

二　この人物の偉大さを記述するためには、多くの巻物が必要であるが、ささやかな拙著では、彼について限られたことしか語ることはできない。彼は、ルキリアを母として生まれ、元老院議員の家系に属する。並はずれた美男子ぶりは若さの華やぎによる類いではなく、威信と節操に由来するもので、彼の偉大さと幸運に寄り添って人生最後の日まで彼とともにあった。

---

(1) 同定できるのはプブリウス・セルウィリウス・ウァティア・イサウリクス（前七九年の執政官、スッラ党派の一員）のみ。

(2) 前八二年十二月。

(3) 前二〇二年にガイウス・セルウィリウス・ゲミヌスが独裁官に指名された（リウィウス三〇-二九-四）。

(4) 前八三年。

(5) フィルムムは、ピケヌム地方の重要な都市。

三　例外的とも言える誠実さ、比類のない潔白さの一方で、弁論の才能は凡庸だった。権力については、栄光の印として自分に賦与されるように、しかし、力ずくでものにしたのではないという形で切望した。戦時にはきわめて経験豊かな指揮官であるが、平和時には自分に対する敵の出現を恐れた場合を除けば、節度ある市民であった。友情を固く守り、無礼を働かれても情け深く、関係修復の際の誠実さと謝罪受け入れの際の親愛は際立っていた。

四　彼は、権力を持たない人々に権力を乱用することはまったくなかったか、あるいは稀であった。ほとんどあらゆる欠点を免れていたが、ただし、自由で世界の主人たる国においては全市民に同等に接することが当然であるのに、威信の点で同等の人物を目にすることに我慢ならないことが最大の欠点の一つであるなら、話が違ってくる。

五　彼は、成人のトガをまとった日から最も思慮ある指揮官、つまり自分の父親の下、幕僚として個々の軍事作戦に参加して自分の才能を伸ばし、正しく良いことを学ぶだけの受容力を発揮し、それゆえ、セルトリウスはメテルス(1)をより称讃する一方、ポンペイユスをより恐れた。

第三十章

一　こののち、法務官経験者で、財産没収を受けた者の一人であり、性格より家系の面で輝ける人物マルクス・ペルペンナがオスカにおける宴の席でセルトリウスを殺し(2)、この忌むべき犯罪により、ローマ人たちには確実な勝利を、自分の党派には破滅を、自分自身には最も恥ずべき死をもたらした。二　メテルスとポンペイユスがヒスパニアでの勝利により、凱旋式を挙行した。しかし、ポンペイユスはこの凱旋式のときでもまだローマ騎士身分であったが、執政官に就任する前日に凱旋用戦車に乗って首都ローマに入城した。三　この人物について誰でも驚かされるのは、自分があれほど多くの異例の命令権[3]を行使しながら国家の最高位まで登りつめた人間であるのに、不在のまま二度目の執政官職に立候補しようとするユリウス・カエサルに元老院とローマ国民が配慮を示したときには、機嫌を悪くしたことである。だが、自分には甘く、あらゆる誤りを許すが、他人には厳しくいかなることも大目には見ず、嫌悪の矛先を事柄の原因ではなく、意図や人物に向けるというのは人間一般によく見られることである。

四　ポンペイユスはこの執政官任期中[4]に、スッラによって実体のない虚像とされていた護民官権限を復活

(1) クイントゥス・カエキリウス・メテルス・ピウスのこと。彼はまず、セルトリウスに対抗する軍事作戦を指揮した。

(2) 前八二年の法務官マルクス・ペルペンナはレピドゥスを支持したマリウス党の一員で、レピドゥスが敗北して死んだあと、マリウス党の敗残兵をヒスパニアに引き連れ、セルトリウスの軍に合流させた。しかし、セルトリウスが一連の敗北後に放蕩に身を委ねたので、オスカの町の宴の席で殺させた(前七二年)。プルタルコス『セルトリウス』二六、『ポンペイユス』二〇-二など参照。

(3) 例外的事情により与えられた執政官権限に加えて、海賊と戦うため前六七年一月にガビニウス法に基づいて与えられた命令権、また、マニリウス法(前六六年一月)に基づき、ビテュニアとシキリア島の二つの属州権限と、ミトリダテスとティグラネスに対する戦争の指揮権がある。

(4) 前七〇年。

させた。(1) 五　ヒスパニアでセルトリウスとの戦争が遂行されていたあいだに、カプアの剣闘士養成所から逃げ出した六四人の剣闘士の逃亡者らは、スパルタクスを指導者と仰ぎ、カプアの町から剣を奪い、最初はウェスウィウス山に向かった。(2) 日々その反乱に加わる者の数は増大し、重大かつさまざまな災いをイタリアに生ぜしめた。(3) 六　彼らの数は大きく膨れ上がり、ついには最終決戦のとき四万八〇〇〇人がローマ軍に対峙するにいたった。この戦争を遂行した栄誉は、マルクス・クラッススのもので、(4) 彼は全ローマ市民の意を受けて、国家の第一人者となった。

第三十一章

一　グナエウス・ポンペイユスは、その人格により世界全体の注目を自分に向けさせ、あらゆる点で単なる一市民より偉大な人物と見なされていた。彼は執政官任期後にどの属州へも赴かないというじつに称讃すべき誓約をし、それを守っていたが、二　二年後に護民官アウルス・ガビニウスが次のような主旨の法案を提出した。それは、海賊たちが盗賊のやり方ではなく、戦争の様相をもって、こそこそした遠出によってではなく、艦隊によって世界を恐怖に巻き込み、イタリアの諸都市に対してまで略奪行為を行なっている以上、海賊どもを制圧すべく、グナエウス・ポンペイユスを派遣し、全属州の海岸から五〇マイル内陸までの領域において執政官格総督と同等の命令権を与える、というものであった。三　元老院決議によって、ほとんど全世界の統治権が唯一の人間に委ねられることになった。確かにこれと同じ決議が［二年前に］法務官マルクス・アントニウスにもなされた(5)。四　しかし、そのような地位はときに、有害な先例となる一方で、反感を増大させる場合も軽減させる場合もある。アントニウスの場合、人々は平静な気持ちで見ていた。実際、その力が怖くない人々の顕職に反感が抱かれることは稀である一方、人々は次のような人間が異例の権限を有することに恐怖を覚える。すなわち、その権限を自分の裁量次第で放棄も保持もするように見え、その気にならなければ止まることを知らない人間である。閥族派は反対したが、思慮が衝動に敗北してしまった。

(1)ポンペイユス・リキニウス法によって、以前スッラが無効にした護民官の諸権限が復活した。

(2)トラキアの血筋を引くスパルタクスが前七三年の夏に引き起こした。

(3)元老院が急派した軍勢を次々と破り、前七二年にはコルネリウス・レントゥルス、ゲリウス・ポプリコラ両執政官指揮下の軍まで打ち負かした。これら全容については、プルタルコス『クラックス』九、アッピアノス『内乱記』一一六-一一七など。

(4)クラッススは幸運も手伝って個人的に徴集した新兵をスパルタクスに対抗させることができ、前七一年三月下旬、決定的勝利を収めた。プルタルコス『クラッスス』のほか、ディオ・カッシウス四〇-二七-三参照。

(5)前七四年、三頭政治家の父親で、有名な弁論家の息子、マルクス・アントニウス・クレティクスにこれと類似した権限が賦与された。

第三十二章

一　ここでクイントゥス・カトゥルス(1)の威光と控えめな態度は、記憶に値する。彼は元老院議会でその法案に反対して、「グナエウス・ポンペイユスはきわめて燦然たる人物であるが、自由な国家にとってすでに目に余る。全権限が唯一の人間に託されるべきではない」と述べ、さらに付け加えて「もしこの人物に何かあった場合に、あなた方は誰を彼の代わりとするのか」と発言すると、会議の出席者全員が「おお、カトゥルスよ」と叫んだ。するとポンペイユスは、全員一致の意向と、これほど市民に敬意を示した発言にその場を譲って、議場から退席した。二　ここでカトゥルスの控えめな態度と国民の正義を称えたい。カトゥルスの場合は、それ以上反対意見を述べなかったからであり、国民の場合は、自分たちの考えに反対し、対立する人物から真実の発言を奪おうと欲しなかったからである。三　同じ頃コッタは、ガイウス・グラックスが元老院から奪って騎士階級へ、次にスッラが騎士階級から奪って元老院へ移行させた司法権行使の権限を両階級へ平等に配分した。(2)オト・ロスキウスは、自身が発起人となり成立した法に従って、劇場内に騎士階級専用の座席を復活させた。(3)四　さてポンペイユスは著名な軍人を多くその戦争に投入し、守備艦隊を地中海沿岸のほとんどすべての入り江に割りふって、短期間のうちに無敵の海軍を指揮して世界を海賊の脅威から解放した。幾度にも及ぶ戦いで地中海全域にわたり、すでに敗北を喫した海賊らに対しキリキア付近で艦隊による攻撃を加えて打ち破り、敗走させた。(4)五　これほど広く分散した戦争をより早期に終結させるため、各都市で海賊たちの残党を集め、海岸から遠い地域に定住させた。六　この措置を批判する人もいるが、発案者には十分な思慮があり、この思慮は誰が発案者でも「偉大な」という名を与えるものであった。海賊たちに、略奪せずとも生活してゆく術を与えたことで略奪行為を防いだからである。

第三十三章

一　海賊との戦争が終了段階にあった頃(5)のことである。ルキウス・ルクルスは七年前に執政官任期後の赴

(1) クイントゥス・ルタティウス・カトゥルスはマリウスとともにキンブリ族と戦って勝利を獲得した人物を父に持つ。前一二一年生まれ。スッラ派に加わって戦い、前七八年に執政官。控えめな性格はスッラの行為の行き過ぎを抑えようとしたことに現われている。

(2) ポンペイユスが推進し、ルキウス・アウレリウス・コッタが提案したアウレリウス法は、常設査問所の審判人団が元老院議員と騎士階級と国庫担当官からそれぞれ同数選任されることを定めた。

(3)「劇場に関するロスキウス法」は前六七年に護民官ルキウス・ロスキウス・オトーが通過させた。スッラが騎士階級から奪った特権を騎士階級に戻し、劇場に元老院議員の背後に上位一四の席が配置された。

(4) ポンペイユスは、艦船に加え一二万の歩兵と五千の騎兵を指揮下に置いた。プルタルコス『ポンペイユス』二六-七、アッピアノス『ミトリダテス戦争』九五などによれば、前六七年の三月から五月まで。

(5) 前六六年初期。

任属州としてアシアを引き当ててミトリダテスと対戦し、多くの記憶に値する成果を挙げた。(1) 幾度も戦場でミトリダテスに打ち勝ち、卓抜な勝利を得て都市キュジコスを解放し、諸王のうち最も偉大な王ティグラネスにアルメニアで勝利した。だが、ルクルスはその戦争の仕上げを、できなかったというよりむしろ、望まなかった。ルクルスはあらゆる点で称讃すべき人物で、戦争では負け知らずであったのに、金銭欲に駆られ、まだ同戦争を指揮しようとしていた。そのとき、常に賄賂で動き、他人の権勢の手先を務める護民官マニリウスがミトリダテスとの戦争をグナエウス・ポンペイユスに指揮させる主旨の法案を提出した。(2) 二 これが通過すると両将軍のあいだに大きな非難合戦が生じた。その際、ポンペイユスはルクルスの見苦しい金銭欲を、ルクルスはポンペイユスの飽くことのない命令権への野望を互いに責め立てあい、どちらも相手の非難が嘘であるとは反論できなかった。三 というのもポンペイユスは、初めて国事に携わって以来、同等の地位の者が気に入らず、自分が最初の就任者となる地位は単独の任であることを望んでいた。他のことには無関心でいるのに栄光への欲望をポンペイユスほど懐いている者は他におらず、公職の遂行には慎み深いとはいえ、公職の追求に節度はなく、公職就任時には喜色満面であるのに、退任時は平然として、望んだものを手に入れるのは自分の考えだが、手放すときは他人の考えのままにした。

四 ルクルスも他の面では秀でた人物だが、屋敷、宴、家具について溢れるような贅沢を最初に行なった人間で、彼が海中に支柱を打ち込み、山を穿って海水を陸地に引き込んだことから、大ポンペイユスは彼を、トガをまとったクセルクセス(3)と洒落た呼び方をしたものであった。

第三十四章

一　同じ頃、(4) クイントゥス・メテルスによりクレタ島がローマ国民の支配下に置かれた。それより以前、クレタ島ではパナレスとラステネスの指揮下に、機敏かつ迅速に動き、戦争の労苦に最も忍耐強く、また矢を最も巧みに扱うことで有名な若者二万四〇〇〇人が徴集され、三年間ローマ軍を消耗させていた。二　ポンペイユスは、そのメテルスの栄光に対してすら、手に入れたい気持ちを抑えられず、勝利の一部は自分のものだと主張しようとした。しかし、ルクルスとメテルス両者の凱旋式は彼ら自身の比類ない武勇と同時に

(1) 前七四年の執政官ルキウス・リキニウス・ルクルスは前七四年から六七年にかけて第二次ミトリダテス戦争を指揮した。ミトリダテスによるキュジコス包囲作戦を放棄させた(前七四―七三年の冬)のち、ミトリダテスがアルメニアにいる自分の婿ティグラネスの近くに逃走したので、ティグラネスの王国の首都ティグラノケルテを奪った(前六九年秋)。しかし、悲願であったアルタクサタの都の奪取は実現しなかった。

(2) 前六六年一月に護民官ガイウス・マニリウスにより提出されたマニリウス法は海上における命令権をポンペイユスに追認し、シキリアーアシアとビテュニアーポントスの二つの属州の統治、および、指揮権をポンペイユスに託することを定める。

(3) 第二次ペルシア戦争の初めの頃、前四八〇年にペルシア王クセルクセスがヘレスポントスの上に船を並べて造らせた橋のことを言っている。

(4) 前六七年。クレタは前六九年の執政官クイントゥス・カエキリウス・メテルス・クレティクスによって平定されたが、それに三年遡る前七一年、マルクス・アントニウス・クレティクスに甚大な敗北をクレタ人たちは加えていた。

ポンペイユスへの反感のために、立派な人間の誰からも支持された。

三　同時代に、マルクス・トゥリウス・キケロが登場する。彼は、自力だけで頭角を現わして官位を登りつめ、家名を高めた新人で、彼の天賦の才能が卓越しているのと同様、その生き方も華々しく、ローマ人が武力で打ち負かした相手に才覚で打ち負かされないようにした。執政官在任中、セルギウス・カティリナ、レントゥルス、ケテグス、その他騎士階級と元老院議員階級に属する者らの陰謀(1)を、並はずれた勇気と一貫性と用心深い監視により明るみに晒した。四　執政官の持つ権限に恐れをなしたカティリナは首都から逃げ出した(2)。執政官も歴任し、二度法務官を務めたレントゥルス(3)やケテグス、その他騎士階級や元老議員に属する著名な人々が元老院の権威を帯びた執政官の命令によって獄中で殺された。

第三十五章

一　これらの議論が元老院において行なわれた日(4)、すでにさまざまな事例で華々しい輝きを放っていたマルクス・カトー(5)の美徳がこのうえない高みにまで称揚された。二　彼はポルキウス氏の祖である、かのマルクス・カトー(6)を祖父として生まれ、誰よりも美徳の女神に似て、あらゆる面で人間より神々に近い心ばえをしていた。正しい行為をしていると見られるためにするのではなく、そうせずにはいられなかった。彼には正義を備えることだけが理にかなっていると思われた。人間のあらゆる悪徳から無縁で、常に自制して幸運に溺れることがなかった。三　護民官に指名されたときまだほんの若者にすぎなかったが、他の人々がレントゥルスその他の陰謀加担者を地方諸都市に監禁するよう促したとき、ほとんど最後に意見を求められると、魂と才覚のもてる力いっぱいに陰謀を攻撃したので、その熱意ある弁論により加担者たちへの寛容を説く弁論をする人々も皆陰謀の加担者ではないのかと疑われた。**四** このようにカトーは、都の焼き打ちと破壊や国家体制転覆という迫り来る危機を明らかに示し、執政官の美徳を増大高揚させたので、元老院全体がカトーの意見に与し、上述の加担者に対する処罰［処刑］を決議し、そのあと元老院議員の大部分がカトーを自宅まで送っていった。**五** さて、カティリナは決行計画を立てたかと思うと、ぐずぐずせずに命を断った。というのも、処罰に委ねられるはずだった魂にあらんかぎり勇敢に戦うことで罰を受けたからである。

(1) ルキウス・セルギウス・カティリナは前六五年執政官の候補者から締め出され、前六四年と六三年には同選挙で敗北、さまざまの不満分子を集めてクーデターの陰謀を企てた。前七一年の執政官プブリウス・コルネリウス・レントゥルス・スッラは前七〇年に元老院から除名された。レントゥルスとガイウス・コルネリウス・ケテグスはカティリナの主たる副官であった。

(2) キケロの『カティリナ弾劾』第一回演説が発せられたのは、陰謀加担者の密会のあとで、前六三年十一月八日。その後、カティリナは首都ローマから逃れ、マンリウスと合流しようとした。

(3) 元老院から除名されたあと、レントゥルスは元老院に戻ろうとして、前六三年に二度目の法務官に選出された。

(4) 前六三年十二月五日。

(5) いわゆる小カトー。ウティカのカトーとも言われる。

(6) 厳格な監察官として知られる、いわゆる大カトー。前一九五年に氏族の中で最初に執政官に就任した。

第三十六章(1)

一　今から九二年前、神君アウグストゥスの誕生(2)は、キケロの執政官任期につけ加わった、決して凡庸ならざる装飾であった。アウグストゥスは将来、その偉大さによって全世界のあらゆる人士の輝きを消し去ることになる。二　卓抜な才覚に恵まれた人々が生きていた時代を指し示すことは、ほとんど余計なことと見えるかもしれない。実際、年令の差で隔てられていても、この時代に才能を開花させた人々を知らない者が誰かいるだろうか。それはキケロ、ホルテンシウス、そしてクラッスス、コッタ、スルピキウス、やがてブルトゥス、カリディウス、カエリウス、カルウス、さらにキケロに最も近い人物として、カエサル、彼らの教え子ともいえるコルウィヌスとアシニウス・ポリオ、トゥキュディデスにも匹敵するサルスティウス、詩歌の著作者ウァロとルクレティウス、自身の手がけた試作にかけて誰にも劣らぬカトゥルス。

三　これ以上われわれの目に焼き付いた天才たちの名を列挙するのは、ほとんど馬鹿げているだろう。われわれの時代で最も秀でた才能の中で詩作の第一人者はウェルギリウスとラビリウスで、ティトゥス・リウィウスはサルスティウスのあとに続き、自己の詩形式において最も成功した詩人はティブルスとオウィディウス・ナソである。現在存命中の作家は大いに称えられる一方、批判をしづらい。

第三十七章

一　既述の事件が首都ローマで進行しているあいだ、グナエウス・ポンペイユスは、ルクルスが去ったあとに新たに軍を徴集して強力な軍事力を準備したミトリダテス[3]に対し、記憶に残る勝ち戦を遂行した。二　王は敗走に追い込まれ、全軍を失うと[4]、義父として、アルメニアに君臨する婿ティグラネスのもとを目指した。ティグラネスはたとえルクルスの軍により兵力を削がれていたとはいえ、当時最も力を持つ王であった。三　そこでポンペイユスは同時に二人を追撃し、アルメニアに侵攻した。ティグラネスの息子が父と不和になり、先にポンペイユスの許へやってきた。四　すぐにティグラネス自身も恭順の意を示して現われ[5]、自分自身と自分の王国をポンペイユスに捧げる意を告げて曰く「余はポンペイユス以外のいかなるローマ人とも、別の部族の誰とも同盟を結ぶことはないであろう。余にとって順境でも、逆境でも、それをポンペイユスが定めるなら、耐えられるであろう。彼に敗れるなら恥ではない。彼に勝つのは神意に背くから。運命があり

---

(1) 本章は歴史記述を中断して、前一世紀後半の著名な文人、詩人を列挙する。それぞれについては索引を参照されたい。
(2) オクタウィアヌス（のちのアウグストゥス）は前六三年九月二十三日に生まれた（スエトニウス『アウグストゥス』五-一）。
(3) 明らかな誇張。歩兵三万と騎兵二〇〇〇を徴集するのがやっとだった。
(4) ミトリダテスは、五五日間の包囲戦のあと陣地を放棄した。
(5) 前六六年秋、ティグラネスは王冠を外しながら、ポンペイユスの前にひれ伏した。

とあらゆる人の上へと高めたのであれば、その者に服従するのは不名誉ではない」。五　王は統治の名誉を保持したものの、巨額の賠償金を課された。ポンペイユスはいつものように、その全額を財務官の管理下に付託して、公文書に記録させた。ミトリダテスの占領から奪還されたシュリアと他の属州(1)のうち、ある地域はローマ国民に返され、また別の地方はこのとき初めてローマ国民の支配下に入り、シュリアには、そのとき初めて税が課せられた。王の支配領域はアルメニアに限定された。

第三十八章

一　誰の命令で、どの部族が、どの国家が、属州が税を課せられたかについて記すことは、この小著の前提となる規範にさほど違背しないであろう。そうすれば、部分ごとに記述したことを一度に全体として容易に見て取れるであろうから。二　最初にシキリア島に軍隊を渡海させたのは執政官クラウディウス(2)であった。その約五二年後、シュラクサイを占領してその島を属州としたのはマルケルス・クラウディウスであった。最初にアフリカに侵攻したのはレグルスで、第一次ポエニ戦争のほぼ九年目である(3)。その一〇九年後（今から数えて一七七年前）小スキピオ・アエミリアヌスは、カルタゴを完全に破壊してアフリカをローマの属州に編入した。サルディニア島は、第一次と第二次のポエニ戦争のあいだに執政官ティトゥス・マンリウスの指揮の下、ローマの決然たる軍門に下った(4)。

三　われわれの国家が好戦的であった重大な証拠として、ヤヌス神殿の扉が一度目は王政期、二度目はティトゥス・マンリウスが執政官のとき、三度目はアウグストゥスが元首の時代に確かな平和の証しとして閉じられた(5)だけであることがある。**四** ヒスパニアへ最初に軍隊を率いていったのはグナエウス・スキピオとプブリウス・スキピオで、(6)第二次ポエニ戦争の開始時、今から二五〇年前のことである。以後、部分的に領土の獲得と喪失が繰り返され、アウグストゥスの指揮下に全土で貢税が課せられた。**五** パウルスはマケドニアを、ムンミウスはアカイアを、フルウィウス・ノビリオルはアエトリアを支配下に置き、アフリカヌス

---

(1)カッパドキア、フェニキア、ガラティアなど。

(2)アッピウス・クラウディウス・カウデクス（前二六四年の執政官）はメッサナのマメルティニ人たち（マメルの息子たち）の訴えに呼応してローマ軍をシキリア島に派兵した。その地の要塞はすでにカルタゴ人たちが征服していた。これが第一次ポエニ戦争の始まりとなる。

(3)前二五六年、執政官マルクス・アティリウス・レグルスがローマの艦隊をアフリカへ率いてヘルメス岬に上陸し、テュニスを奪った。

(4)前二三五年、執政官ティトゥス・マンリウス・トルクァトゥスはサルディニア島攻略によって凱旋式を祝った。三年間続いた戦争ののちのことだった。

(5)ローマの中央広場にあるヤヌス神の社は戦時に開門し、平時に閉門するしきたり。開門したのは第二代の王ヌマのときとマンリウスのときの二度と、アウグストゥス時代の三度とされる。

(6)二人は兄（グナエウス、前二二二年の執政官）と弟（プブリウス、前二一八年の執政官）。サグントゥム陥落に続いてヒスパニアにおいてカルタゴと戦い、戦死することになる。

の兄弟ルキウス・スキピオは、アンティオコスからアシアを奪い取った。(1)しかし、アシアは元老院並びにローマ国民の恩恵によってアッタロス王家の所領となったあと、マルクス・ペルペンナがアリストニコスを捉え、朝貢国にした。(2)六　キュプロス島も征服されたが、その栄光は誰にも帰することができない。というのも、元老院決議に従って、カトーは任務を果たしたが、当地の王が良心の呵責にとらわれて自殺したあとになって、キュプロスは属州に編入されたからである。(3)メテルスの指揮下、クレタ島はじつに長く享受してきた自由の終焉という罰を科せられた。(4)シュリアとポントスはグナエウス・ポンペイユスの武勇の記念碑である。(5)

第三十九章

一　最初にガリアへ軍を率いて侵攻したのは、ドミティウスとパウルスの孫でアロブロギクスとも呼ばれたファビウスであったが、(6)やがてわがローマ軍も甚大な被害を蒙り、その領地の獲得と喪失を繰り返していた。しかし当地におけるユリウス・カエサルの輝かしい活躍が際立って見える。確かにカエサルの指揮と統率の下で、ガリアはほぼ完敗し、それ以外の世界全体に匹敵する、ガリア人にとっては屈辱的な貢物をわれわれにもたらした。二　同じ人物による事績として……(7)ヌミディクス。イサウリクスは、キリキアを服従させ、(8)ウルソ・マンリウスは、アンティオコスとの戦争ののち、ガログラエキアを征服した。(9)ビテュニアは、既述のように、(10)ニコメデス王の遺言により、遺産としてわがローマ国民に委託された。神君アウグストゥスは、その銘が中央広場で輝いているヒスパニアの諸部族などに加えてエジプトをも朝貢国にし、彼の父君がガリアからもたらした収入にほとんど匹敵する富を、国庫にもたらした。三　また、ティベリウス・カエサルは、ヒスパニア人から彼の父が無理やり引き出したと同様の確かな服従の誓約をイリュリクム人とダルマティア人からもぎ取った。(11) 彼はまたラエティア、ウィンデリキ、ノリクム、パンノニア、スコルディスキ人の領地を新たな属州としてわれらが帝国に編入した。(12) これらの属州には武力を用いる一方、カッパドキアの場合(13)には、自分の威光の力のみでローマの朝貢国にした。さてわれわれはここで時代順の記述に戻ろう。

(1) ピュドナの戦いにおけるルキウス・アエミリウス・パウルスの勝利（前一六八年）、ルキウス・ムンミウスによるコリントスの破壊（前一四六年）、マルクス・フルウィス・ノビリオルによるアンブラキアの攻防（前一八九年）、ルキウス・コルネリウス・スキピオ・アシアティクスによるマグネシアの戦いの勝利（前一九〇年）を念頭に置く。
(2) 第二巻第四章一参照。
(3) 第二巻第四十五章四参照。
(4) 第二巻第三十四章一参照。
(5) 第二巻第三十七章五参照。
(6) 第二巻第十章二参照。
(7) この箇所にテキストの欠損がある。
(8) キリキア総督プブリウス・セルウィリウス・ウァティア・イサウリクス（前七九年の執政官）は属州にある海賊の根拠地すべてを破壊する任を受けた。
(9) ガログラエキア、つまりガラティアは前一八九年の執政官マンリウス・ウルソにより占領された。
(10) 第二巻第四章一。
(11) 前一〇年。
(12) 前一六年から前九年まで。ラエティアは現在のスイスの東側、ロンバルディア平原の北の地域。ウィンデリキとノリクムはドナウ河の南部、現在のスイスの一部。パンノニアは上記二つの地方の東、現在のハンガリーの西部。スコルディスキ領は、低地パンノニア地方で、イリュリアの国境まで。
(13) 最後の王アルケラオスの死後、後一七年。

第四十章

一　グナエウス・ポンペイユスの軍事活動は続いたが、それに伴う栄光と労苦のどちらが大きいかは定かではない。ポンペイユスは、メディア、アルバニア、そしてヒベリアに侵攻して勝利を得て、次に軍の鋒先を黒海の右岸とその内陸部に居住するコルキス人、ヘニオキ人、アカエイ人たちの国へ向けた。ミトリダテスは、ポンペイユスの指揮する軍と謀反を起こした彼の息子パルナケスの軍に敗北し、パルティアを除けば、自国内で固有の統治権限を持つ最後の王になった(1)。二　ポンペイユスは、敵対したすべての民族に勝利を収め、自分や市民たちが望んでいた以上に大きな成果を挙げ、またあらゆる点で人間に許された幸運を凌駕してイタリアに帰還した。世評もポンペイユスの帰還に好意的に働いた。というもの、ほとんどの人が、ポンペイユスは軍隊を伴ってローマ市内に入って来るだろう、彼の裁量によって国民の自由に制限が加えられるだろうと断言していたので、人々がこういう事態を恐れれば恐れていただけ、偉大な将軍が一市民として帰還したことは喜ばしいものとなったからである。三　事実ポンペイユスは、ブルンディシウムで全軍を解散すると(2)、将軍の肩書き以外何も保持せず、ただ自分に常に随行している側近のみを伴って首都ローマに戻り、数多くの王を破ったことを祝う壮麗な凱旋式を二日にわたり挙行し、アエミリウス・パウルスを除けば、以前の誰よりもはるかに多額の金品を戦利品の中から国庫に納めた。四　グナエウス・ポンペイユスが首都ローマに不在であったとき、護民官ティトゥス・アンピウスとティトゥス・ラビエヌスは、ポンペイユスが大競技場での競技祭では黄金の冠と凱旋将軍の装束一式を、劇場では縁取りのあるトガと黄金の冠を着用してよいという主旨の法案を提出した。その権利の行使に及んだのはただ一度だけだったが、それでも目に余るものであったのは間違いない。運命はきわめて速くこの男の位を高めたので、最初はアフリカから、次はヨーロッパから、三度目はアシアから凱旋し、世界にあるかぎりの陸地と同数の戦勝記念碑を建てた。しかし、卓越が反感を買わぬことは決してない。**五** かくしてルクルスと、ポンペイユスから受けた侮辱を忘れず、自分の凱旋式を飾るはずだった捕虜の将軍たち(3)をポンペイユスに横取りされたことでもっともな不平を漏らすメテルス・クレティクスが閥族派の一部と結んで、ポンペイユスが諸都市と交わした約束も、彼の意向に沿って功績のあった者への褒賞も支払えないように妨害しようとした。

第四十一章

一 翌年(4)、ガイウス・カエサルが執政官に就任した。このユリウス・カエサルこそ、書き進める私の手を抑え、いかに急いでいる私といえども、しばらくのあいだ彼のもとに筆を留めざるをえないほどの人物であ

(1)ミトリダテスは、ドナウ河渓谷に沿って進み、イタリアへ侵攻するという壮大な計画を考えていたが、兵士たちが反乱を起こし、パルナケスを王とした(前六三年)。

(2)前六二年十二月。

(3)クレタ島人ラステネスとパナレス。第三十四章参照。

(4)前五九年。

る。カエサルはユリウス氏族のじつに高貴な家に生まれた。この氏族は、はるか昔の人々の証言がすべて一致するように、アンキセスとウェヌスから血筋を引く。彼はどの市民をもはるかにしのぐ美男で、性格は、活力と明敏さに満ち、物惜しみしせず気前がよく、持てる勇気は人間の域を越え、信じがたいほどであった。思い描くものの壮大さ、戦争遂行の迅速さ、危険の忍受の点でアレクサンドロス大王にじつによく似ていたが、ただし、それは酒に酔っても怒りに駆られてもいない大王の場合である。

二　要するにカエサルは常に食事も睡眠も楽しむためでなく生きるためにとるような人物だった。ガイウス・マリウスときわめて近い血縁(1)があり、キンナの娘婿(2)となった。執政官経験者のマルクス・ピソはスッラの好意を得るために、かつてキンナの妻だったアンニアと離婚したが、カエサルはキンナの娘との離婚を余儀なくされるような臆病者ではなかった。スッラが天下を取ったとき、カエサルはほぼ一八歳であった。スッラ自身ではなく、彼の手下やスッラ派の協力者がカエサルを殺そうと探していたとき、カエサルは衣服を着替え、自分の地位にそぐわぬ服装をして、夜陰にまぎれて首都ローマを脱出した(3)。三　その後カエサルはまだ若者なのに、海賊の囚われ人になったとき(4)、拘束されているあいだずっと、海賊が自分に恐怖心と同様、畏敬の念をも懐くように振る舞った。また、昼も夜も靴を脱いだり、帯を解いたり――どれほど重要なことでも、堂々と際立った言葉で語れないことは省略すべきであろう――しなかった。そうしたのは、おそらく、普通と異なることをした場合、目視のみでカエサルを見張る者たちに疑いをもたれるので、これを避けるためであったろう。

第四十二章

一　ユリウス・カエサルが、海賊に対していかなる大胆な行為をいくたび敢行したか、彼の試みに対しアシアを統治するローマの総督が臆病心から、どれほど頑強に拒絶を示したことか、それらを語るのは、長い時間が必要である。私は、やがて現われる偉大なカエサルを予示する出来事を述べておこう。二　昼間にアシアの諸都市の公的出費によって身柄を解放された日の夜にカエサルは前もって海賊たちに人質を各都市に返させておいたうえで、私人として迅速に艦隊を徴集して結集させると、海賊たちがいる場所へ突入し海賊の船舶を、一部は敗走させ、一部は沈め、数艘を拿捕し、多くの海賊を捕虜にした。三　夜間の襲撃に勝利してカエサルは喜々として味方のもとへ戻ると、捕らえた捕虜を監禁してから、ビテュニアにいる執政官格総督のユンクスのもとへ赴いた。というのも、このユンクスはビテュニアと同時にアシアも統治していたからである。カエサルが捕虜を処刑する認可を求めると、ユンクスは、「私はそうするつもりはない。捕虜た

（1）カエサルの父方の伯母ユリアはマリウスと結婚した。
（2）カエサルは一七歳でキンナの娘コルネリアと結婚した。彼女はユリアの母になる。
（3）しばらくサムニウムの地を放浪したあと、ビテュニアのニコメデス王の近くに避難した。
（4）ミレトスの北、小アシアの岸近くのパルマクサ島で前七六年から前七四年頃のこと。

ちを奴隷として売るつもりだ」と言ったので、――というのは、怠け心のあとにやっかみが生じたのであった――カエサルは信じがたい速さで海岸に引き返し、執政官格総督の指令書簡が届かないうちに、捕らえた捕虜全員を皆十字架にかけた。

第四十三章

一　それからすぐ彼は神官職に就くことになる。というのも、執政官経験者のコッタの代わりに、不在のまま神祇官に選出されていたから(1)である。まだほんの青年であったときにマリウスとキンナによりユッピテル神官に指名されたことがあったが、そのときは彼らに勝利したスッラが彼らの決定のすべてを無効としたので、カエサルはこの職を失っていた。当時地中海全域を掌握し、当然ながら彼に敵対する海賊どもに気づかれぬように、四本櫂の小舟に二人の友人と一〇人の奴隷と一緒に乗り込み、広大なアドリア海を渡った。二　イタリアに向かって急ぐ際、航海の途中で海賊どもの船が見えたとカエサルは思った。衣服を脱ぎ、短刀を太ももに突き刺すところであった。一か八かの覚悟ができていたからである。だが、すぐに見誤りに気づいた。木立の列が遠くからだと帆桁のように見えたのであった。

三　首都ローマにおいて、その後カエサルの行動はとてもよく知られている。ローマに戻ってからのカエサルの他の事績としては次のものがある。グナエウス・ドラベラに対するじつに名高い訴追(2)。このとき市民は通常被告人に示すのにまさる支持を寄せた。クイントゥス・カトゥルスや他の貴人たちとの有名な政争(3)。

クイントゥス・カトゥルスは誰もが認める元老院の第一人者であったのに、法務官にも未就任のカエサルに大神祇官職をめぐる争いで敗れた。四　高等造営官として貴族階級の反対を押し切ってのマリウスの戦勝記念碑再建、同時に財産没収を受けた人々の子供たちの威信ある地位への復権、(4)驚くべき勇気と精励を発揮した財務官任期後および法務官任期後のヒスパニア赴任。(5)財務官のときに彼が仕えたウェトゥス・アンティスティウスは、現在の執政官経験者で神祇官のウェトゥスの祖父であって、(6)このウェトゥスはまた執政官職と神祇官職にある二人の息子の父親でもあり、人間が認知しうるかぎりの純朴と美徳を備えた良識ある人物である。さて、以上のことは周知のところであるので、詳述の必要はない。

(1) 前七三年。ガイウス・アウレリウス・コッタは前七五年の執政官。

(2) グナエウス・コルネリウス・ドラベラに対する前七八年の訴追はカエサルが法廷に立った最初の機会で、敗訴したものの、彼の雄弁を一躍有名にした。

(3) 前六三年、カエサルは、貴族階級出身の有力な候補プブリウス・セルウィリウス・ウァティア・イサウリクス（前七九年の執政官）とクイントゥス・ルタティウス・カトゥルス（前七八年の執政官）を破って大神祇官に選ばれた。

(4) 前六五年。

(5) それぞれ、前六九年と前六二年。

(6) ガイウス・アンティスティウス・ウェトゥス。前六年の執政官で後三―四年のアシア総督。

第四十四章

一　かくしてカエサルが執政官の年にグナエウス・ポンペイユスとマルクス・クラッススとともに権力の共有関係が成立した。(1) その関係は首都ローマと世界にとって、またそれぞれ異なる時期において彼ら自身にとっても破滅をもたらした。二　ポンペイユスには、この政略に従う理由があった。つまり、彼が海外属州で行なった決定には、前述のように、多くの人々から批判があったので、これらを執政官カエサルによって確固としたものにしてもらおうとしていた。他方、カエサルは、ポンペイユスの栄光に一歩譲ることによって自分の栄光を増し、共有された権力に対する反感をポンペイユスに向かわせて自分の勢力を強化しようとし、クラッススは、自分の力だけでは第一人者の地位を獲得できないので、ポンペイユスの権威と、カエサルの力添えを頼りにしていた。三　カエサルとポンペイユスのあいだには婚姻関係も結ばれた。つまり、ガイウス・カエサルの娘を大ポンペイユスが妻として迎えたのである。(2) 四　この年、執政官在任中にカエサルは、カンパニアの農地が平民たちに分配される主旨の法案を、ポンペイユスを推薦者として提出した。(3) かくしてカンパニアへ市民約二万人が入植した。第二次ポエニ戦争時に地方長官領に格下げされてから(4)約一五二年後にカプアは都市の権利を取り戻した。五　カエサルの同僚ビブルスは、カエサルの法案通過をできるかぎり阻止しようとして、その年の大部分の期間、自宅に引きこもった。この行為によってビブルスは同僚カエサルへの敵意を強めようと望んだが、逆に彼の権力を強めてしまった。その頃、属州ガリアは五年の期限でその統治をカエサルに託すると決議された(5)。

第四十五章

一　同じ頃、プブリウス・クロディウスは、貴族階級に属し、雄弁で向こう見ず、自ら望まなければ、言動にも行動にも節度がなく、悪行を精力的に実行し、姉妹との背徳の醜聞があり(6)、ローマ国民の最も神聖な祭儀で姦通に及んだため不浄行為の罪で被告となった(7)男であるが、この者がマルクス・キケロに重大な敵意を抱いた（というのも、このように異なった両人のあいだにどうして友情などありえただろうか）。クロデ

---

(1) 第一次三頭体制の成立。
(2) 前五九年四月。ポンペイユスは、三番目の妻ムキアと離婚して、カエサルの娘ユリアと結婚する。
(3) 前五九年五月。
(4) 前二一一年。
(5) ウァティニウス法（前五九年五月）と、その後の元老院決議によって内ガリアと外ガリアの統治権がカエサルに与えられた。
(6) 自分の姉妹クロディアと近親相姦関係にあったとして告発された。このクロディアはまた、「レスビア」という名でカトゥルスの詩に現われる恋人のモデルと言われる一方、希代の悪女とされた。
(7) ボナ・デア女神の男子禁制の祭儀が大神祇官であるカエサルの家で行なわれたとき、クロディウスは女装して侵入したが、発見された（前六二年十二月）。

ィウスは貴族派から平民派へ鞍替えし[1]、護民官の年に、裁判による判決を経ずにローマ市民を死にいたらしめた者には火と水の使用を禁止する主旨の法案を提出した[2]。その法案は、たとえキケロを名指しはしてはいなくとも、キケロ一人が狙われた。**二**　こうして国家のために最大級の功績を挙げた人物が、祖国を守った代償として追放の憂き目にあった。カエサルとポンペイユスも、キケロの没落に手を貸したと疑われずにいなかった。キケロがこの事態を招いたのは、カンパニアの農地分配担当二十人委員会に入ることを望まなかったためだと思われていた。

三　それでもキケロは二年後に、大ポンペイユスの遅くはあったが、意欲的な配慮と、イタリアの意向と元老院決議と護民官アンニウス・ミロの勇気ある活動により、祖国での威信ある地位を取り戻した[3]。ヌミディクスの追放と帰還[4]以来、これほど敵意を受けて追放された者も、これほど喜んで帰還した者もいない。キケロの家はクロディウスによって敵意むき出しに打ち壊されたが、元老院によって壮麗に再建された。

四　プブリウス・クロディウスはまた、マルクス・カトーを、最も栄誉ある職名を与えて国家から遠ざけた。つまり「彼を法務官権限をもつ財務官として、もう一人財務官を追加したうえで、あらゆる種類の悪徳行為のため侮辱に値するプトレマイオス王から王国を奪い取るためキュプロス島へ派遣する」との趣旨の法案であった。**五**　しかし、当のプトレマイオスはカトーが到着する直前に自ら命を絶った。カトーは、期待されていた金額を上回る金品を首都ローマに持ち帰った。カトーの潔癖さについては賛辞を贈ることすら憚られるほどだが、彼の尊大さは非難できる。両執政官、元老院議員、そしてあらんかぎりの市民たちが、ティベリス河を遡ってくるカトーを出迎えようと集まってきたが、金品を船から降ろす場所に到着するまで、カトーは船から姿を現わさなかった(5)。

第四十六章

一　それからカエサルはガリアで多大な偉業を成し遂げたが、それらを述べるには巻物がいくらあっても足りない。カエサルは幾度にも及ぶ幸運な勝利にも、無数の敵兵を殺戮したり幾千の敵兵を捕虜にしたことにも満足せず、軍を率いてブリタンニア島にまで渡り、新しい領土をカエサル自身とわれらがローマ帝国のために求めた。その一方、グナエウス・ポンペイユスとマルクス・クラッススは、新たに二度目の執政官に

(1) もとはクラウディウスという貴族の氏族に属していたが、その名を平民風にクロディウスとあらためた。
(2) 前五八年二―三月に成立し、カティリナ陰謀事件を鎮圧したキケロに狙いを定めたもの。キケロが危険を避けてローマを去った(三月十九―二十日)あとすぐ、クロディウスはさらに、財産を没収して、都の周囲五〇〇マイル(約七五〇キロメートル)以内に入れば、死刑を宣告する、といった内容の法案を通過させた。キケロは、三月二十三日にテッサロニケに到着し、その地で追放の期間滞在する。
(3) キケロ帰還を決する投票は前五七年八月四日に執政官プブリウス・レントゥルス・スピンテルとクイントゥス・メテルス・ネポスの提案を受けて行なわれた。
(4) 第二巻第十五章四参照。
(5) 前五六年十一月。

就任[1]したものの、その地位の取得方法も公正を欠くだけでなく、職務執行も適切でなかった。二　ポンペイユスが民会に提出した法案により、カエサルが持つガリアにおける権限が以前と同じく五年間延長され、シュリアの統治はパルティア人との戦争を計画しているクラッススに与えられるよう決議された。クラッススなる人物は、別のあらゆる点で非の打ちどころがなく、欲望からも離れていたが、こと金銭と栄光を追求する段になると限度を知らず、とめどなかった。三　シュリアへ出発するとき、不吉な前兆が現われたので護民官たちが引き留めようとしたが、徒労に終わった。もしその呪いがただクラッススのみに働くものであったならば、軍隊は救われ、将軍クラッススの死は国家にとって有益であっただろう。四　クラッススがエウフラテス河を渡り、セレウキア[2]を目指しているとき、その地の王オロデスは騎兵を主とした巨大な軍で取り囲み、ローマ軍の兵員の大部分とクラッススを殺した。[3]ガイウス・カッシウスはのちにきわめてむごたらしい犯罪[4]の主謀者となるが、当時は財務官で、クラッスス軍の敗残兵を救い、シュリアをローマ国民の支配下に繋ぎとめ、越境してきたパルティア人に勝利し、敗走させた。[5]

第四十七章

一　前述の時期とそれに続く期間[6]にカエサルはガリアで四〇万を越える敵兵を殺し、それを上回る数の捕虜を得た。ときには戦列を組んで、ときには進軍中の隊列のまま、ときには突破攻撃を敢行して戦い、ブリタンニア島へも二度侵攻[7]した。要するに、九度の夏のうちに凱旋式に十分に値しない夏はほとんどなかった。

アレシアにおいては敢行するだけでも人間わざではなく、成就するのはほとんど神以外の誰にもかなわぬほどの偉業を達成した。(8) 二　カエサルが、ガリアに留まってほぼ五年目に大ポンペイユスの妻が死亡した。(9) この女性こそ、カエサルとポンペイユスが権力闘争する中で両者の困難な結びつきを確かなものにする担保になる人であった。そして、大闘争への運命づけられた両雄のあいだにあるすべての絆を断ち切るように、たまたまこのときユリアが生んだポンペイユスの息子も間もなく夭折した。三　選挙運動の狂乱が剣をとっての市民の殺害に及び、その終息も区切りも見えない中で、(10) グナエウス・ポンペイユスは同僚のいない単独で三度目の執政官に就任した。(11) 彼がその顕官に就くことに以前反対していた人々でさえ賛成票を投じた。この

(1) 前五五年。ポンペイユスとクラッススは前七〇年に一回目の執政官同僚となった。今回は第一次三頭体制の更新を画した。
(2) パルティア人の首都。
(3) カラエの戦い。ディオ・カッシウス四〇-一六―二九、プルタルコス『クラッスス』二三-三三参照。
(4) 前四四年三月十五日のカエサル暗殺のこと。
(5) パルティア人たちはオロデスの息子パコロスに率いられていた。パコロスは奇襲を受け、アンティゴネイアの町を目前にして殺された(前五一年)。ディオ・カッシウス四〇-二八―二九参照。
(6) 前五八年から五〇年まで。
(7) 前五五年と五四年。
(8) アレシアは前五二年にウェルキンゲトリクス指揮下のガリア諸部族連合軍が籠城した町。この激しい包囲戦と来援のガリア軍に対する戦闘の両面でカエサルは勝利を収めた。
(9) 前五四年九月。
(10) 本章四に語られる事件に端を発する政情不安。
(11) 前五二年。ビブルスが提案し、小カトーが支持した。ただ、二人はポンペイユスが独裁官権限を握ることには反対の立場だった。

公職の栄に浴することでポンペイユスは貴族階級と宥和すると同時に、カエサルとの隔たりをなによりも大きくした。しかしポンペイユスは選挙の不正行為を抑えるために執政官の全権を行使した。**四**　この時期にボウィラ近郊で偶然の衝突から起こった乱闘で、プブリウス・クロディウスが執政官候補者ミロにより殺された。悪い前例となったが国家には有益であった。ミロは裁判にかけられ、(1) 断罪されたのは、市民らの憎しみによるものではなく、ポンペイユスの意向による。**五**　それでもマルクス・カトーは、公然と自分の意見を詳述し、ミロの釈放に賛同した。もしそれがもっと早く行なわれていたなら、カトーに倣って、市民とはいえ、これまでこの世に生を享けた誰よりも国家にとって有害であるとともに善良な人々に敵対的な者の殺害を是認する者にこと欠くことはなかっただろう。

第四十八章

一　少しのちに、内乱の最初の火が燃え上がった。このとき、正義を尊ぶ人ほど誰もがカエサルとポンペイユス双方に軍隊を解散するように望んだ。というのも、ポンペイユスは二期目の執政官の年にヒスパニア諸属州が自分に割り当てられることを望んだが、三年間それら属州を不在にして首都ローマに居座ったまま、元執政官のアフラニウスと法務官経験者のペトレイユスを通して統治を行ない、カエサルが軍隊を解散すべきと主張している人々に賛成する一方で、ポンペイユス自身も同じようにすべきと主張する人々には反対していた。**二**　もしポンペイユスが彼の劇場(2) とそれを取り囲む建築物を完成させたあと、武力に訴える二年前に重病に襲われたときカンパニアで死んでいたならば（事実そのとき、全イタリアでは全市民の第一人者である彼の健康のため祈りが捧げられた）[3]、彼が破滅する事の成りゆきにはならず、地上で得た偉大さを損なうこともなく死者たちの世界に携えて行ったであろう。三　だが内乱とそれに続く二〇年間[4]の災厄に護民官ガイウス・クリオほど大きく燃え上がる炎をたきつけた者はない。彼は貴族階級の出身、雄弁で大胆、自分のものでも他人のものでも財産と節操を物惜しみせず乱費するずる賢い放蕩者、国家に害をもたらす饒舌を持ち、四　いかなる富も快楽も、彼の欲望や放蕩を好む気持ちを満足させることはできなかった。この男は、最初はポンペイユス派に属した。つまり、当時の見方では共和派であったが、やがてポンペイユスにもカエサルにも対抗しているふりをしながら心はカエサルに与した。それを彼が取引なしでしたか、あるいは噂のとおり、一〇万セステルティウスの賄賂を受け取ったためかは未確定にしておこう。五　結局のところ、最も健全で筋の通った和平条件をカエサルがじつに公正な心で要求し、それをポンペイユスも冷静に受け入れようとしていたのに、そして、キケロも国家全体の協調のために警鐘を鳴らしていたのに、クリオが打ち砕き、引き裂いた。これら過去の出来事の次第は、他の公正な歴史書の諸巻によって見られたい。また、私自身も望むらくはいつか私の著作で述べるつもりである。六　今は著作構想にふさわしい体裁を与えるために、

（1）前五二年四月。キケロによる弁護演説が現存する。
（2）ローマで最初の石造りの劇場で、ポンペイユスが三度目の執政官在任中の前五五年に着工した。
（3）前五〇年、ナポリでのこと。
（4）前四九年から二九年まで。前二九年にアウグストゥスはアクティウムの海戦勝利を祝う凱旋式を挙行した。

まずクイントゥス・カトゥルスと二人のルクルス、そうしてメテルスとホルテンシウスに祝詞を述べることとしよう。彼らは敵意を持たれずに国家の中で花を咲かせ、傑出しても身に危険が及ばず、平穏であるか少なくとも急に襲いかかったのではない死を内乱勃発以前に全うしたのだから。

第四十九章

一　レントゥルスとマルケルスが執政官の年、(1)ローマ建国後七〇三年、そしてマルクス・ウィニキウスよ、あなたが執政官職に就く七八年前に内乱が勃発した。二人の将軍のうち、一方の大義名分は他方より立派で、他方の大義名分はより強固であるように思えた。

二　一方はすべてにおいて見かけがよく、他方は活力があった。ポンペイユスは元老院の権威を、カエサルは兵士たちの忠誠を武器としていた。両執政官と元老院は、ポンペイユスその人ではなく、彼の大義名分に最高指揮権を与えた。(2)三　カエサルは平和を守るためにできる試みを一つ残らず行なったが、いずれもポンペイユス派によって受け入れられず、執政官の方はどうかと言えば、一方は過激な度合が常軌を外れ、他方、レントゥルスは国家が安泰であるかぎり自分の身は無事でありえないという人物で、(3)さらに、マルクス・カトーは、一人の市民の独裁的要求に国家が許諾を強いられるくらいならば、その前に死んだ方がましだと言い張った。昔気質の慎重な人物ならポンペイユス派のほうを称えたであろうが、賢明な人物ならカエサル派に従ったであろう。ポンペイユス派には栄光があるが、カエサル派の恐ろしさのほうが大きいと考えたであろう。**四**　ついには、カエサルが要求してきたことすべてが退けられ、カエサルはただ一箇軍団の指揮官の称号で満足し、首都ローマに私人として戻り執政官選挙においてローマ国民の投票を受けるべしと決議されたので、カエサルは、戦争が不可避であると考え、軍を率いてルビコン川を渡った(4)。グナエウス・ポンペイユスと両執政官と元老院議員の大部分は、最初首都ローマを、次にイタリアを放棄してデュラキオンへ渡った(5)。

第五十章

一　さて、カエサルはドミティウス(6)とその配下のコルフィニウムに駐屯していた軍団を制圧(7)したあと、指

---

(1) ガイウス・クラウディウス・マルケルスとルキウス・コルネリウス・レントゥルス・クルスは前四九年の執政官。

(2) 前五〇年十二月、カエサルと決別する態度を取った元老院会議のあと、執政官ガイウス・マルケルス（前四九年の執政官の従兄弟）はポンペイユスの陣営内に赴いて剣を渡し、国家を護持するよう求めた。

(3) レントゥルスの借金が巨額に上ることを指す（カエサル『内乱記』一-四-二）。

(4) 前四九年一月十二日。

(5) 両執政官とポンペイユスは一月十七日にローマを放棄、二月二十五日にブルンディシウムに到着、三月十七日にギリシア北西部のデュラキオンへ向かった。

(6) ルキウス・ドミティウス・アヘノバルブス。前五四年の執政官。

(7) 二月二十一日。

揮官と他のポンペイユス軍に加わることを望む者たちを即座に解放し、ブルンディシウムまでポンペイユスを追ったが、[1] それは逃げて行く敵を粉砕するというよりむしろ事態が損なわれず交渉が可能なうちの戦争終結を望んでいることが明瞭になるように行なわれた。二　両執政官が海を渡ったと分かると、カエサルは首都ローマに戻り、元老院と民会で自身の考えを披瀝した。相手が武装したため自分も武器に訴えざるをえなかった旨、きわめて嘆かわしくも必要に迫られて取った行動を釈明したあと、ヒスパニアへ進軍する決心をした。三　カエサルの速やかな進軍はマッシリアにおいて足止めされた。[2] マッシリアは思慮にたけたというより忠誠心の厚い都市で、武装した両巨頭の仲裁役を買って出たのだが、役不足だった。仲裁として介在するには、従おうとしない者を押さえ込む力をもっていなければならないからである。四　それから執政官経験者アフラニウスと法務官経験者ペトレイユス指揮下の軍は、[3] カエサルが到着するや、その電撃的勢いに圧倒されて投降した。[4] しかし、両副官と、彼らのあとに従うことを望む者はどの階級に属する兵士もポンペイユスのもとへ行くことが許された。

第五十一章

一　翌年、デュラキオンとその周辺地域がポンペイユスの軍により占拠された。[5] ポンペイユスは海を越えたすべての属州から諸軍団と騎兵および歩兵からなる援軍を呼び集め、また諸王、太守、王朝から来た軍勢を加えて巨大な軍隊を編成した。さらに艦隊を防護柵のように配置することで、カエサルの軍団が海を渡ることができないようにしようと考えた。二　だがカエサルは、迅速な行動と幸運により自身とその軍隊を望んだときに艦隊から上陸させるのに何の遅延もきたすことはなかった。(6) そうしてまずポンペイユスの陣営にすぐ接する場所に自軍の陣営を設営すると、すぐに封鎖線を構築してポンペイユスを包囲した。しかし包囲されている者たちより、包囲している者たちのほうが、深刻な物資不足に陥った。三　そのときバルブス・コルネリウス(7)はとても信じられないような無謀な挙に出て、敵の陣営へ乗り込んで何度も執政官レントゥルスと会見した。レントゥルスは自分が寝返った場合の代価がいくらか計りかねていた。こうした行為によりバルブスは、単にヒスパニアを生地とするのみならず、真にヒスパニア人の血統を受け継ぎ、私人から凱旋将軍と神官に登りつめ、とりわけ執政官にもなり、後世のヒスパニア人たちに昇進の道を切り開いた。その後、勝敗合い入れ替わる戦闘が続いたが、一つの戦闘でポンペイユス派がはるかに優勢となり、カエサル派の兵士たちは手ひどく撃退された。

(1) 三月九日にブルンディシウム到着。
(2) カエサルは、マッシリア（現マルセイユ）に一ヵ月間留まっていた。
(3) 第四十八章一参照。
(4) 前四九年八月。イレルダの戦い。
(5) 前四九年十二月中旬。
(6) 前四八年一月五日上陸。
(7) ルキウス・コルネリウス・バルブスは前一〇〇年頃にガデス（現カディス）に生まれ、ポンペイユスの権限でローマ市民権を得た。前四〇年に補充執政官、その後、前二〇－一二年にアフリカ総督となり、前一九年に凱旋式を挙行した。

第五十二章

一　それからカエサルは、軍を率いて、カエサルの勝利の場として天運が定めたテッサリアへ進軍した。**二**　一方、周囲の者たちはポンペイユスにさまざまな忠告をしたが、多くの者は、イタリアへ帰還するよう促した。確かにポンペイユス派にはそれ以上に有望な策はなかった。別の者たちは、ポンペイユス派の威信ゆえに戦局が日々好転しているのだから、戦争を続けるべきだと説得した。すると、ポンペイユスは激情の赴くところに従って敵を追尾した。**三**　パルサロスの戦い、つまりローマという名にとって最も血腥い日[1]、両軍の流した夥しい血、国家の頂点に立つ二人の将軍の衝突、ローマ帝国の片方の眼光の消失、ポンペイユス派のかくも多くの人々が蒙った殺戮、これらを記述することは、拙著の限度を超えている。**四**　だが、次の点だけは書き留める必要がある。ガイウス・カエサルは、ポンペイユス派の戦列が崩壊するのを見るやいなや、なによりも先に、全戦線で、通常の軍事用語でいえば、赦免を行なった。

五　おお不死なる神々よ、この慈悲深い男が、のちにブルトゥスに対する厚情の代償として何を受け取ったことか！　**六**　この勝利以上に驚愕に値し、壮麗で輝かしいことはなかった。なぜなら、戦場で倒れた者以外には祖国が一人として市民の死を悼むことがなかったからである。だが、強情さが慈悲の申し出を無にした。というのも、勝利者が命を救おうとしても、敗者はその気持ちを受け入れなかったからである。

第五十三章

一　ポンペイユスは、運命が彼の道連れとした執政官経験者の二人のレントゥルス(2)と息子のセクストゥス、法務官経験者ファヴォニウスら(3)とともに、ある者らはパルティアへ、また別の者らはポンペイユス派に忠実なユバ王(4)が住むアフリカへ逃走するよう説いたものの、エジプトへ逃れようと決心した。アレクサンドリアに王宮を置くプトレマイオス王(5)は、そのとき青年というより少年に近かったが、彼の父王に恩恵を与えたことを思い出したからである。

(1) 前四八年八月九日。カエサル『内乱記』三-九九によれば、カエサルは兵士二〇〇人と百人隊長三〇人を失ったが、ポンペイユス派は一万五〇〇〇人が殺され、二万四〇〇〇人以上が捕虜になったという。

(2) ルキウス・コルネリウス・レントゥルス・クルス(前四九年の執政官)とプブリウス・コルネリウス・レントゥルス・スピンテル(前五七年の執政官)。

(3) マルクス・ファヴォニウスは前四九年の法務官。のちにピリッピの戦いで捕虜となり、殺されたが、カエサルに敵対する決然とした共和主義者の一人で、とりわけカトーに忠実であった。

(4) ユバはヌミディアの王で、ポンペイユスに味方して戦い、クリオが指揮するカエサル派の軍隊を敗北に追い込んだ(前四九年八月二十日)。

(5) プトレマイオス十三世。彼の父であるプトレマイオス十二世アウレテスは前五五年にポンペイユスの支持を受けて復権させられていた。

二　しかし、逆境の中で誰が恩恵のことなど記憶していようか？　誰が、不幸のどん底にいる人々に対して報恩の義務があると考えるだろうか？　運が信義に背かぬことなどあろうか？　ポンペイユスはすでにミュティレネにおいて妻コルネリア(1)を逃走の同伴者として迎え、船に乗せていた。かくして、王が派遣した使節は、テオドトスとアキラス(2)の忠告に従い、グナエウス・ポンペイユスの来訪を迎え、輸送船から出迎えに来た船に乗り移るように促した。ポンペイユスがそのとおりにしたとき、ローマの第一人者はエジプト奴隷(3)の指示と裁可によってガイウス・カエサルとプブリウス・セルウィリウスが執政官の年に殺された。三　このようにして、誕生日の前日、五八歳でポンペイユスは生涯を終えた(4)。三期執政官職を務め、三度凱旋将軍になり、世界をローマの支配下に置いたのち、それ以上には昇りえないところまで栄誉と地位をきわめた人物であったが、運のめぐりはあまりにちぐはぐで、少し前には勝利を収める国が不足したのに、今は埋葬場所に事欠くほどであった。

四　半ばわれわれの世代に属するこのような偉大な人物の年令について、五年の誤りを犯した人々のことを私は先入観にとらわれすぎていたとしか言うことができない。ガイウス・アティリウスとクイントゥス・セルウィリウス(5)が執政官の年以後は、年代を数えるのは、容易であるのだから。私は、批判するためではなく、批判されないために、そのことを書き加えておく。

第五十四章

一　王や、王の言うがままに動いていた人々は、ポンペイユスよりもカエサルの方に多大な忠誠心を抱いているというわけではなかった。なぜかといえば、カエサルがエジプトに到着すると伏兵による攻撃を加え、さらに戦争を挑む挙に出たからである。その結果、両最高指揮官に対して、一方はその死後に、もう一方は存命中に、刑死によって当然の報いを贖った。

二　ポンペイユスの肉体は死滅したものの、彼の名はまだ至る所に生きていた。ポンペイユス派を支持する大勢力がアフリカで戦争を引き起こし、ユバ王とスキピオがこれを煽っていた。スキピオは執政官経験者で、ポンペイユスがこの世を去る二年前に彼の義父に選ばれた(6)。三　彼らの軍勢にマルクス・カトーが加勢

(1) ポンペイユスは前五〇年、ユリアの死後、クイントゥス・カエキリウス・メテルス・ピウス・スキピオ・ナシカの娘コルネリアと結婚した。
(2) キオスのテオドトスはプトレマイオスの修辞学の教師で、アキラスはプトレマイオス王の軍を指揮する将軍。
(3) テオドトスのこと。
(4) 前四八年九月二十八日。
(5) 前一〇六年。
(6) 前註 (1) 参照。スキピオは前五二年八月にポンペイユスの同僚執政官に就任した。

した。土地が不毛で糧秣の補給が難しく、進軍する軍隊は大変な困難に直面しながら彼らの軍団に合流した。(1)カトーは、兵士たちから最高指揮権を与えられていたが、格が上のスキピオに従うことをよしとした。(2)

第五十五章

一　簡潔さを旨として語ると約束した以上、私はすべての事実にわずかに言及して拙著を歴史の概略に留めるべきと考えている。カエサルは自身の武運をもとめてアフリカへ渡った。ポンペイユス派がカエサル派の指揮官クリオを殺してアフリカを掌握していたからである。そこでの戦局は当初二転三転していたが、やがて幸運の女神がカエサルに味方し、敵の軍勢は敗走した。(3)二　そこでも敗北者に対するカエサルの慈悲の気持ちは、以前と変わることはなかった。アフリカ戦線に勝利を収めたカエサルはなおさらに重大なヒスパニア戦争に取りかかった（というのもパルナケスに対する勝利はカエサルの栄光のうちに入らなかった）(4)。この戦争を大ポンペイユスの息子のグナエウス・ポンペイユスが大規模で恐るべきものに拡大した。彼は激情に駆られやすい好戦的な若者で、父の偉大な名を慕う人々を世界中から彼の許に合流させていた。三　ヒスパニアでも幸運の女神はカエサルに味方したが、カエサルもこれほど激しく、危険な戦闘(5)の経験はなかった。戦況が不利になったとき、カエサルは馬から降りて、後退してゆく味方の戦列の前に立つと、まず自分の武運に対して、「このような最期のために私を生かしておいたのか」と非難してから、次に兵士たちに自分は一歩も後退するつもりもないことを明言し、そうして「おまえたちがどのような指揮官を、どのような状況で見捨てようとしているのかよく見よ」と言った。**四** 兵士たちは勇気というより恥の気持ちのため戦列を立て直した。どの兵士よりも指揮官の方に勇気があった。グナエウス・ポンペイユスは重傷を負い、道なき荒れ地で発見されて殺された。ラビエヌスとウァルスは戦闘中に命を落とした。

第五十六章

一 カエサルは、すべての敵に対する勝利者として首都ローマに帰還し(6)、とても信じがたいことだが、自分に対し武器を取った敵兵すべてに恩赦を与え、剣闘士競技、模擬海戦、そして騎兵や歩兵、さらに、象を用いた模擬戦といった派手な見世物を挙行し、数日間にわたり祝賀の宴が催され、ローマ全体がこれらの行

(1) カトーがアフリカのベレニケに上陸したあと、砂漠を横切って部隊をレプティス・マグナへ率いた行軍は死の行進として有名。
(2) スキピオが執政官経験者であるのに対し、カトーは法務官の経験しかなかった。
(3) 前四七年十月二十五日、カエサルはハドルメトゥムに上陸、冬期も戦闘を継続し、翌年四月六日、タプソスの戦いで勝利を決定的なものとした。
(4) ゼラの戦い(前四七年八月二日)への暗示。その過程でカエサルは、ボスポロスの王でミトリダテスの息子、パルナケスに勝利した。この戦いの勝利のあと、カエサルは有名なことば「来た、見た、勝った」と言ったらしい。
(5) ムンダの戦い(前四五年三月十七日)への言及。ヒスパニア戦役に終結をもたらしたが、とりわけ激しく血腥い戦いであった。
(6) 前四五年十月。

事に満たされた。二　カエサルは、重ねて五回の凱旋式を祝った。(1)ガリアの勝利の印は柑橘類、ポントスの勝利の印はアカンサス、アレクサンドリアの勝利の印はべっ甲、アフリカでは象牙、ヒスパニアでは磨かれた銀であった。戦利品を売って得た金は六億セステルティウスを少し上回った。三　だがこれほど偉大で、どの勝利のあとも慈悲深く振る舞った人物も、第一人者としての安息を五ヵ月しか得られなかった。なぜなら、カエサルは十月に首都ローマに戻って来たが、三月十五日に主謀者をブルトゥスとカッシウスとし、さらにその陰謀に加担した者らに殺されたからである。(2)カエサルは、執政官の地位を約束することでブルトゥスを繋ぎとめようとして失敗し、逆に執政官の立候補を先延ばしさせることでカッシウスの機嫌を損ねてしまった。また、最も親密な人々や、カエサル派の隆盛によって最高位に押し上げられた人々、たとえば、デキムス・ブルトゥスやガイウス・トレボニウス、その他輝かしい名を持つ人々が、カエサル殺害の加担者として名を連ねている。四　カエサルが大きな反感を買った原因は執政官の同僚のマルクス・アントニウスにある。彼はどんな大胆な行為も実行する心構えでいて、ルペルカリア祭のとき、演壇の前に座っているカエサルの頭上に王冠を置こうとしたのであった。カエサルもそれを拒否したが、まんざら気分を害しているようには見えなかった。

第五十七章

一　経験に基づくパンサとヒルティウス(3)の忠告は称讃に値する。両者は常にカエサルに、武力で獲得した第一人者の地位は武力により保持せねばならないと予言していた。カエサルも恐怖心を抱きながら生きるくらいなら、死んだ方がましだとしきりに言っていた。カエサルは、自身が施してきた慈悲の心を当てにしているあいだに恩知らずの連中の不意打ちに襲われてしまった。二 もっとも、とても多くの前兆や予兆により不死なる神々が迫り来る危険を知らせていた。占い師たちも、とくに三月十五日には警戒するようにとあらかじめ注意し、カエサルの妻カルプルニアも恐ろしい夢を見たので、その日は家に留まるように懇願していた一方、陰謀を知らせる短い手紙を渡されて、カエサルもそれをすぐに読んでいた。

三 しかし、運命の力は誠に抗いがたく、自分の運を変えようとする者があるたびに、その意図を台なしにするものである。

第五十八章

一 ブルトゥスとカッシウスが法務官で、デキムス・ブルトゥスが指名執政官の年に彼らはその凶行を実行に移した。二 彼らは、その他陰謀に加担した人々と集団になって、デキムス・ブルトゥスが所有する剣闘士に守られてカピトリウムを占拠した。カッシウスが執政官アントニウスを殺して、カエサルの遺言書を

(1) 前四六年九月に四回と前四五年十月に一回。
(2) 前四四年三月十五日。
(3) ガイウス・ウィビウス・パンサ(前四三年の執政官)とアウルス・ヒルティウス(前四五年のガリア法務官格総督)。

無効にしようと考えたのに対し、ブルトゥスは、市民は専制君主――カエサルの行動から判断して、カエサルをそう呼ぶのはふさわしい――以外の流血を望んでいないはずだと言って、それに反対していた。三　このとき、アントニウスの召集した元老院でドラベラが、カエサルによって彼の後任執政官に指名されていたため、すでに執政官の儀斧と記章を身につけていたが、アントニウスはあたかも自分が平和を主唱するかのように息子たちを人質としてカピトリウムへ送り、無事にその丘から降りてこられるという約束をカエサルの殺害者に与えた。(1)　四　そして、アテナイ人がかつて議決した有名な先例(2)がキケロにより提案されて、過去の行為を水に流す旨の元老院決議が承認された。(3)

第五十九章

一　次にカエサルの遺言書が開封された。そこには、自分の妹ユリアの孫、ガイウス・オクタウィウスを養子にすると書かれていた。彼の始祖については〈……に先立つ場合でも〉わずかしか述べるつもりはない。二　父親のガイウス・オクタウィウスは貴族階級に属していなかったとしても輝かしい騎士階級の出身で、威厳に満ち、高潔、清廉にして裕福でもあった。彼は、並みいる貴族の中にあって第一位で法務官選挙に当選すると、その威信によりユリアの娘アティアを妻に迎えた。この顕職任期後に属州マケドニアを引き当て、その地で将軍の称号を得たが、執政官に立候補するため首都ローマに戻る途中、成人に達していない息子一人を残して死んだ。(4)　三　この子を大伯父カエサルは――義父ピリップス(5)の許で養育はなされたが――、わが子のように愛した。そして、その子が一八歳になると、ヒスパニア遠征(6)のときも、また以後の遠征のときにも同伴者として付き従わせてそばに置いていた。決して別のテントを使わせたり、別の乗り物に乗せたりはしなかった。また、まだ少年だったときに神祇官の栄誉を与えた。**四**　内乱が終結すると、この際立った才能を示す若者に自由人の教育を施すためにアポロニアへ留学させた。それはゲタエ人との戦争とパルティア人との戦争において参謀としてそばに置く意図からであった。**五**　その大伯父が殺害されたとの知らせがオクタウィアヌスに届いたとき、直ちに近隣軍団の百人隊長たちが、自分と自分たちの部下は彼に仕えることを約束し、サルウィディエヌスとアグリッパ(7)はその申し出を拒否すべきでないと忠告した。しかし、オクタウィウスは急いでローマへ戻ることとし、ブルンディシウムへ到着したとき、カエサルの暗殺と遺言書の詳細を知ることになった。**六**　首都ローマに近づくと、友人らが巨大な群衆となって彼を迎えに走ってきた。

(1) 原文は複数だが、実際には幼い息子一人だけ。
(2) 前四〇三年、三十人僭主制が崩壊したときの恩赦。
(3) 前四四年三月十七日、カエサルの殺害者には恩赦が与えられる一方、ドラベラに執政官職が確保された。
(4) 前五八年。オクタウィアヌスは前六三年生まれで、当時四歳か五歳。
(5) ルキウス・マルキウス・ピリップス。前五六年の執政官。オクタウィウスの死後、アティアを娶った。
(6) 前四八年。したがって、そのときオクタウィアヌスは実際には一五歳。
(7) マルクス・ウィプサニウス・アグリッパはオクタウィアヌスと同じ前六三年生まれ、最も忠実な支持者で、婿でもある。クイントゥス・サルウィディエヌス・ルフスもアグリッパと並ぶ助言者。のちに前四〇年の予定執政官となったが、オクタウィアヌスとアントニウスの和約の際に裏切りが暴露され、断罪された(第七十六章参照)。

首都ローマに入城したとき、彼の頭上を日輪が虹色に取り巻いているのが見られ、将来偉大な人物となる男に王冠が授けられたかのようであった。

第六十章

一　母アティアと義父ピリップスは、「カエサル」という憎しみを招いた星まわりの名を嫌っていたが、国家と世界全体の安寧を司る運命は彼を偉大なローマの建国者にして救国者として宣言しようとしていた。二　天界に発する魂は、人間の思慮を侮蔑して安全に身を低くしているより、危険を伴う頂点の地位を志し、義父よりも大伯父カエサルを信頼し、カエサルにとってふさわしかった「カエサル」という名が自分にはふさわしくないと考えるのは許されぬことだ、としきりに口にしていた。三　執政官アントニウスは傲慢にこの人物を迎えた。だが、それは軽侮ではなく、恐怖ゆえの振る舞いだった。やっとのことでオクタウィウスをポンペイユス庭園に招き入れ、自分と話をする時間を作ると、やがて自分がオクタウィウスの陰謀によって命を狙われたかのように悪どい非難まで始めた。だがそれはアントニウスの不実を恥晒しな形で明白にしただけであった。四　その後アントニウスとドラベラの両執政官は神をも恐れぬ専制を目指す狂気をおおっぴらに暴発させた。ユリウス・カエサルがオプス神殿に委託しておいた七〇万セステルティウスの金品がアントニウスに掠め取られた。同じくカエサルによる施策の記録は捏造された市民権賦与や免除措置などを挿入されて台なしにされ、それらすべてが金次第で按配された。要するに執政官は国政を商売にしたのである。

五　アントニウスはまた指名執政官デキムス・ブルトゥスに決まっていた属州ガリアをわがものにしようと決心し、ドラベラは海の向こうの属州のいくつかを自分に割り当てた。このように、性格も懐いた望みも強く異なるさまざまな人間のあいだには憎しみの感情が増大し、それゆえ若いガイウス・カエサルは、日々アントニウスの陰謀によって命を狙われることになった。

第六十一章

一　国家はアントニウスの暴政に圧迫されて機能不全を起こしていた。誰もが憤慨と苦痛を懐いたが、アントニウスに立ち向かうだけの力は誰にもなかった。そのとき、ガイウス・カエサルは一九歳にして驚くほど大胆に行動し、最高の結果を得た。私人の立場での賢策によって国家のために元老院にまさる大いなる気概を示した。二　彼が最初はカラティアから、やがてカシリヌム(1)から父の指揮した古参兵を動員すると、それに倣って他の兵士たちも駆けつけ、すぐに正規軍の体《てい》を成した。それから間もなくアントニウスが海の向こうの諸属州からブルンディシウムへ移動するよう命令していた軍隊と合流したとき、マルス軍団と第四軍団は、元老院の意向と偉大な若者の天性を知るや、軍旗を引き抜きカエサル側に転じた。三　元老院は騎馬像を建てて彼を称えたが、その像は今日でもまだロストラ［演壇］の上手に建っていて、碑文から彼の年令

(1) いずれもカンパニア地方の町で、前者は第七軍団を、後者は第八軍団を用意した。

が判明する（これは今日から過去二〇〇年以内では、ルキウス・スッラ、グナエウス・ポンペイユス、そしてガイウス・カエサルだけに与えられた栄誉であった）。元老院は彼を法務官格総督とし、指名執政官ヒルティウスとパンサ両名とともにアントニウスとの戦争遂行を命令した。**四**　彼は弱冠二〇歳にしてムティナ近郊できわめて勇敢に戦い(1)、デキムス・ブルトゥスを包囲から解放した。アントニウスは屈辱的な身一つでの逃走を余儀なくされてイタリアを去る一方(2)、両執政官のうち一人は戦争で死に、もう一人は負傷し数日後に息絶えた(3)。

第六十二章

一　アントニウスがまだ敗走していないうちに、元老院はとくにキケロの提唱によって、ありとあらゆる栄誉をカエサルと彼の軍に与えるよう決議した。しかし恐怖が去ると本心が噴き出し、たちまちポンペイユス派に気力が戻って来た。**二**　ブルトゥスとカッシウスには、元老院決議なしに彼らが自分のものとしていた属州が正式に割り当てられた(4)。彼らの指揮に身を委ねた軍団はそれを追認され、海の向こうの属州の統治権は彼らの裁量に委ねられた。**三**　ブルトゥスとカッシウスはアントニウスとの戦争を恐れると同時に、アントニウスへの敵意を増大させるために、わざと恐れているふりをしながら、公に布告を出して次のように確言した。すなわち自分らは国家が協調を確立するかぎり、進んで永続的に追放者生活を送るつもりであること、また内乱の原因をつくるつもりはない、自分たちの最大の栄誉は自分たちが成し遂げた行為を意識す

西洋古典叢書

月報 91

2011＊第7回配本

アテナイのアゴラー（公共広場）
【部族名祖英雄神列像の石柵から西方を見る。
後方にヘパイストス神殿、その中間に新旧の評議会場など】

目次

2012年3月
京都大学学術出版会

ウェッレーイウス・パテルクルス雑感

島田　誠

歴史家ウェッレーイウス・パテルクルスとの出合い

ウェッレーイウス・パテルクルスという、あまり名前の知られていない古代ローマ時代の歴史家の存在を知ったのは、随分と昔、もう三十数年も前のことである。このウェッレーイウス・パテルクルスという歴史家は、紀元前二〇年頃に南イタリアのカンパーニア地方の有力家系に生まれ、若くしてローマ軍に入隊し、そこでの功績によって紀元後八年にクァエストル（財務官）に選ばれて元老院議員となり、さらに紀元後一五年にはプラエトル（法務官）を務めて、紀元後三〇年以降に死亡した人物であった。彼は、紀元後二年にはアウグストゥスの孫（で養子とされていた）ガーイウス・カエサルがパルティア王とユーフラテス河畔で会見した場にも立ち会い、紀元後四年にガーイウスが戦傷の予後不良によって死亡すると、代わってアウグストゥスの養子となったティベリウスの指揮下に八年間にわたってゲルマーニアやドナウ中流のパンノニア地方で勤務したことが知られている。

ウェッレーイウスの存在を知った頃、筆者は古代ローマ史を専攻する学部学生であり、卒業論文の執筆のための準備をしていた。その卒業論文のテーマは、帝政を樹立した初代皇帝アウグストゥス時代の対外政策、特にライン川・ドナウ川地域など北方の辺境で行なわれた戦争と帝国の内政の関係について考察することであった。まさにアウグストゥスの時代に生き、皇帝の孫や養子の指揮下に数多くの戦争に参加した軍人が著わした歴史書が存在していることを知って大変興奮したことを記憶している。

歴史家ウェッレーイウス・パテルクルスの悪評

この歴史家ウェッレーイウス・パテルクルスについていろいろと調べていくにつれて、最初の興奮が次第に不安に変わることになった。どうもウェッレーイウス・パテルクルスという人物は、歴史家として極めて評判の悪いことが分かってきたのである。なかでも特に気になったのは、ロナルド・サイム Ronald Syme が、ウェッレーイウス・パテルクルスを評価していないのみならず、口を極めて罵っていることである。何しろ彼の古典的な名著である *The Roman Revolution* 巻末の索引のウェッレーイウス・パテルクルスの項目の中には、「彼［ウェッレーイウス・パテルクルス］の歴史の不誠実さ dishonesty of his history」という小見出しが設けられて該当箇所が挙げられているのである。

当時、サイムはアウグストゥス時代の政治に関する圧倒的な権威であった。現在であれば、サイムの記述に対する批判も普通に見られるようになっており、私自身も彼の意見に賛成することも反対することもある。しかし、サイムの権威の揺らいでいない当時において、彼の批判はとても重大なことのように思われたことを覚えている。何しろサイムはティベリウスに追従するウェッレーイウスの意図は明白であり、目に余るものであると論断しているのである。さらにアウグストゥス時代の対ゲルマーニア政策について最新の研究として大いに重宝し、参考にしていた研究書(C. M. Wells, *The German Policy of Augustus*, Oxford 1972)でも、ウェッレーイウスは故意に事実を捏造していると非難されていたのである。もちろん、これらの研究書でもウェッレーイウス・パテルクルスは批判されながらも、重要な典拠として用いられていた。しかし、古代ローマ史研究を始めたばかりのひよっこであった私にとって、これらの研究書での批判をどのように受けとめ、ウェッレーイウスの文章を史料としてどのように扱うべきか大いに戸惑ったものであった。

歴史家ウェッレーイウス・パテルクルスの再評価

そうこうするうちに、ウェッレーイウス・パテルクルスを扱った新しい英語の論文(A. J. Woodman, "Questions of Date, Genre, and Style in Velleius: Some Literary Answers", *The Classical Quarterly*, 1975, 25-2)があることを知って、早速読んでみる

ことにした。今考えると、当時、学部学生であった私に、この論文の趣旨、特に文学ジャンルやスタイルに関する議論が理解できたとは到底思えない。しかし、この論文においてはウェッレーイウスへの近代の研究者たちの批判が必ずしも正当と言えないとされていたことに励まされて、ウェッレーイウスを主要な史料として使うことを決めたと記憶している。

実は、この辺りの事情についてはいささか記憶が曖昧になっている。そこで、先ずインターネット（大学の図書館が手数料を支払っているJSTORというサイト）から、Woodman論文のPDF・ファイルを改めてダウンロードし、さらに自宅の本棚最下段の隅に積んでいた本の山の下から昔の卒業論文を掘り出すことにした。改めて読んでみると、私が参照したWoodmanの主張はウェッレーイウスがティベリウス帝の寵臣であったセイヤーヌスの熱烈な支持者であってその歴史の一部（第二巻第百二十七–百二十八章）がセイヤーヌスへの称賛文と見做されると言うサイム等の主張への反論を意図するものであった。そして、その主張を論文最後の結論部で改めてまとめた箇所への註において、アウグストゥス時代のゲルマーニアへの遠征についてのウェッレーイウスの記事にティベリウスのための事実の捏造があるとするサイムとウェルズの批難が妥当でないことが述べられていた。三十数年前に、私はこの註を読んでウェッレーイウスを主要な史料として使うことを決断したようである。ただし、久し振りに読んでみた卒業論文では「筆者は、ウェッレーイウスの記述は、その持つ傾向の性格に留意してディオ等の他の史料と比較検討している限り、利用できるものである、と考える」という言い分けじみた文句が付け加えてあった。やはり、サイムやウェルズの酷評がまだ気になっていたのであろう。

ウェッレーイウス・パテルクルスと帝政成立期の歴史認識

私の歴史家ウェッレーイウス・パテルクルスへの関心は、アウグストゥス時代に関する同時代人としての証言への興味から始まっていた。ところが、最近になって少し時代を遡って共和政時代に関するウェッレーイウスの記述を読むことが増えてきている。主に大学での講義のためであるが、紀元前二世紀後半のグラックス兄弟の改革などに関するウェッレーイウスの記述を改めて読み直している。

この時代は史料状況の非常に悪い時代である。リーウィウスの歴史書の該当部分が失われて要約しか残存していないため、プルータルコスやアッピアーノスなどの帝政中期のギリシア人著作家の伝記や歴史書が重要な史料として用いられる時代である。我々のグラックス兄弟の性格や改革に関する認識の多くは、これらのギリシア人たちの記述が元になっている。例えば、兄のティベリウス・グラックスが改革事業に乗り出した理由について、プルータルコスがヒスパーニアのヌマンティアでの戦いに向かう途次で直接に目撃したイタリアの農地の「荒廃」や苦しむ民衆の声が挙げられていることは有名であろう。

それに対して、ウェッレーイウスの記述は全く異なったものである。彼によれば、ティベリウス・グラックスが護民官に就任したのはヌマンティアでの敗北後に彼が締結した協定が帰国後に破棄され、裁判にかけられて処罰されることを恐れてのことであるとされる。さらに弟ガーイウスに関する記述の中で「一〇年の間隔を置いてティベリウス・グラックスを捕らえたのと同じ狂気が彼の弟ガーイウスを捕らえた」とか「兄の死の復讐のためか、王の権力をあらかじめ固めるためか」などとグラックス兄弟の動機を個人的な保身、復讐、さらに野心に基づくものと断定している。そして、様々な証拠から判断できる限り、この見解が帝政成立期における支配階層の平均的グラックス像であったようである。ウェッレーイウス・パテルクルスは帝政成立期におけるローマ支配階層の平均的な歴史認識の示す物差しであるとも言えるのである。

さて私が最初に手にしたウェッレーイウスのテキストは、英語とラテン語の対訳が載せられているLoeb Classical Library版であった。さらに図書館所蔵のTeubner版（ただしC. Stegmann de Pritzwald校訂の旧版）を参照したりしていた。その後Woodmanがティベリウス時代とカエサル・アウグストゥス時代に関する部分の注釈付きテキストを出版すると、この注釈版を繙くことが多くなっていた。今後は、新しい日本語訳でもウェッレーイウス・パテルクルスの歴史を読むことになるだろう。

（古代ローマ史・学習院大学教授）

連載

西洋古典名言集 (7)

時は悲しみを癒す

「ローマ喜劇集」にテレンティウスの『自虐者』という作品があって、その中で老人のメネデムスが「私は不幸な人生を送るための特別の才能をもって生まれついたのだろうか。それとも、『時は悲しみを癒す』というよく聞くあのことわざは偽りなのだろうか」（四二〇－四二二行、城江良和訳）と語るくだりがある。どのような苦しみも時が経てば癒されるという格言は、ギリシアの作家の中にしばしば登場する。「時は避けがたい災厄をことごとく癒してくれるもの。お前も今に時が癒してくれよう」という台詞がメナンドロスの失われた喜劇にあるが、これはストバイオス『精華集』（第四巻五六-一二）に保存されている断片である。同じくメナンドロスと同時代で、新喜劇作家のひとりディピロス（前四－三世紀頃）の失われた作品の断片にも、「時はあらゆる苦痛を癒すもの」という言葉があって、これもストバイオスの同書のすぐ後のところに引用されている（五六-一五）。悲劇ではエウリピデスの『アルケスティス』に、「時があなたの心を和らげてくれるでしょう。死んだ者はどうすることもできませんが」（三八一行）と言って、アルケスティスが夫アドメトスを宥めるところがある。時はわれわれ人間の心の傷を癒してくれる「優しき神」（ソポクレス『エレクトラ』一七九行）なのである。

時、時間はギリシア語でクロノス（Chronos）という。この語と紛らわしいのが、ゼウスの父神で、「大鎌もてる」と形容されるクロノス（Cronos）である。時もしばしば神格化されるので、片仮名で読むとうっかり間違えることもある。しかも、神話の中では両者はしばしば混同され、オルペウス教やペレキュデスの神統記では、両方の表記が現われる。ペレキュデスの創造神話はわずかな断片がのこるだけであるが、原初の世界で重要な働きをするのは、ザース（ゼウス）、クトニエ（大地）、そしてクロノス（時間）であった。いずれにしても、時の擬神化がおこなわれたのは、時がもつ大いなる働きを見てのことであろう。時は優しき神であるとともに、真実をもたらす神であり、また破壊をもたらす神でもあった。

時は最高の賢者

哲学者タレスは時を「最高の賢者」と呼んでいる（ディオゲネス・ラエルティオス『哲学者列伝』第一巻三五）。同じく哲学者のアリストテレスも、「いっさいのものは時間の中で生成し、消滅する。ゆえに、ある人たちは時間を最高の賢者と語った」（『自然学』第四巻二二二b一六以下）と述べているが、時が賢者とされる理由には、時の経過とともにあらゆる真実が明るみに出てくることが考えられる。『一行格言集（*Gnōmai Monostichoi*）』（メナンドロスの作品から後代に収録された格言集で、メナンドロス以外のものを含む）には、そのような意味での時の働きに何度も言及している。「時は真実を明るみに出す」（一一三）、「時は人間の性格（エートス）の試金石となる」（三〇四）、「時は万事を隠し、万事を明るみに出す」（六三九）といった言葉がある。ローマ帝政時代の著述家・文法家であるアウルス・ゲリウスは、ソポクレスの失われた作品から、「何事も隠しだてするな。すべてを目にし、すべてを耳にする時が、すべてを顕わにするから」という詩行をギリシア語のまま引いているが、そのすぐ後に別の詩人の言葉として、「真理は時の娘」という言葉もあったと記録している。時代が古い用例では、ピンダロスの『オリュンピア祝勝歌』に「万物の父たる時」（第二歌一七行）や「正しき真実をただす時」（第十歌五四行以下）といった表現がみえる。

ところで、アリストテレスは右の言葉に続いて、「ピュタゴラス派のパロンは、時間の中で忘却が生じるので、最高の愚者だと言ったが、こちらのほうが正しい」とも述べている。六世紀の新プラトン派の哲学者シンプリキオスは、この箇所に註を付して、パロンは人名ではないと主張している。詩人のシモニデスが時間を最高の賢者だと言ったところ、その場に居あわせた人（パロンタ）が愚者だと反論したのが、間違って人名に誤解されたのだという。いずれにしても、時の経過によって明らかになるものもあれば、失われてしまうものもあるわけで、その意味では時は消滅の原因にもなる。時がもっているこのような二面性に注目した作家にソポクレスがいる。シンプリキオスも彼の『アイアス』から、「かぎりなく長いときは、いっさいの隠れたるを明るみにもたらし、また、あらわれたるをつつみ隠す」（六四五行以下）という文章を引用している。他に用例を探せば、「老年と死がないのは神々だけだ。他のものはすべて、この上ない力をもつ時が破滅させる」（『コロノスのオイディプス』六〇七行以下）、「いつも時が見ているのだ。あるものを覆し、次の日には別のものをもちあげる」（同、一四五三行以下）などがある。『アイアス』七一三行で歌われるコロスの歌も同様の例となるだろう。

（文／國方栄二）

西洋古典叢書

［2011］全7冊

★印既刊

●ギリシア古典篇

イアンブリコス　ピタゴラス的生き方★　水地宗明 訳

ガレノス　解剖学論集★　坂井建雄・池田黎太郎・澤井直 訳

ディオン・クリュソストモス　トロイア陥落せず——弁論集　2★　内田次信 訳

プルタルコス　英雄伝　3★　柳沼重剛 訳

プルタルコス　モラリア　9★　伊藤照夫 訳

ポリュビオス　歴史　3★　城江良和 訳

●ラテン古典篇

ウェレイユス・パテルクルス　ローマ世界の歴史★　西田卓生・高橋宏幸 訳

●月報表紙写真——アテナイのアゴラーはアクロポリスの北西側直下に位置し、およそ二〇〇メートル四方に広がっている。十九世紀末以来大々的な発掘が行なわれ、その全域にローマ時代に至るまでの多数の遺構が同定されている。アテナイ盛時（前五—四世紀）には、主な建造物は、ほぼ西端と南端に列をなしていて、その他の部分はおおむね大きな広場となっていた（その中央をパナテーナイア祭通りが北西端から対角線状に通過している）。古くは民会もここで開催された。西側に並んだ遺構には、トロス（円形堂）、新旧の評議会場、ゼウスのストア（列柱廊）、バシレウスのストアなど国政上の重要施設が多数確認できる。プラトンの対話篇にはこの辺りに登場するソクラテスの姿がしばしば語られている。また南西端附近には彼の裁判が行なわれたと思われる法廷（ヘーリアイアー）跡も見られる。

（一九九五年五月撮影　高野義郎氏提供）

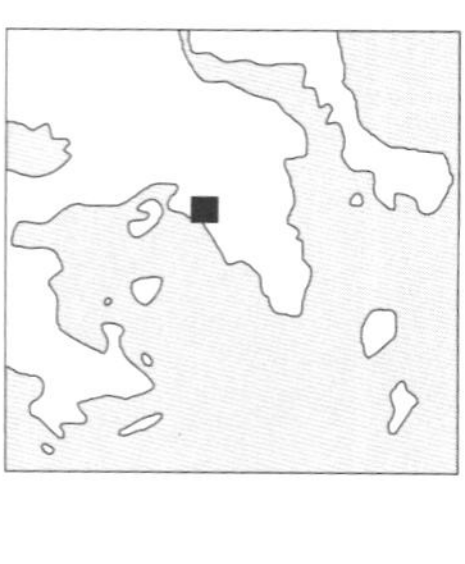

るときその意識の中にある、と。しかしこの両名は首都ローマを、そしてイタリアを去ると、ともに腹をくくって公の認可のないまま属州と軍隊を掌中に収め、自分たちがいる所はどこであれ、そこが国家だと主張、海の向こうの属州から首都ローマに運ばれてゆく金品まで財務官から——財務官も同意してはいたが——受け取っていた。**四**　これらすべての行為が元老院決議により追認され、デキムス・ブルトゥスには、他人のおかげで命をつないだのに、凱旋式挙行が決定された。パンサとヒルティウスの亡骸は国葬の栄誉に与った。**五**　カエサルへの言及はまったくなく、彼の軍隊へ派遣された使節には、彼を遠ざけて一般兵士だけに語りかけるように命令されたほどだった。軍隊は、しかし、元老院ほど恩知らずではなかった。カエサルがその仕打ちを気づかぬふりで辛抱する一方、兵士らは指揮官不在の場ではいかなる命令にも従うことを拒んだ。**六**　キケロがポンペイユス派への根っからの愛着から、カエサルを称えて片をつけるべきだ、(5) つまり、表向きの言葉と込めた含意が異なる具申をしていたのはこの頃である。

(1) 前四四—四三年。
(2) 前四三年四月十四日にムティナから数キロメートルのフォルム・ガロルムで、その数日後にムティナでヒルティウスがアントニウス軍を破った。
(3) ヒルティウスはアントニウスの陣営に攻撃をしている最中に戦死し、パンサはボロニアでの負傷がもとで死んだ。
(4) 前四三年二月から三月にかけて、カッシウスにシュリア、ブルトゥスにマケドニアの統治権を認める提案をキケロが行なった(『ピリッピカ』一〇、一一)が、いずれもムティナの戦い後に議決されたとする記述。
(5) 原文は「持ち上げる」と「どかす」の両義をもつ語が使われている。

第六十三章

一　そうするあいだにも、逃避行中のアントニウスはアルプスを越えたが、まずマルクス・レピドゥスと交渉して拒絶された。マルクス・レピドゥスはカエサルの代わりに大神祇官に選出され、管轄属州としてヒスパニアを割り当てられていたが、そのときまだガリアでぐずぐずしていた。だが、やがてアントニウスが再三レピドゥスの兵士たちの前に姿を現わすと、――どんな指揮官もレピドゥスよりはましである一方、アントニウスもしらふであるかぎりは多くの指揮官にまさったので――陣営の裏手の防壁を崩した兵士らに迎え入れられた。アントニウスはレピドゥスに指揮官の称号は譲ったが、それでも実権はアントニウスの手中にあった。二　アントニウスが陣営の中に入って来ると、ユウェンティウス・ラテレンシス(1)は、生死をかけて信条を貫く人物であったので、レピドゥスに対し、国家の敵と宣告されているアントニウスと同盟を結ぶべきではないと強く進言したが、その忠告が無駄だと判ると自らわが身を剣で貫いた。三　プランクス(2)は信義を当てにできない人物で、長いあいだどちらの陣営に加わるか苦悶して信念を貫けずにいたが、まず同僚である指名執政官のデキムス・ブルトゥスを補佐し、元老院へ手紙を送って自身を売り込んだかと思うと、すぐにブルトゥスを裏切った。他方、アシニウス・ポリオ(3)はその逆で決然としてユリウス派に忠実であった。両者ともポンペイユス派に対抗してアントニウスに配下の軍を引き渡した。

第六十四章

一　デキムス・ブルトゥスは、最初にプランクスにより見捨てられ、のちに同じプランクスの陰謀によって命を狙われ、軍隊に徐々に置き去りにされたあげく、カメルス(4)という名の貴族階級の人物の家に逃げ込んだところをアントニウスが放った刺客により殺された。これをもってブルトゥスは自分の大の恩人であるガイウス・カエサルに返した仇にきわめてふさわしい罰を受けることになった。

二　彼はカエサルの友人たちのうちで筆頭に位していたのに暗殺者となり、自分が利益を受けたにもかかわらず、その幸運ゆえに憎しみを買ったことを幸運をもたらした人物のせいにした。カエサルから受け取ったものを保持し、それらを与えたカエサルが死ぬことは、至当なことと彼は考えていたのである。三　この頃、マルクス・トゥリウス・キケロが一連の弁論(5)でアントニウスの記憶に永久的な烙印を押した。キケロは

---

(1) マルクス・ユウェンティウス・ラテレンシスはこのときレピドゥスの副官で、高潔な人物として知られる。

(2) ルキウス・ムナティウス・プランクスはこのとき外ガリア総督。

(3) アシニウス・ポリオはこのときヒスパニアの法務官格総督。

(4) カペヌスという名前（リウィウス『梗概』一二〇）も伝えられる。

(5) 『ピリッピカ』。前四四年九月二日から四三年四月二十一日まで。

光輝き、天にのみ存在するかのような口調で弁じる一方、護民官カンヌティウス(1)は狂犬のようにアントニウスを八つ裂きにしようとした。四　だが、どちらにも自由擁護の代価は死であった。護民官の血を流して粛清(2)が始まり、キケロの血を見て(3)アントニウスは満足したのか、それは終わった。次にレピドゥスが、彼に先立つアントニウスと同様に、元老院から国家の敵として裁かれた(4)。

第六十五章

一　それからレピドゥスとカエサルとアントニウスのあいだに手紙のやり取りがあり、合意条件が提示された。そのときアントニウスは、自分に対してポンペイユス派がいかに敵対的であるのか、自分たちがどれほど権力の頂点に上りつめたか、ブルトゥスとカッシウスがキケロの支援によっていかに増長したか、カエサルに想起させ、もしこの同意をはねつければ、すでに十七箇軍団の勢力を有するブルトゥスとカッシウスに自軍を合流させると宣言し、自分が友人の復讐をすべきなら、なおのことカエサルは父親の復讐をせねばならないことを述べた。二　ここに権力の連合(5)が始まり、軍隊の促しと懇請もあって、アントニウスの継娘がカエサルと婚約し、両者に姻戚関係が成立した。カエサルがクイントゥス・ペディウスを同僚として執政官職に就いたのは、満二〇歳になる前日の九月二十二日(6)でローマ建国以来七〇九年後のことで、マルクス・ウィニキウスよ、あなたが執政官に就く七二年前のことである。三　この年、ウェンティディウス(7)は、かつて都中をピケヌム人の捕虜に混ざって凱旋式の行列の中で引き回された者であったのに、そのローマで法務官服に加えて執政官の縁取りのあるトガを身につけた。のちにウェンティディウスはまた凱旋式も挙行した。

第六十六章

一　次いでアントニウスと並んでレピドゥスの狂気が荒れ狂うもとで――既述のように両名とも国家の敵と宣言されていたが、自分たちの罪状より、蒙った被害についての報告を欲し――カエサルは反対したが、二対一では効果はなく、スッラの悪い先例である粛清が新たに始められた。

二　あの時代、カエサルがやむをえず誰かを粛清しなければ、キケロが誰かに粛清されるしかなかったと

---

(1) ティトゥス・カンヌティウスは前四四年の護民官で、弾劾は同年十月二日になされた。

(2) カンヌティウスの死はペルシア（現ペルージャ）の戦い後の前四一年。

(3) 前四三年十二月七日、アントニウスの刺客によって殺された。

(4) 前四三年六月三十日。

(5) 前四三年十一月二十七日に通過したティティウス法によって第二次三頭体制が成立。

(6) タキトゥス『年代記』一‐九‐一、ディオ・カッシウス五六‐三〇は八月十九日としている。

(7) プブリウス・ウェンティディウス・バッススは前四三年の法務官であったが、同年、オクタウィアヌスのあとの補充執政官に指名された。彼は同盟市戦争中の前八九年に母親とともに凱旋式で引き回されたことがある一方、前三八年に対パルティア戦勝により凱旋式を挙行した（第七十八章参照）。

いうことほど、憤激すべきことはなかった。アントニウスの犯罪によって国を代表する声が切り落とされた。かくも長年、市民と国家の安全を守ってきたのに、その人物の身の安全を誰も守らなかった。**三**「だがアントニウスよ、お前が成し遂げたことは何一つない」（私は今心身からほとばしり出る憤激の気持ちのため、この著作の枠をはみ出た叙述法を取らざるをえない）。アントニウスに私は言う、「何にもならなかったのだ、天にいるかのように発せられる声と気高い首の切り落としに賞金を支払い、かつて国家を救った偉大な執政官の殺害を引き起こして、葬儀の手付金を数えているだけで、お前は何もしなかった。**四**　お前がキケロから奪ったのは不安な老年期の日々と、お前が第一人者となればさらに惨めな生であって、三頭政治家のお前のもとでの死ではない。むしろ、彼の事績と弁説の名声と栄光をお前は奪うどころか増大させたのだ。**五**あの人は生き、いつの時代にも記憶の中に生きてゆくだろう。偶然か、摂理か、あるいはいかにしてか創出された万物の総体をあの人はローマ人のうちただ一人心眼で見、才知によって把捉し、弁論の光で明らかにしたが、この宇宙が変わらずにあるかぎり、そこにはキケロへの称讃がどの時代にもつき従っているだろう。後世に生きるすべての人々はお前を弾劾する彼の弁論を讃嘆するだろうし、キケロに対してお前が犯した所行を呪うであろう。そして、人類が世界から消失でもしないかぎり、キケロの名声が消失することはないであろう」。

第六十七章

一　この時代全体の国運については涙を流すことすら誰も十分にはできなかった。いわんや言葉では到底言い尽くせない。二　だが注目すべきことは、粛清された人々に対し、妻たちは献身的な最大限の忠誠心を、解放奴隷はほどほどの忠誠心を、奴隷たちはそれなりの忠誠心を抱いたのに、息子たちが抱いた忠誠心は、皆無であった。ゆえにどのような希望であれ、先送りしてから実現するのは難かしい。三　いかなる神聖な紐帯も残さぬよう、罪の持参金あるいは誘惑であるかのように、アントニウスは、伯父のルキウス・カエサルを、レピドゥスは兄弟のパウルスを粛清した。プランクスにも兄弟のプランクス・プロティウスの粛清を認めさせるだけの影響力があった。四　そしてレピドゥスとプランクスの凱旋式用戦車(1)の後ろを後進した兵士たちのふざけた言葉の中に、そして市民の呪いの言葉の中に、次のような一節が聞こえた、「二人の執政官が収めた勝利とは、ガリア人ではなく、ゲルマニア人［兄弟］に対してだ(2)」。

---

(1) レピドゥスの凱旋式はヒスパニアにおける勝利を称え、前四三年十二月三十一日に、プランクスの凱旋式はガリアでの勝利を名目として十二月二十九日に挙行された。

(2) 原文では、germanus が「ゲルマニア人」と「(父母とも同じ真正の) 兄弟」を意味することによる語呂合わせをなしている。

第六十八章

一　ここで今まで述べずにおいたことに目を向けよう。実際、当事者を見れば、事績を陰に隠れたままにはできない。パルサロスで覇権をめぐりカエサルが熾烈な戦いをしているあいだのことであった。マルクス・カエリウスが(1)――雄弁と向こう気の点でクリオとよく似ているが、どちらの点でもクリオにまさり、ろくでなしの才能でも負けていない人物で、資産状態は性格よりさらに劣悪であったので、身代を守るための適当な金額の返済すらできずにいたところ――二　法務官の年に借金を棒引きする新法を提案し、それを元老院と執政官の権威も撤回させることができなかった。というのも、帰還を聞き届けてくれなかったためにカエサル派に敵意を抱いていたアンニウス・ミロまで呼び寄せてカエリウスは首都ローマで暴動を起こし、田園部で無秩序な戦争状態を扇動したからである。しかし最初、国外追放され、やがて元老院の意を受けた執政官の軍隊によりテュリイ付近で鎮圧された。三　企てをともにしたミロの末路も同様のものであった。彼は、ヒルピニ人の町コンプサを包囲しているとき、敵兵が投げた石に当たってプブリウス・クロディウスに関わる報い、そして祖国に軍を差し向けた報いを受けた。彼は不穏で、勇敢さを越えて無謀な人物であった。四　省略したことの中に求めるなら、記すべきは、護民官マルルス・エピディウスとフラウス・カエセティウス(2)がガイウス・カエサルに対し節度もなく、自由を行使したことである。両名は王権を目指しているとしてカエサルを告発しておきながら、もう少しで絶対権力に手をつけるところであった。五　このことで再三挑発されながら、カエサルの怒りは、独裁官としての処罰より監察官としての遣責に留まり、彼らを国外追放するに留まった。そのうえ彼は、自分の性分を逸脱するか威信を損じるかいずれかしかなかったのは痛恨のきわみだと表明した。しかし時代の順序に話を戻そう。

第六十九章

一　すでに、アシアではドラベラが前任者で執政官経験者のガイウス・トレボニウスを罠にかけ、スミュルナで殺していた。(3) トレボニウスはカエサルの施した恩義に仇を返した。カサエルのおかげで執政官の高みまで上りつめたというのに、カエサル殺害の加担者となったのだった。二　このとき、ガイウス・カッシウスが法務官格総督で将軍の称号をもつスタイユス・ムルクスとクリスプス・マルキウスから在シュリアの強力な諸軍団を受け取ると、アシアを占領したあとシュリアへやって来たドラベラをラオディケイアで包囲攻

(1) マルクス・カエリウス・ルフスは前四八年の法務官で、キケロと親交があった一方、クロディアとの情交関係も知られる。

(2) エピディウス・マルルスとルキウス・カエセティウスは前四四年の護民官。その年の一月二十六日、カエサルが民衆から王と呼びかけられて、これを拒んだとき、二人は最初に声を上げた者を逮捕した。

(3) 暗殺者の一人、ガイウス・トレボニウスはガリア、ヒスパニアでカエサルに仕え、前四五年十二月三十一日に補充執政官となったあと、アシア総督。殺害は前四三年二月—三月初旬。

略し、彼を殺した。ドラベラは速やかに、自分の奴隷に打たれるべく首を差し出したのだという。カッシウスはその地方で、十箇軍団を自分の配下に置いた。

三　マルクス・ブルトゥスは軍団をマルクス・アントニウスの兄弟のガイウス・アントニウスからマケドニアにおいて、またウァティニウス(1)からデュラキオン近辺で奪い取ったが、それは軍団も望んでいた。そうして七箇軍団の勢力を有することになったブルトゥスだが、その前にすでにアントニウスに戦争をしかけて苦しめ、ウァティニウスに対しては名声の点で圧倒していた。ブルトゥスはどの指揮官より優っているように見え、ウァティニウスはどの人間よりも劣っているように見えた。四　ウァティニウスのうちで肉体的醜悪さは性向の破廉恥さと競い合っていて、彼の精神はじつにふさわしい住まいに閉じ込められているように見えるほどだった。五　さてペディウスは、カエサルを同僚とする執政官の年(2)にペディウス法を提出し、カエサルを殺したすべての者に火と水の使用を禁止する罰を科した。その頃、元老院議員であった私の伯父カピトはガイウス・カッシウスに対するアグリッパの断罪を支持した。

六　さて、イタリアでかような事件が生じているあいだ、カッシウスは激烈な戦争で大戦果を挙げ、ロドス島を占領したが、それは大規模な軍事活動の賜物であった。他方、ブルトゥスはリュキア人を征服し、そこから両者は軍隊を渡海させてマケドニアに移動し、カッシウスは自分の本性に全面的に打ち勝ってブルトゥスの慈悲をも凌駕した。だが、ブルトゥスとカッシウスほど幸運が進んでつき従った者も、また、うんざりしてさっさと見捨てた者も見つけがたい。

第七十章

一　それからカエサルとアントニウスが軍をマケドニアへ移動させ、ピリッピの町近くで戦列を交えてブルトゥスとカッシウスの軍と会戦した。ブルトゥスが指揮していた部隊は敵を撃退してカエサルの陣営を奪った（なぜなら、カエサル自身健康の面で虚弱だったとはいえ、指揮官の職務を果たしていたが、主治医アルトリウスに請われていたことや、夢のはっきりしたお告げに恐れをなして陣営には留まっていなかったのである）。他方、カッシウスが指揮した部隊は叩きのめされて敗走し、より高い場所へ撤退した。二　そのときカッシウスは自分の戦況から同僚に生じていることを判断し、古参兵を派遣してわれわれに向かってくる者たちの規模と戦力を逐一自分に報告するように命令した。しかし、その兵士からの報告が遅れ、自分に向かってくる敵の隊列はすぐ近くにあって、その砂塵で顔も軍旗も見分けられなかったとき、カッシウスは突進してくる者は皆敵兵と考え、外套で頭を覆って恐れることなく首を解放奴隷に差し出した。三　カッシウスの首が切り落とされたそのとき、ブルトゥスが勝利したという報告を古参兵が届けた。古参兵は、指揮官カッシウスが倒れ伏しているのを見て、「私の報告が遅れたためカッシウス殿が死んだのだから、私もそ

（1）プブリウス・ウァティニウスは当時イリュリクムの総督であった。

（2）第六十五章二参照。

の方のあとを追おう」と叫び、剣の上にわが身を投じた。**四**　二、三日後ブルトゥスは、敵と激突したが、戦いに敗れ、夜陰にまぎれて丘の上へ逃走して従者の一人アイガイ出身のストラトンを、自分の死に手を貸すよう説き伏せた。**五**　ブルトゥスは、左腕を頭上に揚げ右手で剣の先端を左胸の心臓が鼓動している箇所に押し当ててから、その上へわが身を投げ出し、一撃のもと貫かれて即死した。

第七十一章

一　［コルウィヌス・］メッサラ(1)は、このうえなく輝ける才能を持った若者で、かの陣営では、ブルトゥスとカッシウスに次ぐ影響力があり、彼が司令官になることを要求する者もいたが、メッサラ自身はこれ以上戦いに見通しの立たない期待を賭けるよりも、カエサルの恩恵によって救われる方を選んだ。カエサルにとっても自分の勝利の中でコルウィヌスを救ったこと以上に喜ばしいことはなかったし、コルウィヌスがカエサルに示した以上に恩義と忠義に厚い人物であることを示した例はない。非常に著名な人々の血がこれほど多量に流された戦争は他になかった。カトーの息子(2)が命を落としたのも、この戦争であった。**二**　非常に秀でた市民(3)の息子であるルクルスとホルテンシウスも同じ境遇のもとに命を奪われた。

三　ウァロ(4)は死にゆくとき、アントニウスを嘲って、アントニウスの死について彼にふさわしいこと、それものちに真実となることを思いのままの言葉で予言した。ユリア・アウグスタの父ドルスス・リウィウス(5)とウァルス・クインティリウス(6)は、敵に慈悲を請おうとすらせず、前者は天幕の中で自ら命を絶ち、ウァルスは顕彰を身につけると、解放奴隷に強要して、手を下させた。

第七十二章

一　このような最期を三七歳のブルトゥス[7]の一派が迎えることが運の女神の思し召しであった。彼の心はその日まで汚れないものであったのに、この日、ただ一人の人間の一回かぎりの軽率な行為のため、ブルトゥスからあらゆる美徳が奪い去られた。ブルトゥスの方が人間として立派であるだけ、指揮官としてはカッ

(1) マルクス・ヴァレリウス・メッサラ・コルウィヌス（前六四／五九－後八／一三年）、女流詩人スルピキアの伯父、ティブルス、オウィディウスなどのパトロン。
(2) 小カトーの息子で、ピリッピの戦いで戦死。
(3) 有名なルクルス（前七四年の執政官）と高名な弁論家ホルテンシウスを指し、前者の息子マルクス・リキニウス・ルクルスは共和派に加わってピリッピで戦死、後者の息子クイントゥス・ホルテンシウスは戦いのあとに処刑された。
(4) マルクス・テレンティウス・ウァロ・ギッバ。前五二年にキケロとクロディウス殺害のため訴えられたマルクス・サウフェイウスを弁護。前四三年の護民官。
(5) マルクス・リウィウス・ドルスス・クラウディアヌスは、アウグストゥスの妻となったリウィア・ドルシラ（前五八－後二九年）の父親。リウィアは、アウグストゥスの死後、ユリア・アウグスタと呼ばれた。
(6) セクストゥス・クインティリウス・ウァルス。前四九年、財務官としてドミティウス・アヘノバルブス指揮下に戦い、カエサルによるコルフィニウム占領後、解放された。
(7) ブルトゥスが死んだのは前四二年十月二十三日。前八五年の生まれと推定されるので、計算が合わない。三七を四二とする読み替え提案もある。

シウスがまさった。二　この二人のうち友人にしたいのはブルトゥスであろうが、敵にまわした場合、むしろカッシウスの方が恐るべき人物であった。一方にはより勢力があり、他方にはより美徳があった。国家にとってアントニウスよりカエサルを第一人者とする方がまさるのと同程度に、もしブルトゥスとカッシウスが勝利したのであれば、カッシウスよりブルトゥスを戴く方がまさったであろう。三　グナエウス・ドミティウス(1)は、じつに際立って高貴な純朴さを備えた人物で、われらと同時代人ルキウス・ドミティウスの父君であり、多数の輝かしい才能に満ちた若者グナエウス・ドミティウスの祖父である。彼は、自分の命令に従う多数の随行者とともに多くの船舶を拿捕し、一派の指導者となることに満足し、逃走に自分の運を委ねた。四　スタイユス・ムルクスは、沿岸監視艦隊を指揮していたが、配下の軍団と艦隊とともに、ヒスパニアから立ち戻ってシキリア島を占領していた大ポンペイユスの息子セクストゥス・ポンペイユス(2)のもとを目指した。五　彼の陣営には、ブルトゥスの幕舎から、イタリアから、そして世界の他の各所から身に迫る粛清の危険をなんとか逃れてきた人々が合流した。なぜなら何の合法的地位も持たない人々には、どんな指揮官でも十分であったからである。状況は選択を許さず、避難場所が示されているなら、破滅的嵐からの逃亡をしのげるかぎり港の代わりとなった。

第七十三章

一　この若者は学問は未熟、言葉使いは粗野で、激情的な活力を持ち、思いつくと行動は迅速で、父親とは異なって信頼に足る人物だが、自分の解放奴隷の解放奴隷で、奴隷たちの奴隷であり、高位の人々を妬む一方で最も卑しい人に服従するといった人間であった。二　当時いまだにポンペイユス派がほぼ全体を占めていた元老院は、ムティナからアントニウスが逃走したあと、ブルトゥスとカッシウスに海を越えた属州を割り当てたのと同時期にこのセクストゥス・ポンペイユスをヒスパニアから呼び戻した。その地で彼は法務官経験者アシニウス・ポリオによって華々しい戦果を挙げられてしまっていたが、元老院はセクストゥス・ポンペイユスに父祖伝来の財産を返却し、臨海地域の指揮権を委ねた。三　すると彼は、既述したように、するとと、シキリアを占領し、そこへサルディニアとコルシカから来た軍が、直ちに合流してきた。

(1) コルフィニウムでの敗北者ルキウス・ドミティウス・アヘノバルブス（第五十章参照）の息子。カエサルにより解放されたあと、アントニウスに与するが、アントニウスがクレオパトラと組んだことから、オクタウィアヌスの側に移った。前三二年に執政官、前三一年没。息子ルキウスは前一六年の執政官。後二五年、ゲルマニアで輝かしい勝利を獲得し、オクタウィアヌスの娘アントニアと結婚した。彼の息子グナエウスとアグリッピナとの結婚で、未来の皇帝ネロが生まれる。

(2) セクストゥス・ポンペイユス（前七五—三五年）、大ポンペイユスと三度目の妻ムキアとのあいだに生まれた末っ子。エジプトで大ポンペイユスが暗殺された後、ヒスパニアで兄グナエウスと行動をともにし、兄がムティナで敗北して戦死シキリア島を占領し、奴隷や逃亡者らを自分の軍に迎え入れて、数箇軍団に相当する兵員を手中に収めると、父親に仕えた解放奴隷で艦隊の司令官に任じたメナスとメネクラテスを用いて、不穏な地中海を海賊が行なうような略奪行為で荒らしまわり、その略奪品は自分の必需品と軍隊維持のため費やした。彼は父親が軍隊と指揮により海賊行為から解放した海を、(1) 再度海賊行為という犯罪で荒らしまわることを恥とは思わなかったのである。

第七十四章

一　ブルトゥスとカッシウスの党派が壊滅したあと、アントニウスは海を越えた属州へ向けて出発しようとしたが、その前にしばらく足を留めていた。カエサルはイタリアに帰還したが、彼がそこで見たのは予想以上の騒乱状態だった。二　というのも、執政官ルキウス・アントニウスは、(2) 兄マルクスと悪徳を共有し、時折りマルクスが発揮する美徳すら感じさせず、ときには古参兵の前でカエサルの罪科を挙げつらい、ときには土地分割と入植地割り当てによって、(3) 所有地を失った人々に自軍に加わるようけしかけ、大規模な軍を結集させていた。三　他方、マルクス・アントニウスの妻フルウィアは、身体以外に女らしいところはなく、あらゆる戦争と混乱の種を蒔き散らしていた。この女は作戦の拠点としてプラエネステを占拠した。アントニウスは至る所でカエサルの軍に駆逐され、ペルシアの町に逃げ込んだ。アントニウス派の支持者プランクスはアントニウスに援軍の期待を抱かせただけで実際に援軍を送ろうとしなかった。四　カエサルは、勇気と幸運を味方につけペルシアを攻略した。(4) 彼は、アントニウスは無傷なまま解放したが、ペルシアの住人に対しては指揮官の意図によってというより兵士らの怒りのために酷い仕打ちが加えられた。町には火が放たれた。その放火の張本人は、その地の有力者のマケドニクスで、彼は自分の家と財産に火を放ったあと、剣でわが身を刺し貫き、その身を火中に投じた。

第七十五章

一　同じ頃、戦争の炎がカンパニアで燃え上がった。それは、土地を失った人々の保護者と自称して、法務官経験者で神祇官のティベリウス・クラウディウス・ネロ(5)が引き起こしたものであった。彼はティベリウス・カエサルの父で度量が大きく、じつに博学な人物であった。その戦争も、カエサルの到着により鎮火された。二　いったい誰が運の気まぐれと人間界の無常を十分に嘆くことができるだろうか。誰が現状とは異なった状態、期待とは逆の事態を待ち望んだり、あるいは、心配したりしないだろうか。三　たとえば、リウィアは、高貴にして勇敢このうえないドルスス・クラウディアヌスの娘で、その血筋、誠実さ、美しさの

---

(1) 第三十一―三十二章参照。
(2) 前四一年の執政官。同僚はププリウス・セルウィウス・イサウリクス。
(3) オクタウィアヌスの古参兵への土地分配のこと。
(4) 前四〇年二月末頃。
(5) 前四二年の法務官。前三三年頃没。

点でローマ女性の中で群を抜き、のちにアウグストゥスの妻となり、アウグストゥスが神々に列せられたあとは、その神官にして姉妹となったが、このときは、すぐに自分の夫となるカエサルの軍から避難する身であった。二歳足らずのティベリウス・カエサル、帝国の保護者で、カエサルの息子となる幼子を胸に懐き、逃走が容易に見つからないように、従者一人に伴われて、兵士たちの剣を避けて道なき道を進んで海岸に到達すると、乗船してシキリア島に到着した。

第七十六章

一　ここで不案内な人に証言を与えよう。それが私の祖父から奪い取られないようにしよう。事実、ガイウス・ウェレイユスは、グナエウス・ポンペイユスにより、例の三六〇人の判事の中のじつに栄誉ある地位に選ばれ、同じくポンペイユスとマルクス・ブルトゥスとティベリウス・ネロの工兵隊長で、人後に落ちぬ人物であった。ネロがネアポリスをあとにする際、ネロとは特別な友情のため、ネロの党派の支持者でもあったが、年齢的にも体力的にも負担が大きく、同行できなかったために剣でわが身を貫いた。二　カエサルはフルウィアを無事にイタリアから脱出させ、プランクスに妻の逃亡の供をさせた。というのも、アシニウス・ポリオが七箇軍団を率い、ウェネティアを長期間アントニウスの支配下に保持し、アルティヌムやその地域の他の諸都市周辺において偉大で目を瞠るような戦果を挙げたあと、アントニウスの許を目指し、そのときまで各地を点々としていたドミティウス――すでに述べたように、彼はブルトゥスが死ぬとブルトゥス派の陣営を離れ、自分個人の艦隊の指揮官となっていた——をアントニウス軍に加わるよう策を用いて引き込み、保証を与えた。**三** このことから、公平な立場に立つ者ならば誰でも、アントニウスからポリオへの寄与に劣らずポリオからアントニウスへの寄与が大きかったことが判るであろう。次いでアントニウスのイタリア到着と、カエサルのアントニウスに対する戦争準備から戦争の恐怖が襲ったが、ブルンディシウムにおいて平和協定が結ばれた。(1) **四** その頃ルフス・サルウィディエヌスの犯罪計画(2)が白日の下に晒された。この男は非常に怪しげな血筋に生まれたが、国家の最高位を受けたこと、それもグナエウス・ポンペイユスとカエサルに次いで騎士階級出身の執政官に選ばれただけでは不十分と考えていた。カエサルと国家を自分の足元に見る様な高みに登りつめたのでなければ、決して満足しなかったであろう。

第七十七章

一 海上が危険なことによる穀物価格高騰に苦しんでいた国民の一致した要求を受けて、ミセヌム近くでポンペイユスとも和平が締結された。(3) ポンペイユスがカエサルとアントニウスを船上での会食に迎え、的確

(1) 前四〇年秋。
(2) サルウィディエヌス・ルフスについて第五十九章五参照。アントニウスがオクタウィアヌスにサルウィディエヌスの裏切りを暴露し、彼は元老院で大逆罪で断罪され処刑された。
(3) 前三九年。

にも、「私は私自身の船の上で食事を出している」と述べて、アントニウスに奪われた、父親譲りの館があった場所の名を仄めかした。(1) 二　この平和協定の中でアントニウスは、シキリア島とアカイア地方をポンペイユスに譲る決心をしたものの、穏やかならざる心は、そのままではいられなかった。アントニウスが帰還して祖国にもたらした唯一の利点は、財産を没収されたすべての人々、さまざまな理由でアントニウスの許に逃れてきたすべての人々に帰還と安全を約束したことであった。三　これによって、著名な人たち、中でも、クラウディウス・ネロ、マルクス・シラヌス、センティウス・サトゥルニヌス、アルンティウス、ティティウスといった人々が国家に復帰した。(2) だが、スタイユス・ムルクスは帰還によって自分の艦隊を加えてポンペイユスの勢力を倍増したが、でっち上げられた罪で告発され、またメナスとメネクラテスが職務上の同僚として嫌っていたこともあって、ポンペイユスは彼をシキリア島で殺した。

第七十八章

一　マルクス・アントニウスが、ユリウス・カエサルの妹オクタウィアと結婚したのもこの頃であった。(3) ポンペイユスはシキリア島に、アントニウスは海を越えた属州に戻った。これらの属州はラビエヌスの大規(4)模な動きで混乱していた。彼はブルトゥス派の陣営からパルティア人の許へ向け出発し、パルティア人から編成された軍をシュリアへ率いてアントニウスの副官を殺したが、ウェンティディウス(5)の勇敢な指揮により、パルティア人の軍勢、および、王の息子にして若者たちのうち最も輝けるパコロスとともに殺された。

二　このあいだを通じてカエサルは、規律の最大の敵、すなわち余暇が兵士らの士気を衰えさせることがないように、イリュリクムとダルマティアへ頻繁に遠征を行なって、危険に対する忍耐を発揮させ、戦争体験を積ませることで軍を鍛えていた。三　同じ頃、ドミティウス・カルウィヌスは、執政官任期後にヒスパニアを管轄統治したが、古のローマ人に匹敵する厳格な実例の具現者となった。彼はウィビリウスという名の首位百人隊長を不名誉な敵前逃亡のゆえに棒で殴り殺したのである。

第七十九章

一　ポンペイユスの艦隊と彼の名声が日々大きさを増す中で、カエサルはこの戦争の荷を背負う決心をした。艦船の建造、兵士らと漕櫂手の徴募、および、彼らを海戦に慣れさせて訓練する指揮官にマルクス・ア

(1) 父である大ポンペイユスの邸宅があったローマ市内の地区名カリナエが「船」を意味することを踏まえたもの。

(2) いずれも、もとはポンペイユス派であったが、新体制下で地位を得た人々。クラウディウス・ネロについては第七十五章一参照。マルクス・ユニウス・シラヌスは前二五年に、ガイウス・センティウス・サトゥルニヌスは前一九年に、ルキウス・アルンティウスは前二二年に、それぞれ執政官、マルクス・ティティウスは前三一年に補充執政官となった。

(3) 前四〇年末。

(4) カエサルの有名な副官ティトゥス・ラビエヌスの息子。アントニウスと戦うためにパルティア王の息子パコロスと同盟を結ぶことも躊躇しなかった。

(5) ウェンティディウス・バッススについて第六十五章三参照。

グリッパを据えた。アグリッパは秀でた勇士で、疲労にも睡魔にも、迫る危険の恐れにも屈することなく、ただ一人の人間にだけ服従することをじつによく弁える一方、他の者には意気込んで命令を下す。あらゆる点で優柔不断を排する一方、行為には思慮が伴っていた。二 カエサルは、アウェルヌス湖やルクリヌス湖(1)で堂々たる艦隊を建造し日々訓練を積ませ、兵士らと漕櫂手らを軍事においても海事においても最高度の知識を身につけさせた。(2) この艦隊を投入して、カエサルはシキリア島に待つポンペイユスに戦争をしかけたが、これに先立ってリウィアを――前夫ネロが彼女と離婚したのち――国家にとって好ましい予兆の下、妻として娶った。(3)

三 しかし、人間の力には打ち負かされることのないこの人物も、そのときの運のめぐりには打ちのめされた。というのも、艦隊の半分以上がウェリアとパリヌルス岬(4)近くで、アフリカから吹いて来る強風によってさんざんに打ち砕かれたからである。このような状況のため、戦争終結に手間取ることとなり、このあと、勝敗のはっきりしない、ときにどちらにも転ぶ戦運のもとに戦われた。四 というのも、艦隊が同じ場所で嵐に苛まれただけでなく、初戦のミュラエの海戦ではアグリッパの指揮下に優勢であったのに、タウロメニウム付近ではポンペイユスの艦隊が思いもよらず到着したので、カエサルの目の前で重大な敗北を蒙り、カエサル自身も危険に晒された。(5) カエサルの副官コルニフィキウス(6)が指揮する軍団も、上陸したときにもう少しでポンペイユスの軍により壊滅されるところであった。

五 定かならぬ時の運はカエサルの武勇によって正された。両軍の艦隊が展開したあと、ポンペイユスは艦船をほとんど奪われ、逃走してアシアへ向かった。(7) 彼はマルクス・アントニウスの支援を求めたが、威厳を保つかと思えば、命乞いをするというように、指揮官に徹するか嘆願者になるか動揺するあいだに、結局、アントニウスの命令を受けたティティウス(8)により殺された。この犯罪行為のため人々の憎しみがティティウスに集中し、その結果やがてポンペイユス劇場で見世物を主催していたとき、国民が顕わにした呪いの言葉を浴びて追い払われた。

第八十章

一　カエサルは対ポンペイユス戦争遂行中に、通常の半分の兵力の十二箇軍団とともにレピドゥスをアフ

(1) いずれもナポリの西方十数キロメートル、クマエとバイアエ近くに位置し、海とは狭い砂地で隔てられている。アグリッパの仕事とは、二つの大きな湖を運河で繋ぎ、全体を大きな一つの軍港にして大規模な海軍演習もできるようにしようとするもの。
(2) 訓練は前三八年から三六年まで続いた。
(3) 前三八年一月十七日。ティベリウス・クラウディウス・ネロはリウィアの最初の夫。未来の皇帝ティベリウスの父親。第七十五章参照。
(4) それぞれ、現エレアとパリヌーロ岬。
(5) 前三六年。ミュラエとタウロメニウムはいずれもシキリア島東北部、前者は北岸、後者(現タオルミーナ)は東岸に位置する。
(6) ルキウス・コルニフィキウスは前三五年の執政官。戦争初期にオクタウィアヌスの元帥の一人。
(7) ナウロキアの戦い。前三六年九月三日。敗戦後、アシアで三箇軍団に相当する軍の戦闘員の徴集を行なったが、徴集が進むにつれて、すべての党派から見捨てられる。
(8) マルクス・ティティウスは当時シュリアに駐屯するアントニウス軍の軍団司令官。

リカから呼び寄せた。レピドゥスは虚栄心の塊で、幸運を長く享受するに値するだけの人徳のない人物だが、ポンペイユスの軍隊がレピドゥス自身ではなく、カエサルの権威と信義を頼りとし、ただより近くにいたという理由だけでレピドゥスに従ってきたのを自軍に加えた。二　それによって二十箇軍団以上に膨れ上がると、彼は狂気の沙汰に出た。勝利は他人のもので、自分は一緒にいるだけで役立ずなばかりか、カエサルの作戦に異議を唱え、常に他の人々の意見と異なることを述べることで勝利を遅らせていたのに、その勝利全体が自分のもののように解釈して、大胆にもカエサルにシキリアから撤退するよう命令した。

三　スキピオ家の人々や歴戦のローマ軍指揮官もそのときのカエサルほど果敢で勇気ある行為を仕遂げたことはない。カエサルは武器を持たず外套だけ着用し、自分の名前以外何も持たずレピドゥスの陣営に入ると、魂の歪みきった人間の命令により自分に向かって投げられた槍を避けた。槍は外套に穴を開けたが、彼は勇敢にも軍団の鷲旗を持ち去った。四　二人の指揮官がどれほど異なっていたか、判るであろう。非武装のカエサルに武装した兵士が服従した一方、自分の人生にまったくふさわしくない権力を掌中にしてから一〇年後にレピドゥスは、兵士たちにも運にも見捨てられ、黒い外套で身を覆って、カエサルへ向かって群がる群衆の最後尾に潜んでいたが、ついにはカエサルの足元にわが身を投げ出した。命は助けられ、彼の財産も彼に返されたが、彼が保持できなかった威信は剝ぎ取られた(1)。

第八十一章

一　突如として軍隊の反乱が勃発した。それはたいていの場合、兵士たちが数の力を意識して規律に背き、力ずくでできることを頼んでしてもらう気にならないときに起こる。反乱は一部は軍の厳格さをもって、一部は指揮官の寛大さをもって鎮圧された。二　同じ頃、カンパニアの入植地に相当数の追加入植が行なわれた。その地域は共有地であったが、その代償には、クレタ島のはるかに肥沃な土地で一二〇万セステルティウスの収入があり、水道の設置を約束された土地が与えられた。その水道は今でも健康に資する見事な設備であり、美しい景観をなしている。

三　この海戦の栄冠は、発揮された勇気の点でもっぱらアグリッパの手柄であって、彼以外ローマ人の誰もこの栄誉を授けられることはなかった。カエサルは勝利者として首都ローマに帰還すると、自分の邸宅を拡張するために代理人を通じて購入させたかなりの数の家を公的使用に当てると公言し、アポロ神殿とその周囲に柱廊(2)を建立することを約束した。その神殿は、彼の類例を見ない篤志によって築かれた。

(1) このあとレピドゥスは前一二年に死去するまで大神祇官の地位にいた。

(2) このパラティウム丘のアポロ神殿は、前三六年、ポンペイユスに対する勝利を祝して建立され、前二八年に献納された。

第八十二章

一　カエサルがシキリア島における戦争を勝利のうちに終結させた年の夏、カエサルと国家に好意的だった幸運の女神は東方で荒れ狂った。アントニウスが十三箇軍団を率いてアルメニア、次にメディアを通過してパルティアを目指し、パルティア人たちの王と対峙することになった。(1)　二　最初にすべての輜重と投石機と副官のスタティアヌスもろとも二箇軍団を失ったあとアントニウス自身も全軍とともに、とても助からないと思うほどの生死を分ける大きな危険にたびたび直面した。(2)　アントニウスは兵士たちの四分の一以上を失ったが、かつてクラッススの軍が敗北の折りに捕虜となったローマ兵の思慮と信義により救われた。この者は境遇のために志は変えることなく、夜に歩哨兵に接近し、あらかじめ決められた道筋ではなく、森の中の道を突っ切って進むよう伝えた。

三　これによってアントニウスと多数の軍団兵が助かったが、それでも、既述のように四分の一を下回らない部隊と三分の一の従者と奴隷を失った。輜重は何一つ残されなかった。それでもアントニウスは敗走から生還したので、これを勝利と呼んだ。二年を経た夏、(3)アルメニアに戻ったアントニウスはその国の王アルタウァスデスを策略を巡らして鎖に繋いだが、王が持つ栄誉を汚さぬよう、その鎖は黄金であった。(4)　四　次にクレオパトラへの燃え上がる炎はますます激しく、常に権力と放縦と追従が育む悪徳も大きさを増し、アントニウスは祖国に戦争をしかけることを決心した。決心に先立って彼は自分を新たな父神ディオニュソスと呼ぶよう命じ、キヅタを頭に巻き付け黄金の冠を被り、テュルソスを手に持ち[5]、編み上げ長靴をはき、父神ディオニュソスのようにアレクサンドリアで戦車に乗った。

第八十三章

一　このように戦争が準備されているあいだにプランクスが、正しい選択であると判断したからではなく、国家やカエサルへの愛着のためでもなく――というのも、彼はそのどちらにもいつも敵対していたから――、裏切りを持病としていたために、（実際、女王の最もあさましい追従者、奴隷以下の被庇護人にして、アントニウスの書記官で、じつに醜悪な所行を発案もし、手先ともなり、誰にでもどんなことでも自分を売った人物であった。二　宴で裸の体を青く塗り、頭に葦を巻き、尾をつけて膝でにじりながら、グラウコス[6]の真

（1）前三六年春にパルティア王プラアテス四世率いる軍勢とアントニウス軍の戦いが始まった。カラエの戦いでのクラッスス軍の敗北（前五三年）の復讐をアントニウスは意図していた。
（2）メディアの首都プラアスパを攻略しようとしたときのこと。彼は二一日間で三〇〇マイルを踏破した。
（3）前三四年。
（4）前三四年後半、アルタウァスデスを黄金の鎖に繋ぎ、アレクサンドリアにおいて挙行された凱旋式。次節でさらに様子が記述される。
（5）ディオニュソス（＝バッコス）神とその信者がもつ杖。キヅタとブドウの蔓が巻き付けてある。
（6）グラウコスはギリシア神話の海の神格。

似をして踊りもしたが）略奪行為の明確な証拠が出たためにアントニウスに冷たくあしらわれて、カエサルの側に逃走した。ところが、彼はのちに、自分の人徳ゆえに勝利者の慈悲があったと解し、カエサルが赦しを与えただけのものが彼によって是認されたとまで言っていた。ティティウスはやがてこの伯父の真似をした。三　以前プブリウス・シリウスの義父で、じつに厳格な法務官経験者コポニウス(1)は、寝返ってすぐのプランクスがアントニウスを欠席のまま元老院で多くの非道な所行ゆえに非難したとき、賢明にも「ヘラクレスに誓って言うが、お前がアントニウスを見捨てる前日にアントニウスはずいぶん多くのことをしたものだ」。

第八十四章

一　次にカエサルとメッサラ・コルウィヌスが執政官の年、アクティウムで決戦が行なわれたが(2)、戦われる久しい以前からカエサル派の勝利は歴然としていた。カエサル派では諸兵らも指揮官たちも活力を張らせていたが、アントニウス派ではすべてにおいて無気力であった。前者の党派では、漕櫂手たちは堅忍不抜であったのに対し、後者の党派では漕櫂手も窮乏により憔悴し切っていた。カエサル派の艦船は大きすぎず、敏速な動きに向いていたが、アントニウス派の艦船は見かけの怖さだけまさっていた。カエサル側からアントニウス側へ寝返る者はいなかったが、アントニウス側からカエサル側へは日々寝返る者がいた。このような状況下、アントニウスの面前でマルクス・アグリッパによりレウカスが攻略され、ペトラが奪われ、コリントスが占領された。最後の決戦にいたる以前に敵の艦船は二度敗北を蒙った。二　アミュンタス王(3)は、優勢でさらに有利な党派に味方して行動した。デリウスは、自分のこれまでやり方を守って、かつてドラベラのもとからカッシウス派に、そしてカッシウス派からアントニウス派へ寝返ったのと同じように、アントニウス派からカエサル派に寝返った。グナエウス・ドミティウスは、アントニウス派の中にあって、女王クレオパトラに名前を呼ぶだけの挨拶しかしなかった唯一[4]の人物だが、身近に迫った最大の危機を前にしてカエサル派に寝返った。

第八十五章

一　そして、決戦の日が到来した。カエサルは世界の安寧のため、アントニウスは世界の滅亡のために自軍の艦船を繰り出して戦った。二　ユリウス派の艦船の右翼はマルクス・ルリウスに、左翼はアルンティウスに委ね[5]、アグリッパは海戦全体を指揮した。カエサルの役割は戦況によって必要とされる場所ならどこで

(1) ガイウス・コポニウスは元ポンペイユス派、前四九年の法務官で、プランクスに敵意を持つ。プブリウス・シリウス・ネルウァは前二〇年の執政官。
(2) 前三一年九月二日。
(3) アミュンタスは前三六年、アントニウスによりガラティアとリュカオニアの王位に就けられた。
(4) 「女王」の称号では呼ばなかった、の意。
(5) マルクス・ルリウスは当時のサルディニア総督、アルンティウスについては第七十七章三参照。

も駆けつけることだった。アントニウス派の艦船の指揮は、プブリコラとソシウスに託された。(1) 陸上部隊は、カエサル軍をタウルスが、アントニウス軍をカニディウスが指揮(2)をしていた。三　戦闘が始まったとき、カエサル派には指揮官も、漕櫂手も、兵士たちも、すべてがそろっていたのに、アントニウス派には兵士しかいなかった。アントニウスは戦っている兵士たちよりも、逃走するクレオパトラとともにあることを選んだ。こうして、戦闘を放棄した兵士に厳罰を下すべき将軍自身が配下の軍の放棄者となった。**四**　将軍が不在になっても配下の兵士たちは長時間にわたり一貫して果敢このうえない戦いを続け、勝利が絶望的となっても死ぬまで戦った。カエサルは、剣で殺すこともできた者たちを言葉で宥めることを望み、アントニウスが敗走したと繰り返し叫び、指し示しながら、おまえたちは誰のために、誰とともに戦っているのか、と問うた。**五**　アントニウス派の兵士たちも指揮官不在の状態で長いあいだ戦ったが、力つきて武器を引き渡し、勝利を譲った。カエサルは命と赦しを彼らが懇願する気持ちを固めるより以前に約束した。兵士らが最良の指揮官の義務を果たし、指揮官が腰抜けきわまりない兵士の所行をなしたのは明白だった。**六**　アントニウスは、クレオパトラの意向に従って逃走したのだから、彼が勝利をものにするために自分の判断を用いたのか、クレオパトラに従ったのか、疑問にも思われよう。陸上に配備されたアントニウス派の軍隊も、指揮官カニディウスがアントニウスのもとへまっしぐらに逃走すると、兵士たちも同じように降伏した。

第八十六章

一　この日が世界に何をもたらしたか、この日以後に国運がいかなる状態にいたったたか、この走り書きのように簡略な著作の中で誰が敢えて記述するだろうか。二　だが、勝利には慈悲が満ち満ちていた。誰も殺されることはなく、自身のための嘆願を潔しとしなかったごく少数の者だけが追放された。指揮官のこの寛容さを見れば、三頭政治の初期であれ、ピリッピの野の戦いであれ、もし可能であった場合には自分の勝利をどのように収束させようとしたか推測できた。だが、ソシウスを無事に救ったのは、古き時代の威厳で知られたルキウス・アルンティウスの保証の言葉と、そのあと長いあいだ自分の慈悲の心と葛藤した末のカエサルであった。三　アシニウス・ポリオの注目に値する行動と言動は黙殺されるべきではない。というのは、彼はブルンディシウムの平和協定ののちにイタリアを離れず、クレオパトラには一度も会っておらず、アントニウスの精神がクレオパトラに対する愛で骨抜きになったあとは、アントニウス派と袂を分かつ一方、カ

(1) ルキウス・ゲリウス・プブリコラは前三六年の執政官。ガイウス・ソシウスは前三二年の執政官。

(2) ティトゥス・スタティリウス・タウルスは前三七年の補充執政官、前二六年の執政官。後出、第百二十七章一では、アグリッパとならぶオクタウィアヌスの腹心と述べられる。プブリウス・カニディウス・クラッススは前四〇年の補充執政官、前三七年の執政官。

エサルが自分とともにアクティウムへ出陣するよう求めてくると、「そうするには、私がアントニウスに果たした尽力があまりに大きすぎるし、私への彼の恩恵があまりに知られすぎている。したがって私はあなた方の戦いから遠ざかって、勝利者が私を自分の戦利品とするということにしよう」と言った。

第八十七章

一　翌年、カエサルは女王とアントニウスをアレクサンドリアまで追跡し、内乱に終止符を打った(1)。アントニウスは速やかに自らの手で命を絶ち、怠惰から来る多くの罪を死ぬことで購った。だがクレオパトラは監視人を欺いて毒蛇を這入させ、女性が抱く恐怖心に襲われずにその蛇に体を咬ませて命を閉じた。二　カエサルに対し武器を取った人々のうち誰一人としてカエサルによっても、彼の命令によっても殺されなかったことは、カエサルの運命と慈悲にふさわしいことであった。デキムス・ブルトゥスはアントニウスの残虐な心の犠牲者となり、セクストゥス・ポンペイユスも、打ち破ったのはカエサルだが、同じくアントニウスが、威信を保全するとの約束を与えておきながら、その命を奪った。三　ブルトゥスとカッシウスは勝利者たちの意向を確かめる以前に自発的死を選んだ。アントニウスとクレオパトラの最期がいかなるものであったかは既述した。カニディウスは彼が常に口にしていた言辞と食い違う、恐怖に怯えた死に方をした。カエサルの暗殺者たちのうち、最初にトレボニウス、最後にパルマのカッシウス(2)が死の報いを受けた。

第八十八章

一　カエサルがアクティウムとアレクサンドリアの戦争に終止符を打つあいだに、三頭政治家の一人レピドゥスと、ブルトゥスの妹ユニアの息子で、知的才能より姿の美しさがまさる若者マルクス・レピドゥスは、カエサルがローマに戻ったら直ちに暗殺しようと計画を立てた。二　そのときローマの警護に当たっていたのはガイウス・マエケナス(3)で、騎士階級でも光輝ある血筋に生まれ、徹夜が必要とされる状況では一睡もせず、先を読んで行動する心得があるが、その一方、自分の職務に幾分かの余裕ができると、ほとんど女性以上のものぐさに耽溺していた。彼はアグリッパに劣らずカエサルに大切にされたが、受け取った栄誉は少なかった。というのも、騎士階級の人生に満足していたからで、アグリッパに劣らぬ地位を得られたはずだが、それほど強く熱望しなかった。三　彼は何事もないかのように装って性急な若者の計画をかぎつけると、政体と人心に擾乱も起こさせず、驚くほど速やかにレピドゥスを逮捕し、再燃したかもしれぬ恐ろしい内乱の

(1) オクタウィアヌスの軍は前三〇年八月一日にアレクサンドリアに入城している。

(2) ガイウス・カッシウス・パルメンシス。前四三年に財務官。死の経緯については不詳。

(3) ガイウス・マエケナスはラテン文学黄金時代を飾った詩人たちのパトロンとして有名な人物。前三六年、オクタウィアヌスから警察権を与えられ、首都ローマとイタリアの守護に当たっていた。

火種を消し鎮めた。レピドゥスは無謀な計画の報いを支払った。彼の妻セルウィリアは、既述のアンティスティウスの妻に匹敵しよう。(1) 彼女は夫が火刑に処されると、尚早の死を遂げて自分の名を永遠の記憶に留めた。

第八十九章

一 さて、イタリアに、そして首都ローマに戻ったカエサルが年齢や階級を問わずすべての人々からいかなる出迎えと喝采を受けたか、彼の凱旋式(2)や見世物がいかに盛大であったかについては正式の著作にすら及ばぬ題材であり、いわんや、この簡略に描かれた著書にはふさわしく描くことはできない。二 人間が神々に願いうること、神々が人間に授けうること、願掛けで成就するか、幸運によって実現しうること、そのすべてをアウグストゥス(3)は首都帰還後、国家のため、ローマ国民のため、全世界のために成し遂げた。三 二十年目(4)に内乱は終結し、国外の戦闘も鎮められ、平和が戻り、至る所で武器の猛威は鎮められ、法には実効が、法廷には権威、元老院には尊厳が回復した。政務官の権限も古来の枠内に戻り、法務官だけ、八人に二名が追加された。四 古の由緒ある国家形態が回復した。田野に耕作が、神事に礼拝が、各人に治安と私有財産の確実な所有権が戻った。法律は有益な修正と健全な制定が行なわれ、元老院議員が粗暴にではなく厳粛に選ばれた。(5) 指導的地位にある人々は凱旋式を挙行し、最高位の公職の任を果たし、元首に励まされて都の整備に心を向けた。五 執政官職について十一年目まで続けることをカエサルは何度も固辞したが、(6) かなわなかった。というのも、ローマ国民が頑強にカエサルに与えようとした独裁官の職権を彼が一貫して拒否していたからである。六　彼の指揮下に遂行された戦争と勝利によって達成された世界平和、そしてイタリアの内外での数多くの仕事は全生涯をその著述にのみ費しても書き上げる力が不足するであろう。私は拙著の企図を忘れず、アウグストゥスの元首政の俯瞰図を思い描けるように記した。

第九十章

一　既述のように内乱は鎮められ、長く続いた戦争によって切り苛まれた国家の各部も団結した。ダルマティアも二二〇年前から反乱状態にあったが、ローマによる統治を受け入れて平定された(7)。未開で荒々しい民族がひしめくアルプス一帯も征服された。ヒスパニアも、カエサルじきじき、あるいはアグリッパの指揮

(1) セルウィリアはプブリウス・セルウィリウス・ウァティア・イサウリクス（前四八年の執政官）の娘。アンティスティウスの妻については第二十六章三参照。
(2) オクタウィアヌスは、三重の勝利の凱旋式を挙行した。イリュリクム、アクティウム、アレクサンドリアにおける勝利。
(3) アウグストゥスの称号は前二七年一月十六日、元老院議決によってオクタウィアヌスに賦与された。第九十一章一参照。
(4) 前四九―二九年。
(5) アウグストゥスは不適切な分子を排除して、元老院議員の数を六〇〇人にすることを目指した。
(6) 前二三年、アウグストゥスが永年執政官を拒否、終生護民官の職を受け入れた。
(7) 前九年に終結したパンノニア戦争への言及。

下での多くのさまざまな戦争によって平定された。(1) アグリッパは元首との友情により三度も執政官を、そのあと同僚として護民官権限を有するまでのし上がった。(2)

二　ヒスパニア属州には、今から二五〇年前、スキピオとセンプロニウス・ロングスが執政官の年、(3) 第二次ポエニ戦争の初年に［大］アフリカヌスの伯父、グナエウス・スキピオを指揮官としてローマの軍隊が派遣されて以来二〇〇年間にわたり戦闘が続き、双方とも夥しい血を流し、ローマ国民は将軍と軍隊を失う不名誉を何度も蒙り、ときには帝国そのものの危機に晒された。

三　スキピオ家の人々が命を落としたのも属州ヒスパニアだった。ここでウィリアトゥスが指揮する、一〇年にも及ぶ屈辱的戦争にわれわれの祖先は苦しめられた。(4) ここでヌマンティア戦争が恐怖でローマ国民を震撼させた。この地でクイントゥス・ポンペイユスが結んだ恥ずべき協約とマンキヌスが結んださらに恥ずべき協約を元老院は指揮官の引き渡しという恥辱とともに無効とした。その地は古くから多くの執政官格および法務官格の指揮官たちの命を奪い去った。われわれの父親の時代には、セルトリウスが軍事力で台頭したので、五年間はヒスパニアとローマのどちらにより大きな力があるか、どちらの国民が他方に従属することになるのか、判断できなかった。(5)

四　それゆえ、ヒスパニア諸属州は非常に広大で、人口が多く、荒々しかったが、ここにカエサル・アウグストゥスは今から約五〇年前に平和をもたらした。かつて非常に大規模な戦争の絶えなかった諸属州が、最初はガイウス・アンティスティウス、次にプブリウス・シリウス、(6) そして、その後の総督たちの統治下に略奪行為すら見ることがなくなった。

第九十一章

一　西方が平穏であるあいだに、東方からは、クラッススを打ちのめしてオロデスが、またアントニウスを撃退してオロデスの息子プラアテスが奪ったローマの軍旗がパルティア人の王によりアウグストゥスに返還された。[7]アウグストゥスという称号はプランクスを提案者として元老院とローマ国民の全員一致で、その偉大な人物に授けられたものである。

二　だがこの至福の体制を憎む者もいた。たとえば、ルキウス・ムレナとファンニウス・カエピオである。[8]

(1) 前二六―二五年のアウグストゥスの軍事成果によっては完全な安定はもたらされず、前一九年にアグリッパにより実現された。
(2) 前一八年、護民官権限が五年間を期限にアグリッパに賦与され、さらに前一三年に、もう五年間延長された。
(3) 前二一八年。
(4) 第二巻第一章参照。
(5) 第二巻第二十五章三、第三十章参照。
(6) ガイウス・アンティスティウス・ウェトゥスは前三〇年の補充執政官。アウグストゥスの副官として前二五年にカンタブリア人に勝利する。シリウス・ネルウァは前二〇年の執政官。
(7) 前二〇年五月十二日。ティベリウスが直接プラアテス四世王から受け取ったとスエトニウスは伝える。
(8) ムレナはアウルス・テレンティウス・ウァロ・ムレナであると推測（ルキウスの名は他に典拠なし）され、前二三年に執政官となるも、アウグストゥスに対する不遜な行為のために職を逐われ、死刑に処された。ファンニウスも死刑に処された。

両者の性格はまったく異なり、ムレナはこの凶行がなければ善人と見なしえた一方、カエピオは凶行以前から最悪の人物だったが、カエサル暗殺計画を立てた。しかし、官権に取り押さえられ、暴力を用いてなそうとしたことを法の裁きによって身に受けた。

三　それからまもなく、ルフス・エグナティウス(1)という、あらゆる点で元老院議員より剣闘士に似つかわしい人物が造営官在職中に国民の人気を集め――それは家内奴隷による消火活動で日増しに大きくなっていたが――ついには造営官に続いて法務官、さらに次には大胆にも執政官の地位を求めるにいたっていたが、破廉恥な行為と犯罪についての罪悪感でいっぱいになり、私財も心ばえ同様に劣悪であったため、自分と同類の者らを集めてアウグストゥス暗殺を計画し、命を奪ったあとは自分らも死のうとした。アウグストゥスが健在なまま自分も健在ではいられなかったからである。**四**　というのも、人間の性は、誰もが自分一人の破滅より、全体の破滅を引きずって死ぬほうを選ぶ。同じ苦しみのもとで目立たぬほうがよいのである。エグナティウスは先述の陰謀に比べても機密保持に成功せず、凶行の共謀者たちとともに投獄され、自分の生涯にじつにふさわしい死を遂げた。

第九十二章

一　この頃(2)に執政官を務めたガイウス・センティウス・サトゥルニヌスという卓越した人物の輝かしい行為を記録から漏らさぬことにしよう。二　アシアと東方の事態安定化のためアウグストゥスは不在であった(3)。

世界中をまわってじきじきに平和の恩恵をもたらそうとしていたのである。このとき、サトゥルニヌスはカエサルが不在なため単独の執政官となっていたが、古の厳格さと徹底した一貫性、昔の執政官の流儀で職務を遂行し、徴税請負人の欺瞞を暴き出して貪欲さを罰し、公的金品を国庫に戻したりしたが、中でも選挙において執政官として特別な手腕を示した。

三　すなわち、財務官志望者のうち、サトゥルニヌスがふさわしくないと判断した者たちには立候補を禁じ、それでもその者が立候補に固執してマルスの野に登場すれば、執政官権限をちらつかせて威嚇した。**四** 民衆の人気を得て名声があった高等造営官エグナティウスが造営官の次に法務官、法務官の次に執政官を歴任しようとしたときには、サトゥルニヌスは立候補を禁止して、禁止に失敗すると、彼がたとえローマ国民の投票により執政官になったとしても、自分は認めるつもりはないと誓言した。**五**　この行為を私は古い時代の執政官のどのような栄光にも比肩しうると考える。しかし、われわれはその本性上、目の前で生じていることよりも聞いたことに多く賛辞を贈る傾向がある。われわれは現在生じていることを嫉妬の目でもって見て、過去に生じたことを崇敬の念を抱いて見る。前者はわれわれを埋没させ、後者はわれわれに教訓を授けると信じているのである。

(1) 前二一年の高等造営官、前二〇年の法務官在任中に執政官選挙に立候補し、前一九年に処刑された。
(2) 前一九年。
(3) 前二一年から一九年まで。

第九十三章

一　エグナティウスの犯罪が明るみに出る約三年前、ムレナとカエピオの陰謀が画策された頃で、今から五〇年前のこと、アウグストゥスの妹オクタウィアの息子であるマルクス・マルケルスが薨去した(1)。人々は、もしカエサルに何事か起こった場合、マルケルスがカエサルの権力の後継者となるだろうと考えていた一方、そうなるにしてもマルクス・アグリッパが黙ったままでいるはずがないとも睨んでいた。高等造営官としてじつに盛大な見世物を出したあと、まだあまりに若く死去したが、気高い美徳に恵まれ、明るい性格と才能を備え、そこを目指して養育された地位を担う力があると言われていた。二　彼の死後、アグリッパは外見上は元首から託された任務の遂行のためにアシアへ出発したが――それは、噂が伝えるところでは、マルケルスに対する秘められた憤慨のため当分のあいだ身を引いたものであった――、首都ローマに帰還するとマルケルスに嫁いでいたカエサルの娘ユリアを妻に迎えた。ユリアは子を何人も生んだが、そのことは、彼女自身にとってもまた国家にとっても幸いなことにはならなかった(2)。

第九十四章

一　すでに述べたように、ドルスス・クラウディアヌスの娘リウィアは、先の夫ティベリウス・ネロと離婚し、カエサルに嫁いだが、[3] それはティベリウス・クラウディウス・ネロ[4]が三歳のときであった。**二** 彼は帝王学の教育、訓練を受けて成長した。家系、整った顔立ち、高い身長に恵まれ、最良の学問を非凡な大器に仕込まれた若者で、すぐに今日の姿への大成を果たすことが期待され、一目で元首の器が見て取れた。

三 彼はこの頃、一九歳で財務官として国政に足を踏み出し、[5] 義父アウグストゥスの指示を受けてオスティアと首都ローマにおいて極度に困難な穀物供給による食糧不足を処理し、その仕事ぶりから彼が将来いかに偉大な人物になるかが明瞭に示されていた。**四** 間もなく同じ義父の命で東方諸属州へ軍隊を率いて秩序を回復する目的で派遣された。その地でティベリウスが備えるあらゆる才覚が見事に発揮されることになった。彼は軍団とともにアルメニア領内に侵攻し、ローマ国民の権限下に復帰させたうえで、王権をアルタウ

---

(1) 前二三年。マルクス・クラウディウス・マルケルスは前四二年に生まれ、前二五年にアウグストゥスとスクリボニアの娘ユリアと結婚、前二三年に高等造営官となり、同年に死去。
(2) 彼女は五人の子を儲けた。娘ユリア二世は後八年にトリメロス島へ追放、そこで後二八年に死去。大アグリッピナは後二九年にパンダテリア島へ追放。その他、ガイウスとルキウスの二人のカエサル、アグリッパ・ポストゥムス、の五人。
(3) 第七十五章三参照。結婚式は前三八年一月十七日。
(4) のちのティベリウス帝。以下では単にネロというだけでも言及される。
(5) 前二三年。

ァスデスに与えた[1]。パルティア人の王[2]も音に聞こえた名前に恐れをなし、自分の子供たちを人質としてカエサルのもとへ送った。

第九十五章

一　次にティベリウス・ネロが戻ってくると、カエサルはネロの弟ドルススを作戦の補佐とし、尋常でない規模な戦争を体験させようとした。ドルスス・クラウディウスは、リウィアがカエサル家に入ってから産み落とした子だった。

二　両者は軍を二分割し、ラエティ族とウィンデリキ族の領内に攻め込み、町々や砦に対する包囲攻撃のみならず、戦列を組んだ戦闘でも戦果を挙げ、地形に守られている部族であれ、接近するのが困難な部族であれ、数的優位の部族、あるいは残酷で好戦的な部族であれ、危険の大きさに比してローマ軍の損害は小さいまま、それら部族の多量の流血とともに征服した[3]。

三　このようなことが起こる前、監察官のプランクスとパウルス[4]が互いに栄誉にもならず、国家に何の利益にもならない不和を繰り広げていた。一方は監察官職に耐えうる活力を欠き、他方には風紀良俗に耐えうる生活習慣を欠いていた。パウルスには監察官職を完遂する能力はほとんど無に等しかった。またプランクスの方は監察官職を恐れていたが、それには当然の理由があった。というのも、彼は若者たちに対し何事も非難できず、老人ではあったが自分が有罪だと認めようとはせずに若者たちの非難に耳を傾けることができなかった。

第九十六章

一　次いでアグリッパが死去した。(5) 彼は新人という自分の立場を多くの業績によって高め、ネロの義父にまでなった。(6) 彼の子供たちを神君アウグストゥスは、ガイウスとルキウスという名を与えて、自分の孫として迎え入れた。アグリッパが死去したため、ネロはカエサルと一層親密な関係になった。なぜなら、アグリッパに嫁いでいたカエサルの娘ユリアがネロと結婚したからである。(7) 二　その後すぐ、アグリッパにより

(1) 前二〇年。彼はその地で王座継承の問題を解決する任務を負うた。他の典拠は一致して、王権が与えられたのはアルタウァスデスの息子、ティグラネス二世としている（タキトゥス『年代記』二-三-二。スエトニウス『ティベリウス』九-一など）。

(2) プラアテス四世。

(3) 前一六年もしくは一五年の戦い。ラエティ族は現在のスイスの東部に居住。ウィンデリキ族はバイエルン南部。

(4) ルキウス・アエミリウス・レピドゥス・パウルスは前三四年の執政官。言及は前二二年のこと。

(5) 彼は健康を回復させるため、カンパニアへ赴いたが、前一二年三月二十日突然死去した。アウグストゥスが追悼演説を行なった。

(6) ティベリウスはアグリッパとポンペイヤの娘ウィプサニア・アグリッピナを最初の妻とする。タキトゥス『年代記』一-一二-四。スエトニウス『ティベリウス』七-二。

(7) ティベリウスの二回目の結婚。

——マルクス・ウィニキウスよ、あなたの二人の祖父の頃に——始められたパンノニア戦争(1)が大規模で苛烈な戦火をイタリアの近隣にまで進めていたが、この指揮がネロに委ねられた。

三　パンノニアの諸部族、ダルマティアの諸民族、それらの地理と河川、軍勢の数と規模、この偉大な将軍による戦争での度重なる傑出した勝利などは別の機会に説明しよう。この勝利をもたらしたネロは歓呼式の栄に浴した。

第九十七章

一　しかし、帝国のこの方面ですべてが順風満帆に進行しているあいだにも、ゲルマニアでは副官マルクス・ロリウス(2)の部隊に災いが降りかかり——ロリウスはどんな場合も正しい行為より金銭を欲し、悪徳を懸命に隠しながら悪徳にまみれた人物であった——、第五軍団の鷲旗が奪われたことから、首都ローマからカエサルは属州ガリアに呼び寄せられた(3)。

二　次いでゲルマニア戦争の責務は、クラウディウス・ドルススに委された(4)。ネロの弟であるこの若者は人間が生まれつき備えるか、努力によって築けるかぎりの多くの立派な美徳を有していた。彼の才能がより適していたのが軍事か政治司法かはっきりしない。

三　確かに性格は温和で魅力があり、友人たちに対し公平で分け隔てしない接し方は真似のできないものだったと言われている。体の美しさは兄弟に次ぐものであった。しかし、ゲルマニアの大部分を征服し、さまざまな場でゲルマニア人の血を流させたあと、非情な運命が三〇歳で執政官の任期中に彼の命を奪った。(5) **四** 次いでその戦争の責務はネロに引き継がれた。ネロは自身の勇気と武運をもって戦争を指揮した。ゲルマニア全域にわたって勝利を収めたが、預かった軍隊にはまったく損害を出さず——そのことがこの指揮官がとりわけいつも心懸けていたことだった——、ゲルマニアを平定して、ほとんど朝貢属州の地位へ落とした。そして彼は二度目の凱旋将軍(6)となり、再度執政官(7)に選出された。

第九十八章

一 いま述べたようなことがパンノニアとゲルマニアで生じているあいだ、トラキア人のすべての部族が武器を取って蜂起し、激しい戦火が勃発した(8)が、今日でも細心の注意と同時にこのうえない寛容をもって首都ローマの警護に務めるルキウス・ピソ(9)の武勇によって鎮圧された。**二** というのも、彼はカエサルの副官

(1) 前一三—九年。パンノニアは現在のハンガリーの南西部、オーストリアの南東部。
(2) 前二一年の執政官。
(3) 前一六年
(4) 前一三年以後、ガリアとライン河沿岸地域の最高指揮権をもった。
(5) 前九年。ゲルマニア遠征のあいだに落馬して死亡した。
(6) 前七年。最初は前九年のイリュリクムでの戦勝に対して(ただし、正確には凱旋式ではなく、歓呼式)。
(7) 最初が前一三年。
(8) 前一三年。
(9) ルキウス・カルプルニウス・ピソは前一五年の執政官。

として三年間トラキアの蜂起軍と戦い(1)、じつに凶暴な諸部族と、ときには野戦で、ときには包囲攻撃によりほとんど粉砕し、以前の平和時の秩序を取り戻した。ピソの職務履行の結果、アシアにも安全が、マケドニアにも以前のような平和が回復された。三　ピソの人物については誰もが次のように考え、言明せざるをえない。すなわち、精力と穏和さがじつに見事に融合した性格で、彼より強く閑暇を愛する人も、彼よりやすやすと職務をこなして、なすべきことをこれみよがしにすることなく配慮する人もほとんど見いだせない。

第九十九章

一　ほんの少し時を経て、ティベリウス・ネロは二度の執政官職と二度の凱旋式(2)を手にし、護民官権限を共有することでアウグストゥスと同格になった(3)。市民の中で彼より卓越するのは一人だけ——それもティベリウスの望みであった——となり、最も偉大な将軍にして、誰よりも名声と運に恵まれ、国家を照らすもう一つの光となり、長となっていた。二　ところが、なにか驚くほど、信じがたく、筆舌に尽くしがたい親思いの心が原因——つまり、ガイウス・カエサルがちょうど成人のトガをまとい、ルキウスも大人の年齢に近づいていたとき、自分の栄光が若者たちの出世の船出を曇らせぬため——であったことがやがて分かったのだが、ティベリウスは自分の意図を隠し、義父であり養父でもあるアウグストゥスに休暇を願い出た。三　当時市民らはティベリウスの身の処遇に対しどういう態度を取ったか、各人がどのような気持ちであったか、これほどの人物と別れるときにどのような涙が流されたのか、祖国が彼に手をかけてどれほど引き留めようとしたか述べるのは正式の著作のためにとっておこう。四　この走り書きにおいても述べるべきは、ティベリウスが七年間(4)ロドス島に滞在しているあいだ、海の向こうの属州へ出発したすべての前執政官や総督がティベリウスを表敬訪問するためロドス島に立ち寄り、私人——そのような尊厳を有する私人があったとすればだが——と会うのに常に顕彰を降ろして、ティベリウスの有閑は自分たちの統治より栄誉に値すると語ったことである。

第百章

一　ティベリウス・ネロはローマの守護役から退いたと世界全体が考えていた。というのも、パルティア人がローマとの同盟関係を絶ってアルメニアに侵攻し(5)、ゲルマニアが自分たちの平定者が目を離すや反乱を起こしたからである。二　だが、ローマでは、この年、ガルス・カニニウスとともにアウグストゥスが執政官を務め（今から三〇年前のことである）、マルス神への神殿奉納(6)、剣闘士の試合や模擬海戦などの見世物

(1) 前一三年から前一一年まで。
(2) 第九十七章四参照。
(3) 前六年に五年間の護民官権限を賦与され、実質的に帝国の共同統治者になった。
(4) 実は前六年から後二年まで、八年間。
(5) 前二年、アルメニア王アルタウァスデスはパルティア王プラアテス五世により追放された。
(6) 前二年、アウグストゥスの広場を築き、そこにピリッピの戦いの前に発願したマルス復讐神の神殿を建立した。アウグストゥス十三回目の執政官のとき。

によってローマ市民の心と目を満たしていたが、この年に言うも忌まわしく思い出しても恐ろしいことに、アウグストゥス自身の家庭内に災難が出来した。三　アウグストゥスの娘ユリアが、あらゆる面で父親と夫の偉大さを忘れ、放蕩と淫乱にまみれた、女性がなしうる、あるいは、蒙りうるかぎりの破廉恥行為に及んだ。ユリアは、自分が欲したことはどんなことでも許されると考え、自分の運がどれほど大きいかをどこまで自分の過ちが許されるかで計ろうとした。四　さらに、ユルス・アントニウス(1)がカエサル家を汚辱し、自ら犯した犯罪に自ら罰を下した。彼はカエサルの慈悲が如実に示された見本で、父親が敗北したあとも命を保証されただけでなく、神祇官、法務官、執政官、そして属州の総督などさまざまな栄誉を与えられ、アウグストゥスの娘と結婚し、きわめて親密な近親者として迎え入れられていた。五　いかめしい眉で無類の不身持ちを隠すクインティウス・クリスピヌス(2)、アッピウス・クラウディウス(3)、センプロニウス・グラックス(4)とスキピオ(5)、その他、家名は劣るが、両階級に属する者たちが誰の妻を辱めても受けたはずの罰を、カエサルの娘でネロの妻を辱めて受けた。ユリアは島流しとなり、祖国と両親の目(6)の届かぬ場所に遠ざけられたが、母親のスクリボニア(7)は自発的に娘の流刑に同伴した。

第百一章

一　この事件から少し時を経て、ガイウス・カエサルは視察のため諸属州を訪れたのちシュリアへ派遣された。その途次にティベリウス・ネロに会い(8)、自分より年長者としてあらゆる敬意を表したが、シュリアでの彼の行動にはむらがあったので、彼の賛美者に多くの材料を与えた一方、批判者にも少なからぬ材料を与えた。彼はエウフラテス河が周囲を流れている中州で、パルティア人の王にして非常に優れた若者と、(9) 両者同数の従者を伴って会見した。二　一方からローマ軍、他方からパルティア軍という双方ともに覇権と人類の頂点に立つ者同士が顔を合わせた、この輝かしくも忘れがたい光景に私は軍務に就いたばかりの軍団副官

(1) アントニウスとフルウィアの次男。オクタウィアヌスは長男の場合と異なり、命を助けた。前一三年に法務官、前一〇年に執政官、そののちアシア総督。ユリアとの姦通に対してアウグストゥスは死刑に処した(タキトゥス『年代記』四-四四-二)。
(2) ティトゥス・クイントゥス・クリスピヌス・サルピキアヌス。前九年の執政官。
(3) 不詳。
(4) ティベリウス・センプロニウス・グラックス。悲劇詩人で、後二年の護民官。ケルキナ島へ追放になり、ティベリウスが後一四年の即位後すぐ、彼の命令で処刑された。
(5) おそらく、前一六年の執政官プブリウス・コルネリウス・スキピオの息子。
(6) つまり、アウグストゥスとリウィア。
(7) アウグストゥスの二番目の妻。前三九年に離婚した。
(8) シュリア派遣が前一年。アテナイを経由、サモス島でティベリウスに会った。
(9) プラアテス五世。前二年から後四年まで統治。会見は後二年に行なわれた。

として立ち会うことができた。三　私がこれに先立って軍務を始めたのは、マルクス・ウィニキウスよ、あなたの父君とプブリウス・シリウス(1)のもと、トラキアとマケドニアにおいてであり、次にアカイアとアシア、そして東方の全属州、黒海の入り口と両岸を検分したが、じつに多くの出来事、地域、部族、都市を思い起こすと心に喜びを覚える。さて、会食はまず先にパルティア王がわが領土内、ガイウスの許を訪ね、そのあとガイウスが敵領のパルティア王の許に赴いて行なわれた。

第百二章

一　その頃、アウグストゥスは若輩の息子の目付役にマルクス・ロリウスを当てようとしていたが、その彼の背徳的で狡猾かつ巧妙な計画がパルティア王により密告されたという噂が広まった。ロリウスは二、三日のうちに死んだが、それが偶然によるものか、自らの手によるものか、私は知らない。しかしこの人物の死に対して人々が抱いた喜びの程度は、そのあとすぐ同じ属州でのケンソリヌス(2)の死に対して国家が抱いた強い悲しみの程度に匹敵する。彼は生まれながらに人々にそれだけの思いを抱かせずにおかない人物であった。二　次いでガイウスはアルメニアに侵攻し、初期の戦いでは勝利を挙げた。その後、アルタゲラ付近で行なわれた会談(3)をガイウスは軽はずみにも信頼したため、名をアッドゥウスという人物に重傷を負わされた。その結果、それまでほど体が利かなくなるとともに、国家に資する心の働きも減じ始めた。三　また、追従によりガイウスの悪徳を助長しようとする人々がそばに寄って来もした（というのは、高い地位には常に追従が伴うものだから）。その結果、ガイウスは首都ローマへ戻るより、世界の最辺境で日々過ごすことを望んだ。その後長く苦悶し、なお、自分の意思に反してイタリアへ戻ると、リュキアの都市（当地ではリミュラと呼んでいる）で病没した。(4) 前年、彼の弟ルキウス・カエサルはヒスパニアへ向かう途次、マッシリア〔マルセイユ〕で薨去していた。(5)

第百三章

一　しかし、運のめぐりはカエサルという偉大な名を奪った一方で、すでに国家に守護者を復帰させていた。この二人の若者が薨去したあと、あなたの父君であるプブリウス・ウィニキウスが執政官のとき、(6) ティ

(1) 本書の献呈者の父プブリウス・ウィニキウスは後二年の執政官。プブリウス・シリウスは後三年の執政官。
(2) ガイウス・マルキウス・ケンソリヌスは前八年の執政官。後二－三年にアシア総督。
(3) アルタゲラはティグリス河の北にあるアルメニアの要塞。会見は後二年九月九日に行なわれた。
(4) 後四年二月二十一日。
(5) 後二年八月二十日。
(6) 後二年。第百一章三参照。

ベリウス・ネロがロドス島から戻り、祖国は信じがたいほど喜びに満ち溢れた。二　カエサル・アウグストゥスも長くためらってはいなかった。というのも、選ぶべき人物を探す必要はなく、現に傑出している人物を選べばよかったからである。

三　かくしてルキウスの死後、ガイウス存命中にしようと欲しながら、ネロの強い抵抗にあって阻まれたことをアウグストゥスは二人の若者がどちらも死んだあと、頑強に実行した。すなわち、ネロは内々にも元老院でも激しく反対したが、ネロとの護民官権限共有を決定すると同時に、アエリウス・カトゥスとガイウス・センティウスが執政官[1]の年の六月二十七日、ローマ紀元七五四年、今から数えて二七年前、ティベリウス・ネロを養子として迎えた。四　その日の喜び、繰り出した市民の群衆、両手を天に差し出してなされた誓約、帝国の安寧と永続に対して人々が抱いた希望、これらを私は正式の著作においても十分に述べるのは困難であろう。なおのこと、ここでその欠を埋めることはできない。その日はすべての人々に好意を示したということだけ仮に述べておこう。五　その日、親たちには子供たちへの確かな希望、男たちには結婚への、一家の主たちには財産への、すべての人々には安全、平穏、平和、平静への確かな希望が輝き、これ以上を望むことも、これ以上幸福に希望が現実となることもありえないほどだった。

第百四章

一　同じ日に、アグリッパの死後にユリアが産んだマルクス・アグリッパも養子に迎えられた[2]が、ティベリウス・ネロが養子に迎え入れられるときは、カエサル自身の例の言葉が付け加えられた。曰く「私はこれを国家のために行なうのだ」。二　祖国は帝国の守護者にして衛士たる者を首都ローマに長く留め置かず、即刻ゲルマニアへ派遣した。そこでは、三年前にあなたの祖父にしてきわめて輝かしき人物マルクス・ウィニキウスの統治下に大規模な戦争が燃え上がっていた。その戦争はウィニキウスによって数箇所の地域で遂行され、ある地域では防衛戦に勝利を収めた。それゆえ彼には、赫赫たる業績を記した碑文とともに、凱旋将軍の栄誉の飾りが与えられることが決議された。三　この頃私は、軍団副官の務めを了えたあと、ティベリウス・カエサルの陣営で軍務に就いていた。というのもティベリウスの養子縁組後すぐに、彼とともにゲルマニアに派遣され、父の後任者として騎兵隊長もしくは軍団指揮官として、引き続く九年間(3)ティベリウスの神業とも言える偉業を目撃すると同時に、凡庸な能力の及ぶ範囲で彼を支えたのであった。死すべき身で私が目にしたような光景に与かれるとは私には思えない。なぜなら、イタリアの最も人口の多い地方やガリアの諸属州の至る所で、古参の将軍として名前より先に功績と美徳によってカエサルとなっていた人物に再会できたことで、誰もがその人物のためというよりむしろ自分自身のために祝っていたのだから。四　実際、

(1) 後四年。
(2) マルクス・ウィプサニウス・アグリッパ・ポストゥムス。前一二年、父の死の直後に生まれ、ポストゥムス(「死後の子」の意)の名はそのことによる。ティベリウスと同時に、後四年に養子縁組がなされた。
(3) 後四年から一三年まで。

兵士がティベリウスの姿を拝謁して喜びのあまり流す涙、活気、敬礼するときの奇妙な胸の高まり、手に触れたいとの欲求、さらに、「将軍よ、われわれは今あなたを見ているのですか、ご無事で戻られたのですか」、また「将軍よ、私はアルメニアで、ラエティアであなたと一緒でした」「私はウィンデリキアで、パンノニアで、ゲルマニアであなたから勲章を受けたのです」と叫ばずにいられない情感は言葉では表現できないし、多分ほとんど信じられないだろう。

第百五章

一　ティベリウスは直ちにゲルマニアに攻め込み、カンニネファテス族、アットゥアリイ族、ブルクテリ族を屈服させ、ケルスキ族を従えた。願わくはこれら部族がわがローマを敗って名を上げることがなければよいのに！(1)　ウィスルギス［ヴェーゼル］河を渡って奥地へ分け入ると、カエサルはこの戦争のうち最も過酷で最も危険の多い方面すべてを自分の割り当てとし、父親アウグストゥスの副官としてゲルマニアで従軍経験があるセンティウス・サトゥルニヌスには、危険の少ない地域を指揮させた。二　この人物は、数多くの資質に恵まれ、情熱と行動力と先見の明があり、軍務に関する忍耐と経験を兼ね備えながら、仕事に余暇ができるとそれを惜しみなく優雅に活用したものの、贅沢で無為というより華麗で陽気な性格と言えたであろう。彼の輝ける才能と有名な執政官職(2)についてはすでに述べたところである。三　その年の軍事活動は十二月まで続けられ、大規模な勝利により戦利品を得た。冬にはアルプスが雪に覆われたが、親を想う気持ちからカエサルは首都ローマへ帰還した。しかし、国家防衛のため早春にはゲルマニアに戻った。その領土の中央、ルピア河の水源近くに初めて冬営地を設営した。

第百六章

一　偉大なる神々よ、それに引き続く年に、(3) ティベリウス・カエサルの指揮下に成し遂げられた偉業を書くにはなんと多くの巻物が必要となろうか！　ティベリウスは軍を率いて全ゲルマニアを踏破し、われらがほとんど名も知らぬ部族に勝利し、カウキ人の諸部族が再び征服された。巨大な体格を持ち、地形により安全に守られた部族の無数の若者たちが指揮官らとともに武器を引き渡し、燦然たる武具を身にまとったわがローマ軍の隊列に包囲され、高壇に座すティベリウスの前にひれ伏した。二　強暴なゲルマニア人よりさらに荒々しいランゴバルディ族も打ち砕かれた。ついには、以前は望みを抱くことすらなく、いわんや、実際に試みることなど決してなかったことだが、(4) ローマ軍はライン河から数えて四〇〇マイル、セムノネス族と

(1) 第百十八章以下に述べられるウァルスの敗北への言及。
(2) 前一九年の執政官職のこと。第九十二章参照。
(3) 後五年。
(4) エルベ河への到達自体はドルススとルキウス・ドミティウス・アヘノバルブスがそれぞれ、前九年、後一年に果たしている。

ヘルムンドゥリ族の領地を流れるアルビス〔エルベ〕河まで進軍した。三　そこへはまた、指揮官の驚くべき勝運と配慮、そして、季節に対する留意のもと、艦隊が大洋の縁を周回して、以前には噂にも知られることがなかった海域からアルビス河を遡り、じつに多くの部族に勝利して、大量の物資を獲得し、カエサルとその軍に合流した。(1)

第百七章

一　私は、それがどのようなものであれ、かくも偉大な業績に次の出来事を挿入する気持ちを押さえることができない。アルビス河の左岸をわが軍が占拠し、右岸は敵の軍勢の甲冑が光を放っていたとき、敵はわが軍の艦船がどのように動いてもすぐに後退していたが、蛮族の一人、老齢で立派な体つきをして、服装から窺われるかぎり身分の高い男が、彼らの様式に従って木材をくりぬいて作られた船を操って河の中央まで進むと、身の安全を保障し、わが軍が占領している河岸への上陸を許可してカエサルに面会させてくれるよう求めてきた。二　その男の要求は許可された。かくて小舟は河岸に横着けされると、その男は長いあいだ沈黙してカエサルを観察したのち次のように述べた。曰く「確かにわれわれの若者たちは狂っている。あなたがいないときにあなたの神性を敬うが、あなたが目の前に現われると、あなたの信義にすがるよりむしろ武器を恐れるからだ。しかしカエサルよ、あなたの恩恵と許しにより、以前には耳にしていただけの神を私は今日この目で見た。私の人生の中で今日以上に幸福を感じた日はなく、このような日を望んだこともない」。彼はカエサルの手に触れたいと望み、願望を遂げると、カエサルから視線をそらさずに船に乗り込み、味方の兵士たちのいる対岸へ船を着けた。三　カエサルは足を踏み入れたすべての国と地域で勝利を収めた。一度だけ敵の策略により攻撃されたが、そのときも敵に大きな損害を与え、無傷で損害のなかった軍団を冬営地へ戻すと、ティベリウスは前年と同じく急いで首都ローマへ戻った。

第百八章

一　もはやゲルマニアにおいて征服対象となりうるのは、マルコマンニ族しかなかった。そのマルコマンニ族もマロボドゥウスを首領として自身の居住地から移住し、さらに奥地に逃れてヘルキュニアの森に囲まれた平地を居と定めた(2)。二　記述を急ぐにしても、この人物への言及を省くべきではない。マロボドゥウスは高い身分の出身で、頑強な肉体と猛々しい気質を持ち、生まれは蛮族でも知性の面では違っていた。彼が占めた元首の地位は騒乱や偶然の産物ではなく、安定して、臣下の思惑で揺らぐこともなかったが、統治権を確かなものにし王権を強めようと、部族をローマ人から遠く引き離し、自分より強力な軍事力から避難し

(1) ローマ艦隊が北海からエルベ河まで到達したのは初めて。
(2) マルコマンニ族はマイン河地方に居住していたが、ドルススにより前九年に放逐され、マロボドゥウス王配下、ドナウ河の北、ボヘミアに定住した。

ながら、自身の軍事力を最強にできる場所へ移り住むことを決心した。それゆえ、先述の地域を占領すると近隣諸国を戦争で征服するか、さもなくば条約を結んで支配下に置いた。

第百九章

一　マロボドゥウスは王国領土を防衛する軍隊を、常に訓練することで、ほとんどローマ軍のような規律を備えたものにし、短期間でわれわれの支配権にも脅威を与えるほどの高みへ育て上げた。ローマに対しては、戦争で挑発もしないが、もし挑発されれば抵抗する意志も軍事的能力もあることを誇示するような態度を取った。二　彼がカエサルのもとへ派遣した使節は、嘆願者としてマロボドゥウスを代弁するかと思うと、対等者であるかのように語りもした。ローマから寝返った部族や異邦人は彼の下に避難の場を見いだしており、彼のすべての振る舞いが敵対者であることを隠れないものにしていた。歩兵七万、騎兵四〇〇〇に上る軍隊を編成すると、近隣に対する絶え間ない戦争によって訓練することで、それまでより大規模な作戦の準備をしていた。三　彼を恐れるべき理由にはまた、左側と正面にゲルマニア人、右側にパンノニア人、背後にノリクム人をかかえながら、そのすべてから、いつ襲ってくるのも知れぬと恐れられていたことがある。四　そしてまた、イタリアが自分の勢力拡大に安心していられることに我慢できなかった。なぜなら、イタリアの国境を画すアルプスから自分の領土の境界にまで二〇〇マイル以上も離れていなかったからである。五　翌年(1)、この男とその領土を、ティベリウス・カエサルは異なった地域から攻撃する決心をし、ヘルキュニアの間断のない森を切り開き、カッティ族の領地を通過してマロボドゥウスが居住するボイオハエミウム［ボヘミア］という名の地方へ進軍するようセンティウス・サトゥルニヌスに命じた。カエサル自身は、ノリクム王国のうち例の居住地に最も近いカルヌントゥムからイリュリクムにおいて任務に就いていた軍をマルコマンニ族の領土へ進め始めた。

第百十章

一　運次第で人間の企ては破れるときも、遅れるときもある。カエサルはすでにダヌビウス［ドナウ］河近くの冬営地の準備を終え、軍を敵の最前線から五日足らずの地点に近づけていた。二　サトゥルニヌスにも軍を近づけるよう指示し、敵から二、三日内の等距離にある既述の地点でカエサルと合流するはずであったが、このとき、長期の平和による恩恵に慢心し勢力が充実したパンノニアと、地域の全部族を作戦の同盟関係に引き入れたダルマティアが武器を取った(2)。三　必要が栄光に優先した。軍を内陸部へ進軍させたまま、これほど近くの敵の前にイタリアを無防備状態に放置するのは安全ではないと思われた。反乱を起こした部族や国家の総兵員数は八〇万人以上であった。武器の扱いに慣れた歩兵がほぼ二〇万、騎兵が九〇〇〇動員された。四　きわめて精力的で経験豊かな指揮官に従う膨大な数の兵員のうち、一部はナウポルトゥスとテ

（1）後七年。

（2）パンノニアの反乱は後六年から九年まで続く。

ルゲステの町を境界として接するイタリアへ向かい、一部はマケドニアに乱入し、また一部は自身の居住地を防衛することとした。最高命令権が二人のバト(1)とピンネス(2)に賦与された。五　だが、パンノニア人は誰もがローマの規律のみならず、言葉まで心得ていて、ほとんどが文字を使い、精神の鍛練にも慣れ親しんでいた。ヘラクレスにかけて、これほど作戦どおりに熟練した戦いを行ない、決定どおりの実を上げた民族はかつてなかった。六　ローマ市民たちは制圧され、商人たちは切り殺された。多数の部隊兵が指揮官から遠く離れた地域に駐屯していたが、一人残らず殺された。マケドニアは武力で占領され、あらゆる地域ですべてが火と剣により荒廃した。それだけではない。その戦争から来る恐怖は、あの不動にして非常に多くの従軍体験により形成されたカエサル・アウグストゥスの精神にも動揺と戦きをもたらすほどであった。

第百十一章

一　かくして兵員の徴集が行なわれ、至る所で古参兵全員に召集がかけられ、男女を問わず財産の評価額に応じて解放奴隷を兵士として差し出すことを強いられた。元老院では、元首の次のような発言も聞かれた。すなわち、用心を怠ると、敵は一〇日も経てば首都ローマから見える所へ来襲しうる、と。元老院議員とローマ騎士にこの戦争への貢献が求められ、これに応じる約束がなされた。二　その戦争を指揮する者がいなかったら、われわれが行なった戦争の準備すべては無意味だっただろう。そこで、兵士たちの守護者たるべき戦争の指揮官としてティベリウスを任命するよう国家はアウグストゥスに要求した。三　この戦争においても私の非才が華々しい任務遂行の機会を得た。騎兵としての兵役を終えると、私は財務官に指命され、確かに元老院議員と同等ではなかったが、元老議員や、さらに次期護民官と同じ待遇を受け、軍の一部をアウグストゥスから託されて首都ローマからアウグストゥスの息子の許へ率いて行った。(3)

四 次いで私は財務官在任中に属州の割り当てを放棄したあとアウグストゥス指名軍団指揮官としてティベリウスの許へ派遣された。戦争の初年、われわれは敵のなんという戦列を見たことか！ どれほど機敏に指揮官の賢明さが敵の荒れ狂う勢い全体をかわして個別に翻弄したことか！ 将軍の指導力によって作戦がどれほど効果的に進められるのをわれわれは見たことか！ なんと賢明に冬営地が配置されたことか！ わが軍はなんという封鎖線で敵を包囲したことか！ どこにも突破できる隙はなく、敵は物資も不足し、仲違いしながら、戦力を消耗させていった。

第百十二章

一 作戦は果敢に実行され、結末は勝利に終わった。戦争の初年、果敢な企てを結果に結びつけたメッサ

(1) バトはゲルマニア人の首長の名称で、パンノニアとダルマティアに一人ずついた。
(2) ピンネスはまた別のパンノニアの首長。
(3) 後六年末頃。

リヌス[1]の業績は記憶に留めねばならない。

二　メッサリヌスは出生よりもなお気質の点で気高く、コルウィヌスを父親に持ったことも、自分の添え名を兄弟のコッタ[2]に残したこともじつにふさわしい人物であった。イリュリクムで指揮を取っていたとき突然に反乱が勃発し、本来の半分に満たない兵力の第二十軍団もろとも敵軍に包囲されたが、敵兵二万人以上に打ち勝って敗走させ、その業績のため凱旋将軍の栄誉を得た。三　蛮族は数的優位と頼みとするだけの兵力があっても、カエサルがいる所ならどこであれ、まったく自信を持てなかった。敵軍のうち指揮官ティベリウスと向き合った部隊はわが軍の狙いにはまって疲弊し、飢えで全滅間際までいたった。こちらが攻勢に出ると支えられず、戦闘機会を求めて戦列を組んだわが軍と敢えて交戦することなく、クラウディウス山を占拠し、砦にこもって身を守った。

四　だが、執政官経験者アウルス・カエキナとシルウァヌス・プラウティウス[3]が海を越えた属州から率いて来た軍隊に向かって押し寄せた敵部隊は五箇軍団を同盟援軍部隊と王の騎兵部隊（というのは、トラキア王ロイメタルケス[4]が両指揮官と連携して、戦争支援のためトラキアの大部隊を率いていた）もろとも取り囲み、その全軍にほとんど致命的損害を加えた。五　王の騎兵部隊は総崩れとなり、援軍騎兵は敗走し、諸大隊は敵に背を向け、軍団旗のもとにいる兵士まで震え上がった。しかし、このとき、ローマ兵士の武勇が指揮官の分まで残らず栄光を己がものとした。ローマ兵士は、指揮官の意向とは大いに異なり、斥候隊を通して敵のいる場所を知る以前に敵を攻撃した。六　状況は勝負の分かれ目にあった。数人の軍団指揮官は敵に殺され、陣営長も数人の大隊指揮官も殺された。百人隊長も血を見なかったわけではない。首位百人隊長も戦死した。この状況で、軍団兵らは互いに励ましの声を張り上げ、敵に襲いかかった。攻撃を支えるだけで満足せず、敵の戦列を打ち破って予想に反して勝利を己がものとした。七　この戦いとほぼ同じ頃、アグリッパは、ティベリウスが養子とされたのと同じ日に、自分の実の祖父に養子として迎えられたが(5)、すでに二年前からその本性が現われ始めていた。驚くほど歪んだ心ばえと資質ゆえに深淵に沈み、父であると同時に祖父である方［アウグストゥス］に疎んじられた。やがて日々悪徳は増長し、彼は自分の狂乱にふさわしい最期を迎えた(6)。

(1) マルクス・ウァレリウス・メッサラ・メッサリヌス。前三年の執政官。文人のパトロンであったマルクス・ウァレリウス・メッサラ・コルウィヌスの息子。
(2) マルクス・アウレリウス・コッタ・マクシムス・メッサリヌス。ティベリウスの統治に最も重要な人物。
(3) アウルス・カエキナ・セウェルスは後一年にアウグストゥスを同僚とする補充執政官。マルクス・プラウティウス・シルウァヌスは前二年にアウグストゥスを同僚とする執政官。彼らが総督を務める属州はそれぞれ、モエシアとガラティア。
(4) ロイメタルケスはローマと同盟を結んだ老王で、アクティウム海戦ではオクタウィアヌスに味方して戦った。イリュリクムの反乱の際は兄弟のラスクポリスと同様にローマ側に立って戦う。
(5) 後四年。
(6) 後一四年、アウグストゥスの死後、即位直後のティベリウスによって暗殺された。

第百十三章

一　さあ、マルクス・ウィニキウス殿よ、あなたが平和時に元首として見ている方が、戦時にはどのような指揮官でおられたのか、聞いてください。カエサルの指揮下にあった軍と、来援軍が糾合されて、ただ一つの陣営に十箇軍団、七十箇大隊以上、騎兵一四部隊と古参兵一万人以上、それに加えて夥しい数の志願兵とロイメタルケス王の数多くの騎兵が結集した。要するに内乱以来一箇所に集まった軍隊としては最大規模で、誰もがまさにこのことを喜び、数を勝利への最大の拠り所としていた。二　しかし、将軍ティベリウスは自分の行動の最良の判定者であり、見映えより実効性を重要視し、すべての戦争において彼がそうするのを私自身が見たが、とにかく是認してもよいことではなく、是認すべきことを追求した。彼は来援軍について、行軍の疲れから体力を回復させるため数日留めてから、その規模が大きすぎて統率することができないうえに効果的な釆配が難しいと判断し、これを解散させることとした。三　行軍は長く、じつに骨が折れ、味わった困難はほとんど語り尽くせないが、ティベリウスは各部隊の出発地まで送り届けた。その目的は、誰にも味方の全軍を攻撃させないと同時に、各国が自国の領土への懸念から連合軍全体で帰還部隊に襲いかからぬためであった。そうして極寒の冬の初め[1]にティベリウスはシスキアに戻り、私もその一人であったが、軍団指揮官を各冬営地に配置し、監督させた。

第百十四章

一　おお！　これは語っても派手さはないが、断固たる真の武勇と有益さの点でじつに重要で、じつに喜ばしい経験、無類の人の情を示すことである。対ゲルマニア人および対パンノニア人の戦争の全期間を通して、私より階級の高い者も低い者も、わが軍の誰一人として体調を崩したときにカエサルの世話で命と健康をもち直さなかった者はない。あたかも、あれほどの重責を担っていたにもかかわらず、そのこと一つにのみ彼の心は向けられているかのようでもあった。二　必要とする者には馬が引く車が用意され、輿は望めば自由に誰でも使え、皆と同様、私もよく利用した。医者でも、料理道具でも、また、この目的のためだけに運ばれたような簡易風呂でも、すべての者の養生に役立られた。家と下僕だけは欠けていたが、下僕がいれば間に合うものも、いなくて困るものも欠いてはいなかった。三　また、次のことを付け加えれば、あの当時をともに過ごした人なら誰でも、他のすでに記したことと同様、すぐに思い当たるであろう。すなわち、カエサルはただ一人鞍にまたがって移動し、夏の戦時の大部分、自分が招待した人々とともに座して食事するのを習慣としていた。規律に従わない兵士たちも、それが悪例とならないかぎり、それを許した。頻繁に警告を発し、ときには訓告処分を行なったが、刑罰を科すことは稀であった。大部分は見て見ぬふり、とき

（1）後七年末頃。その冬営地は前年の冬と同じくシスキア（現シスク）に設営された。

に遣責という中庸の道を進んだ。**四** 冬にも戦争完遂の恩恵があったが、ようやく翌年の夏、ダルマティアにのみ戦火を残して、パンノニア全土が和平を要求してきた。服従する少し前までイタリアを脅かしていた何千もの獰猛な戦士の集団が、バティヌスという名の河の岸で、それを取って蜂起した武器を差し出し、全軍でわが将軍の足元にひれ伏した。優れた指揮官であるバトとピンネスのうち、一方は捕らえられ、他方は自ら投降した。(2) この次第は正式の著作の中で詳しく記すつもりである。

五 秋、勝利を収めた軍隊は冬営地に戻り、カエサルは全軍の指揮権をカエサル家の名と幸運に最も近い人物、マルクス・レピドゥス(3)に与えた。彼は、誰もが知れば知るだけ、理解できればできただけ讃嘆と愛着を寄せるとともに、出身の名家にも誉れであると判断する人物であった。

第百十五章

一 カエサルはダルマティア戦争というもう一つの使命へ精神と武力を投入した。その地方でわが兄弟のマギウス・ケレル・ウェレイヤヌスが補佐役の副官としていかなる働きをしたかは、カエサル自身と父君［アウグストゥス］が証言しているし、凱旋式に際してカエサルが彼に贈った至上の栄誉が記憶に留めている。**二** 初夏に(4)レピドゥスは軍を冬営地から進発させ、当時まだ戦争の災いを免れて無傷のままであるため、猛々しく、恐ろしい諸部族の領地を通って将軍ティベリウスのもとへ向かった。地勢的困難とも敵の勢力とも格闘しつつ、前を塞ぐ者どもに大きな損害を与え、田野を蹂躙して建造物を焼き払い、男たちを殺戮、勝利の歓喜と山のような戦利品を携えカエサルの許に到着した。三　もし独自の指揮によるものであれば凱旋式挙行が相当であったこの偉業ゆえ、元首らの具申に元老院の賛意が示され、レピドゥスに凱旋将軍顕彰が授けられた。四　あの年の夏は大規模な軍事作戦の総決算をしたときだった。なぜなら、ペルスタエ族、デシティアテス族というダルマティア人らが——山がちの地形の懐深い場所に居住して、気質は獰猛、戦術に驚くほど長け、とりわけ、山峡の狭隘さゆえに、征服はほとんど困難であったが——カエサルの単に指揮だけでなく、自ら武器を取っての戦いによって平定されたからである。和約が結ばれなければ、彼らはほとんど完全に絶滅させられていただろう。五　この大規模な戦争において私がなによりも大いなることと考え、なによりも讃嘆したのは、将軍が勝利の機会をつかんでも、兵士の損失で購うものであるかぎり、好機とは見なさず、安全であればあるほど栄光に満ちていると常に考えたことである。そして、名声より自分の心の声に耳を傾け、指揮官の作戦が軍の意見によって導かれるのではなく、軍が指揮官の叡智によって導かれた。

(1) 後七—八年。
(2) バトとピンネテスについては第百十章四参照。この反乱はプラウティウス・シルウァヌス（第百十二章四参照）により鎮圧された。
(3) マルクス・アエミリウス・レピドゥス。大伯父は三頭政治家のレピドゥス。後六年の執政官。後八年から一〇年までパンノニア総督。
(4) 後九年。

第百十六章

一　ダルマティア戦争においてゲルマニクス[1]は、多くの困難な地域へ先遣させられ、武勇を大いに実証してみせた。二　度重なる精魂込めた働きによってダルマティアの執政官格総督ウィビウス・ポストゥムス[2]は凱旋将軍の顕彰を得た。この顕彰をパッシエヌスとコッスス[3]は、いくつか相違はあるものの多くの武勇を発揮し、アフリカで得た。コッススは勝利の証しを息子の添え名にも託した[4]。この息子はあらゆる美徳の手本となる若者であった。三　また、ポストゥムスの偉業に関与したルキウス・アプロニウス[5]はこの軍務でも卓越した勇気がゆえ、同じ栄誉に値し、そののち授かった。願わくは運がどんなことにもどれほど大きな力を揮うか、それほど大規模に実証されねばよかったのに！　しかし、ここでも運の力は十分に認識できる。というのは、まず一方でアエリウス・ラミア[6]――昔気質ながら、古風な厳格さにほどよい心優しさを加える人物だった――がゲルマニア、イリュリクム、やがてアフリカでじつに華々しく任務を果たしたものの、わけがあってではなく、機会がなくて凱旋の栄誉を得られなかったからである。四　他方また、プブリウス・シリウスの息子アウルス・リキニウス・ネルウァ・シリアヌス[7]の場合、理解していない人からも大いに讃嘆された人物であったが、元首との厚い友情の実りを結ぶことも、彼の父親と同様な高位高官の高みへ出世する望みを成就することも儚く終わった。五　これらの人々に言及する場所を私がわざわざ作ったと言う人がいれば、その非難は当たっていよう。しかしまた、嘘偽りのない称揚をするのは善良な人々のあいだで罪にはならない。

第百十七章

一　ティベリウス・カエサルが、パンノニアとダルマティアにおける戦争に仕上げの手を加えたばかり、大事業完遂からわずか五日も経ずして、ゲルマニアから不幸を知らせる手紙が届いた。(8) それによると、将軍ウァルス(9)が殺され、三箇軍団とそれに呼応する数の騎兵、さらに六箇大隊が全滅した。少なくとも、われわる。

(1) ゲルマニクス・ユリウス・カエサル。ティベリウスの甥として前一五年五月二十四日に生まれ、アウグストゥスの命令でティベリウスの養子となった。

(2) 後五年の補充執政官。ゲルマニクスから新たに属州になったダルマティアの命令権を受け取る。

(3) パッシエヌス・ルフス（前四年の執政官）は後三年に、コルネリウス・レントゥルス・コッススはパッシエヌスのあとガエトゥリア人に勝利して。

(4) ガエトゥリクスという添え名を自分は名乗らず、息子に与えた。

(5) 後八年の補充執政官。後一五年に凱旋将軍顕彰を受けていた。

(6) ルキウス・アエリウス・ラミアは後三年の執政官。後一〇年から一二年までゲルマニア、後一二年から一四年までパンノニア、最後に後一五年から一六年までアフリカで指揮を取った。

(7) 後七年の執政官。

(8) 後九年九月後半。

(9) プブリウス・クインティリウス・ウァルスは前一三年にティベリウスを同僚とする執政官になり、前七年から前五年までアフリカ総督、前五年から前三年までシュリア総督を務めたあと、後七年からゲルマニア総督。

れにとって運がよかったのは、指揮官〔ティベリウス・カエサル〕は別の作戦に従事し……。しかし、その敗戦の原因と、ウァルスという人物について少し言葉を費す必要がある。二　クインティリウス・ウァルスは名門貴族出身というよりも著名な家族の出身で、人柄は温厚、性格はもの静かで心身ともに動きが鈍く、戦場よりも陣営内での閑暇が身に馴染んだ人物であった。シュリアの総督時代に示されたように、彼は金銭を見下すことはなかった。ウァルスは金欠の身で裕福な属州シュリアへ入り、去ったとき、自分は裕福で、シュリアは貧しくなっていた。

三　ウァルスはゲルマニア駐留軍を指揮したとき、ゲルマニア人とは、人間であるのは声と身体だけで、剣による征服はできずとも、法による宥和はできると考えていた。四　この考えのもとにウァルスは平和の恵みを喜ぶ人々を相手にするかのように、ゲルマニアの中心部へ入ると、判決の言い渡しと法廷の高壇からの演説を順次こなすことで夏季を過ごした。

第百十八章

一　ところが、経験した者でなければほとんど信じられぬことだが、ゲルマニア人たちはこのうえない荒々しさをじつに巧妙に発揮し、根っからの嘘つきで、一連の訴訟をでっち上げて演じた。相互に訴えを起こしたかと思うと、その争いをローマの正義が決着させた、自分たちの野蛮さは今まで知らなかった新しい規則により和らいだ、武器で決着するのが常であった争いが法により終結したと言って感謝し、ついにはクインティリウス・ウァルスを怠惰のきわみへ追いやった。すなわち、彼は自分が都督法務官として中央広場で裁きを下しているのであり、ゲルマニアの中心領域で軍隊を指揮しているのではないかのように考えるにいたっていた。

二　当時、貴族出身で腕っぷしが強く、頭の回転も速く、蛮族の域に留まらぬ知性を身につけたアルミニウスという名の若者がいた。彼はかの部族［ケルスキ族］の族長シギメルス［セギメルス］の息子で心中の情熱を顔つきや眼差しに湛えていた。以前にローマ軍側について戦い、ローマの市民権を賦与され、騎士階級に列せられる栄誉を得ていた。アルミニウスは指揮官ウァルスの行動が遅いのを好機とばかりに犯罪行為に利用した。的確にも彼は、何の恐れも感じていない者ほど速やかに屈服させやすいこと、並びに自分たちは安全だという思い込みこそ、たいていの場合に災難の始まりであることに気づいていた。**三**　かくしてアルミニウスは、最初は少数者、徐々に多数の者を計画の仲間に引き入れ、ローマ軍は粉砕できると言明もし、納得させもしてから、決意を実行に移し、陰謀決行の日時を決めた。

四　しかしその計画は、その部族に属する忠実かつ高名なセゲステス[1]からウァルスに通報された。セゲステスはまた［陰謀の加担者を鎖に繋ぐよう］要請していたが、運命の力はウァルスの思慮より強力で、彼の心の目を曇らせ、事態を把握できぬようにした。実際、世の成りゆきはそのようなものである。つまり、神が人の境遇に変化をもたらそうとするときはたいてい、判断を狂わせる。そして、これが最も悲惨なところだが、

(1) ケルスキ族長シギメルスの兄弟、アルミニウスの叔父。

出来事はそれだけのわけがあって起きたように見え、災いの責任が問われることとなるのである。だからウァルスは、自分は陰謀の話を信じない、自分に対する好意は自分の尽力に基づいて判断すると言い張った。そして、第一の通報のあとに第二の通報が届く猶予はもはやなかった。

第百十九章

一　クラッススのパルティアでの敗北以降、外国でローマ人が蒙ったこれ以上甚大な災いはない。その詳細については、他の歴史家(1)の例にならい、正式の著作で述べるつもりでいる。ここでは概略を記して嘆くのみである。

二　すべての軍隊のうち最も強力で、規律、実戦経験、兵力の点で筆頭に位置するローマ軍が、将軍の無気力、敵の背信、理不尽な運のめぐりあわせに包囲された。兵士たちは、突撃や戦う機会すら、理不尽な形でしか与えられなかった。思う存分、咎めなしに戦えず、ローマの武器と闘志を示したために重い懲罰を科された者まであった。森と沼沢地に押し込まれ、敵の伏兵によって最後の一兵士まで殺された。その敵とは、ローマ軍が常に家畜に対するように斬り殺し、その生死を怒りにまかせるか情をかけるかそのときの気持ちで決めていた相手であった。

三　将軍ウァルスは、戦うためというより死ぬために勇気を発揮した。というのも、彼の父と祖父の先例を受け継いで自ら剣で体を貫いて果てたからである。四　さて、二人の陣営指揮官(2)のうち、一方のケイヨニウスが卑しい先例を残したのに対し、ルキウス・エッギウスは気高い先例を残した。前者はローマ軍の大部分の兵士が戦死したあとに降伏を提案し、戦場で死ぬより敵の手で拷問を受けて死ぬ方を選んだ。またウァルスの副官ウァラ・ヌモニウス(3)は、それまでは温和で誠実な人物だったが、忌まわしい先例を残した。騎兵の守りを失った歩兵部隊を見捨て、その他の兵とともにレヌス［ライン］河を目指したのである。しかし、運が彼の行為に復讐した。というのも、彼は見捨てた兵士より生きながらえることなく、脱走兵として死んだ。**五** 半ば焼けたウァルスの死体は敵の蛮行が引き裂いた。彼の首は切り取られ、マロボドゥウスの許に運ばれ、彼からカエサルに届けられ、自分の家族の墓所で埋葬の礼を施された。

第百二十章

一 この知らせを聞くと、ティベリウス・カエサルは、急ぎ父親の許へ戻った。ローマ帝国をずっと守り続けてきた彼(4)は手慣れた責務を引き受けた。ティベリウスはゲルマニアに派遣(5)され、ガリア諸属州を安定さ

---

(1) 同定不能。
(2) いずれについても不詳。
(3) ガイウス・ヌモニウス・ウァラ。ホラティウス『書簡詩』第一巻第十五歌の名宛人とも考えられるが、詳細不明。
(4) 前一二年にアグリッパの死後（第九十六章二）、前九年にゲルマニアでドルススの死後（第九十七章四）、後四年のゲルマニア派遣（第百四章二、第百十章）などを暗示している。
(5) 後一〇年初め頃。

せて軍を配置し、守備を固めたが、それはキンブリ族やテウトニ族のようにイタリアに軍事的脅威となった敵の自信(1)ではなく、彼自身の身の丈に照らしての策であった。そのうえで、ティベリウスは自分のほうから軍を率いてレヌス河を渡った。

二　彼の父も祖国も敵を押し止めておけば十分と考えていたが、ティベリウスは戦争をしかけ、奥地へ進軍して進路を切り開くと、田野を荒らし家屋を焼き払い、立ちはだかる者らを蹴散らし、このうえない栄光ある成果を挙げ、レヌス河を渡った兵員すべてとともに無事冬営地に帰還した。三　しかし、ここでルキウス・アスプレナス(2)について記述しておこう。彼は伯父ウァルス指揮下の副官として軍務に就いていたが、配下の二箇軍団の熱心で精力的働きによりかくも甚大な被害から軍隊を守り、速やかに低地ゲルマニアの冬営地へ向けて退却させることで、すでに動揺をきたしていたレヌス此岸の諸部族を安定させた。彼は生き残りの命を救った一方で、ウァルスとともに殺された兵士の遺品を手中に収め、壊滅した軍隊の遺産を望むだけ自分のものにした(3)と信じた者もいる。

四　アリソの陣営でゲルマニア人の膨大な数の兵団に包囲攻撃を受けていた指揮官のルキウス・カエディキウス(4)の勇気も称讃に値する。彼は物資の欠乏ゆえに耐えがたく、敵の兵力ゆえに打ち勝ちがたいあらゆる困難を克服し、軽率な考えに走らず、先を読むに敏で、好機を狙って剣を振るい、味方の軍へ帰還の道を切り開いた。五　このことからウァルスは、確かに慎重で、善意の人であったが、兵士たちの武勇に恵まれなかったというより、指揮官として思慮が欠如していたために自分の命と堂々たる軍隊を失ったのは明白である。六　またゲルマニア人たちがローマ人捕虜に酷い仕打ちを加えたとき、カルドゥス・カエリウス(5)がじつに輝かしい働きを見せた。彼はローマの旧家にこのうえなくふさわしい人物であったが、繋がれていた鎖を摑むと、それを自分の頭に打ちつけた。たちまち血と脳髄が飛び出し、彼は絶命した。

第百二十一章

一　最初と同じ武勇と武運を将軍ティベリウスは次にゲルマニアに侵攻したときも示した。(6) 海陸両面にわたる遠征により敵軍を粉砕し、ガリアの重要な難題を解決し、ウィエンナ人たちのあいだで突発した紛争を処罰よりも制圧によって鎮めたとき、(7) ローマ国民と元老院は彼の父の要請により、すべての属州と軍隊に関して父と同等な権限をティベリウスに与える旨決議した。二　実際、ティベリウスによって護持されているものが彼の権限下に入らなかったり、真っ先に救援に駆けつける人間に同等の栄誉獲得資格がないと見なされるのは馬鹿げていた。ティベリウスが都ローマへ戻ると、ずっと以前に行なわれるはずであったが、一連

(1) 前一一三年に始まる両部族のローマ領への侵入は撃退まで一〇年以上を要した。
(2) 後六年の執政官。
(3) 目的はおそらく殺された人々の財産とウァルスの軍団の物資を守ることにあったとも推測される。
(4) 不詳。
(5) 不詳。
(6) 後一二年。
(7) アロブロゲスの首都ウィエンナ（ウィーン）の出来事。その勝利は後一二年の執政官権限を行使したゲルマニクスに帰することとなる。

の戦争を理由として延期されていたパンノニアとダルマティアに対する勝利を祝う凱旋式が挙行された。[1] 三 その壮麗さを見て、いくらカエサルのものでも、驚かぬ人がいるだろうか。しかし、運の恩寵には誰が驚かないだろうか。というのは、噂が語ったところでは、敵の最も抜きんでた指揮官すべてが殺されずに凱旋式で鎖に繋ぎ見世物にされたのであるから。この凱旋式に特別の地位の人々や特別の顕彰を受けた人々に混ざって私と私の兄弟が出席できたのは幸運であった。

第百二十二章

一　なにによらずティベリウス・カエサルの節度は際立った光輝を放っているが、とりわけ、異論なく七回の凱旋式に値したのに、三回の凱旋式でティベリウス・カエサルが満足していたこともまた誰が驚かずにおられようか。というのも、アルメニアを奪還し、王を擁立して、[2] その頭に自らの手で王位の印を載せ、東方に秩序をもたらしたとき、凱旋式の歓呼を受けるはずだったことを、さらに、ウィンデリキ人とラエティ人に対して勝利を収めたとき、[3] 首都ローマに凱旋戦車で乗り入れるべきだったことを疑う者が誰かいるだろうか。二　また、養子縁組後三年間の遠征でゲルマニア人の勢力を打ち砕いたときにもこの栄誉が授けられ、受け取られるべきではなかっただろうか。また、ウァルス指揮下に蒙った敗北のあと、期待された以上に速く事態が好転して同じゲルマニア軍を打ち破ったとき、最高指揮官のために凱旋式が挙行されるべきではなかっただろうか。しかし、このような人物の場合、労苦と危険の限度を常に超越したという事実と、栄誉に対し節度を保っていたという事実のどちらを讃嘆すべきかわからない。

第百二十三章

一　これから述べるのは恐怖が頂点に達したときである。カエサル・アウグストゥスは自分の孫のゲルマニクス(4)にこの先の戦争を遂行させるべくゲルマニアに派遣する一方、息子ティベリウスをイリュリクムへ派遣し、戦争によって征服したものを平和によって確固なものにしようとした。ティベリウスを見送ると同時に、ネアポリス人が彼を称えて献げた競技会に列席するため、アウグストゥスはカンパニアへ出かけた。彼はすでに体力の衰えと健康が損なわれ始めているのを感じていたが、気力をふりしぼって息子ティベリウスを見送り、ベネウェントゥムで別れると、自身はノラへ向かった(5)。だが、病状が日々重篤さを増す中、死後すべてが安泰であることを望むなら、誰を呼びにやらねばならないかを承知していたため、急遽息子のティベリウスを呼び戻した。息子は予想より速く国家の父の許へ舞い戻った。二　そのときアウグストゥスは、

(1) 後一二年十月二十三日。
(2) ティグラネス二世。前二〇年。第九十四章四参照。
(3) 後四―六年。第百五―百七章。
(4) ゲルマニクスは後一二年の執政官を務め、後一三年に初めてゲルマニア領に入る。彼がアウグストゥスの孫というのは、アウグストゥスの養子ティベリウスが養子にしたから。
(5) イリュリクムでの作戦の指揮を取るため、ブルンディシウムで乗船する予定のティベリウスと別れ、ベネウェントゥムを発ったのが八月九日。八月十一日にノラ着。

後顧の憂いはない、と言明し、息子ティベリウスの抱擁に身を埋めながら、彼に父子共有の責務を委託し、もし運命が要求するのであれば、もはや最期を拒むことはないとも述べた。最愛の息子に会って話をした当初は少し元気を取り戻したが、やがて運命があらゆる治療に打ち勝って身体が生前のとおりに儚くなると、ポンペイユスとアプレイユスが執政官の年に七六歳で、天から降臨したアウグストゥスの魂は天へと回帰していった(1)。

第百二十四章

一　そのとき人々が何を恐れたのか、元老院にいかなる動揺が、国民にどのような混乱が、首都ローマにどのような恐怖があったたか、われわれが助かるか滅びるか、どれほどの瀬戸際にいたのか、これらを書き記す余裕が先を急ぐ私にはないし、余裕のある人にも記せないだろう。世の中すべての声として次のように言えば十分であろう。われわれが崩解を心配した世界は動揺すら感じさせなかった。ただ一人の人物の権威がじつに偉大であったので、善良な人々を守るにも、悪しき者どもに立ち向かうにも、武力を必要としなかったのである。二　しかし、一つだけ、言わば国家の格闘(2)があった。すなわち、元老院とローマ国民がカエサルと争った。前者は後者が父の地位に就くよう求めたのに対し、カエサルは傑出した元首より対等な市民として振る舞えるよう望んでいた。結局、カエサルは栄誉よりも道理の前に屈した。彼が庇護を担わなければ、何もかもが滅んでしまうことを見て取ったのであった。彼一人だけが元首の地位を長いあいだ断ることができた。他の者なら、獲得のために戦争をしてもまだ及ばなかったのに。三　父が天に戻り、その遺体には人間の供養、魂には神的栄誉が与えられたあと、元首としてのティベリウスの最初の仕事は選挙制度の整備で、(3)これについて神君アウグストゥスは自筆で書き置きを残していた。四　このとき私と私の兄弟はカエサルの候補者として、名門貴族や神官らのすぐ次の順位で法務官に選出された。しかも、それは神君アウグストゥスにとって最後、カエサル・ティベリウスにとって最初の推薦によるものだった。

第百二十五章

一　国家はすぐに自身が望んだ方策の代価を得た。聞き届けられなければ、何をわれわれは耐え忍ばなければならなかったか、聞き届けられて何が得られたか、明らかになるのに長くかからなかった。というのも、ゲルマニアに駐留し、ゲルマニクスが直接指揮下に置いた軍とイリュリクムに駐屯していた軍団が同時に狂気に襲われ、何もかも混乱に陥れようとする強い欲求から、新しい指揮官と新しい秩序、さらに新しい国家

(1) 後一四年八月十九日が命日。もう少しで七七歳になるところであった。
(2) 後一四年九月十七日の元老院会議でのこと。タキトゥス『年代記』一-一一―一三に描かれている。
(3) 共和政下、政務官候補者の指名権は執政官に、推薦権は有力市民にあったが、いずれの権限も元首政下では元首が握ることとなった。

を要求した。(1) 二　それだけではない。自分たちが条件を定めると言って元老院と元首に迫ってきた。軍事俸給の金額と軍務期間を自分たちで決めようとしたのである。事は武器に訴えられた。剣が抜かれ、さらに剣を抜いても罪に問われないことから、あやうく最悪の事態へ突き進みかけた。三　ただ、彼らには国家への反逆を指揮する者がいなかった。あとに従う者しかいなかった。これらすべては熟練した将軍が、多くの場合、諫止によって、いくつかの場合は重みのある約束を与えることで、また、とりわけ悪質な者に厳しい処罰を加えながら、他は穏当な訓戒をすることで短期間のうちに鎮圧され、収束した。四　このとき、ゲルマニクスが多くの場合に精力的であった一方、ドルススは父により、兵士の騒乱(2)の火が最も大きく燃えさかっている中心へ派遣され、古風で伝統的威厳をもって臨み、先例になると有害な事案より、身に危険が及ぶ事案を引き受けることを欲した。兵士たちが自分を包囲するため使ったその同じ剣で、包囲している兵士たちを押さえ込んだ。五　この任務で際立った補佐役を果たしたのがユニウス・ブラエスス(3)である。彼は陣営での有用さと市民としての立派さと、どちらがまさるか見きわめられないような人物であり、この数年後、アフリカで執政官格総督として、将軍の称号と凱旋将軍顕彰を獲得した。他方、[マルクス・レピドゥスの](4)イリュリクムにおける勇気と際立った軍事活動は、既述したことだが、ヒスパニア諸属州とその地の軍隊を統治したとき、じつに平和で平穏な状態を維持していた。最善を感得する判断力と感得したことをやり抜く指導力を備えていたからである。レピドゥスの気配りと忠誠心、ドラベラも――高貴な純朴さを備えた人物であったので――イリュリクムの沿岸地方を統治する際、あらゆる点で模倣した。

第百二十六章

一　最近一六年間[5]の事績については、それがすべての人々の目と心に焼き付いているとすれば、細部まで語る必要があるだろうか。ティベリウス・カエサルが父親を祀ったのは、権力によってではなく、崇敬によるものであり、彼を神と呼んだのではなく、神にしたの[6]であった。二　中央広場に信頼が蘇り、騒乱が中央広場から、贈収賄がマルスの野から、不和が元老院議場から放逐された。葬り去られて荒れるにまかされていた正義、平等、活力を国家が取り戻した。権威が公職者に戻り、威信が元老院に、厳格さが法廷に戻った。

（1）アウグストゥス死後の不安な情勢から各地で兵士の暴動が起きたが、ゲルマニアではとくに激しかった。ゲルマニクスは給金の支払い、早期除隊、扇動者への処罰、この機に蜂起したゲルマニア人への勝利を通じて収束させた。タキトゥス『年代記』一-三一―五一参照。

（2）パンノニアでの兵士の暴動。タキトゥス『年代記』一-一六―三〇参照。

（3）アエリウス・セイヤヌスの伯父に当たり、後一〇年の執政官で、暴動を起こした三箇軍団を率いていた総指揮官。そこへティベリウスによってドルススが派遣され、暴動を収束させた。ブラエススの凱旋将軍顕彰は後二二年、ヌミディア人叛徒タクファリナスへの勝利に対して。

（4）補いによる読み。人物については、第百十四章五以下参照。

（5）後一四年から三〇年。

（6）アウグストゥス礼拝のための同志団が組織され、ティベリウスのほか、ユリウス家の人々が構成員となった（タキトゥス『年代記』一-五四）。

劇場の騒乱が抑えられ、すべての人々に正しい行動への意欲が吹き込まれるか、そうせざるをえないよう仕向けられた。**三**　正義には栄誉が与えられ、不正は罰せられた。低位の人は有力者を尊敬するが、恐れず、有力者は低位者の前を歩くが、軽蔑しない。穀物の値段が今より適切だったのはいつのことだろう。平和が今より喜ばしく行き渡っていたのはいつのことか。領土の東方地域から西方地域まで、南北の境界までの至る所にアウグストゥスの平和が浸透して、世界のどの片隅をも略奪行為に対する恐怖から解放した。**四**　市民のみならず都市の場合でも、偶然蒙った損失に元首は気前よく補償をした。アジアの諸都市は復興し、属州は政務官の不正から解放され、公職は適任者の手に渡り、悪しき人々に対する罰は遅くとも必ず執行された。**五**　贔屓は公平な心により、野心は美徳によって打ち負かされた。最良なる元首は自らの振る舞いによって市民たちに正しく振る舞うことを教え、最大の権力者であったが、模範としてもまた偉大であった。

第百二十七章

一　卓越した人物が自分の運を操るため、偉大な補佐役を登用しなかったことは稀である。たとえば、二人のスキピオには、彼らがあらゆる点で自身と対等に接した二人のラエリウスがいた(1)。神君アウグストゥスの場合、マルクス・アグリッパ、そのすぐあとにスタティリウス・タウルスがいた(2)。彼らは新興の家門だからと言って幾度にもわたる執政官就任と凱旋式挙行、また数回もの神官職就任を妨げられなかった。**二**　実際、偉大な国務を遂行するためには、偉大な側近が必要であって、国家にとって重要なのは、有用で必要な人材が傑出した地位を占め、有用性が権威によって堅固に守られることである。三　このような先例の上にティベリウス・カエサルとアエリウス・セイヤヌス(3)がいる。セイヤヌスの父は騎士階級の首位にあり、母方の家系はじつに名高く、由緒があり、赫々たる栄誉を受け、兄弟も、母方の従兄弟も伯父もかつて執政官を経験していた。セイヤヌス自身も労苦に耐え、信義に厚いことこのうえなく、精神力を十分に生かす体軀を備え、元首が担う重責の他に例を見ない補佐役を務めてきたし、今も務めている。**四**　厳格だが、朗らかで、昔気質の陽気さを持ち、活動的でありながら無為の雰囲気があった。彼は何事も自分のものと主張しなかったがゆえ、逆にすべてを得た。常に他人の評価より下に自分を査定し、表向きの顔と暮らしは穏やかだが、精神は眠りを知らない。

---

(1) 同名のガイウス・ラエリウス父子。父は前一九〇年の執政官で、大スキピオの副官、子は前一四〇年の執政官で、小スキピオの親友。

(2) 第八十五章二参照。

(3) 前二〇年頃の生まれ。アウグストゥスの臨終とティベリウスの即位に立ち会ったあと、パンノニアの反乱に対処すべく派遣されたドルススの遠征に護衛長官として参加した。後二〇年以降に皇帝家とのつながりが緊密になるとともに権勢が急速に高まった。親衛隊長となった後二三年頃に権力の絶頂期を迎え、ゲルマニクスの未亡人と長男を追放に処し、次男を牢獄に閉じ込めるなど横暴を尽くした。しかし、命運はすぐに尽き、本書の著わされた翌年の後三一年、ティベリウスへの謀反の罪で逮捕され、十月十八日処刑される。

第百二十八章

一　この人物が持つ美徳の評価について、市民の判断が元首の判断と相争ってすでに久しい。元老院とローマ国民が、最良な人こそ最も気高い人だと考えることは、今に始まったことではない。その昔の人々も、ポエニ戦争以前、今から三〇〇年前には、新人であったティベリウス・コルンカニウス(1)に他のあらゆる栄誉とともに大神祇官職まで与え、頂点へと押し上げた。二　また、騎士階級出身のスプリウス・カルウィリウス(2)を、そののちトゥスクルム市生まれで首都ローマの新たな住人マルクス・カトーとムンミウス・アカイクスを執政官、監察官そして凱旋将軍まで押し上げた。三　出自のよく分からないガイウス・マリウスを六期も執政官に選出し、紛れもないローマの第一人者とした。トゥリウス・キケロには、彼が推挙すれば望みの人物に第一人者の地位を授けられるほどの力を与えた。アシニウス・ポリオには、どれほど高貴な人々でも汗水流して苦労した末にしか得ることができないどんなものも拒否しなかった。それゆえ、明らかに、誰であれ心に美徳を宿す人に最大の栄誉を与えるべきと評価したのである。四　そうした先例を自然に模倣した結果、カエサルはセイヤヌスを試すことに、セイヤヌスは元首の重責を補佐することに乗り出し、ローマ国民と元老院は最善と判断した人材を自分たちの安全守護役に進んで据えるにいたったのである。

第百二十九章

一　しかし、ティベリウス・カエサルの元首政の言わば鳥瞰図を示したので、これから個別の事柄を検討しよう。彼はなんと賢明にラスクポリス(3)──実兄の息子にして同じ王国を分かち合うコテュスを殺害した者──を首都ローマへ呼び寄せたことか。この一件でティベリウスは執政官経験者フラックス・ポンポニウスの稀に見る働きに恵まれた。ポンポニウスはどんな職務も公正に行なうために生まれてきたような人物で、純粋な美徳によって常に栄光に値する行為をしたが、決して栄光を追い求めようとはしなかった。二　ティベリウスは、元首としてではなく、一元老院議員あるいは裁判官としてどれほど厳正に、……訴訟に耳を傾けたことか。なんと速やかに、恩知らずで政変を企てる不逞の輩を屈服させたことか。なんという指南を息子ゲルマニクスに授けたことか。帯同した遠征で軍事の初歩を仕込み、ゲルマニアの征服者として帰還させた

(1) 前二八〇年の執政官、前二四六年の独裁官、平民出身で初めての大神祇官。
(2) 初の指名執政官としてきサムニテス人を服従させ（前二九二年）、第二回の執政官職のときタレントゥムの兵力を削減（前二七二年）。
(3) トラキア王ロイメタルケスが後一二年に死ぬと、アウグストゥスは王領を亡君の弟ラスクポリスと息子のコテュスの両者に分割した。しかし、肥沃な土地を受け継いだコテュスをラスクポリスが攻撃し、さらに調停を装った宴の席で捕らえ、ついには殺害した。ティベリウスはルキウス・ポンポニウス・フラックス（後一七年の執政官、一八－一九年のモエシア総督）を派遣し、ラスクポリスをローマへ連行させた。

とは。なんという栄誉でまだ若い彼を包んだことか、凱旋式の盛大さ[1]は彼の事績の大きさに見合うものであるとはいえ。三　いくたびローマ国民に施しで報いたことか。元老院の認可のもとに可能なときは、どれほど喜びをもって元老院議員の財産の欠を充足させたことか。ただ、それは奢侈を招かないと同時に、清貧ゆえに威信を失わせないようになされた。なんと大きな栄誉とともに息子ゲルマニクスを海を越えた属州へ派遣したことか。いかに有効な方策を用い、息子ドルススを代理にして補佐役としつつ、占拠した王国の領域に居座るマロボドゥウス[2]を——大権に非礼をなすつもりでなく言うのだが——言わば、地中に隠れた蛇に対してするように、方策という薬剤で出てくることを余儀なくさせたことか！　じつに体面を失わせぬまま確実にマロボドゥウスを封じていることか！　ガリア人の指導者サクロウィルとフロルス・ユリウス[3]が引き起こした、重くのしかかる戦争の大波を驚くべき速さと勇気で鎮圧したとは！　その結果、ローマ国民は自分たちが交戦中であると知る前に、勝ったことを知り、危難の知らせより先に勝利の知らせが届いた。四　アフリカにおける戦争も激しい恐怖を伴い、日々その規模は拡大していたが、元首の指揮と采配の下で短期間で鎮火した[4]。

第百三十章

一　元首は自分自身、および家族の名でなんと立派な建造物を築いたことか。いかなる親思いと大度をもって信じられないような神殿を父君のために建立したことか！　なんと見事に自分の気持ちを抑えて、火事で焼け落ちたポンペイユス劇場をも再建したことか。[5] かつて輝きを放ったものは何であれ、言わば身内の財産として守らなければならないと考えているのである。二　他の場合と同様、最近のカエリウス丘火災[6]であらゆる階級の人々が蒙った損害に自分自身の財産から支援したとはなんと篤志に厚いことか。絶えず特別の恐怖を伴う兵員補充を、徴兵時の混乱もなく、なんという人々の平静のもとに手配していることか！

三　もし自然に認められるか、人間の凡庸ゆえに許容されるなら、私は神々に敢えて不平を言う。ティベ

(1) 後一七年五月二十六日。ゲルマニクスは当時三二歳。

(2) ティベリウスは後七年と九年にマルコマンニ族の王マロボドゥウスと戦った（第百八、百九章参照）が、同盟条約が結ばれ、以後マロボドゥウスはローマに忠実になった。後一七年、アルミニウスの前に敗北を喫し、ローマ側からの援助が途絶えると、マロボドゥウスは反乱を起こしたが、ドルススに屈服した。彼は強制的にラウェンナに住まわされ、一八年後に死去した（タキトゥス『年代記』二-四五-四六、六二-六三）。

(3) 後二一年、トレウィリ族の指導者ユリウス・フロルスとアエドゥイ族の指導者サクロウィルは高利による過重な負債に抗議して蜂起した。反乱は全ガリアからゲルマニアに及ぶとローマで一時噂されるほど広がりかけたが、司令官ガイウス・シリウスなどの働きにより鎮圧された（タキトゥス『年代記』三-四〇-四六参照）。

(4) セイヤヌスの伯父クイントゥス・ユニウス・ブラエススによるタクファリナスの反乱鎮圧に関する言及。二〇九頁註(3)、タキトゥス『年代記』二-五二、三-七三-七四参照。

(5) ティベリウスの建造として知られるのは、ポンペイユス劇場の舞台とアウグストゥス神殿のみ。

(6) 後二七年。

リウスが何をしたからというので、ドルスス・リボは罪深い計画を立てたのか[1]。また、何が悪くて、シリウス[2]とピソ[3]はあれほど敵意を抱いたのか。しかし、前者には、地位を揺るぎないものにし、後者には、地位を高めてやったではないか！　さらに重要なことに話を進めよう――ただし、あの方はこれが最重要だとお考えだが――。どうしてまた、若い息子たちを失わねばならなかったのか[4]。どうして息子ドルススの儲けた孫を失わねばならなかったのか[5]。**四**　私はここまで悲しむべきことを述べたが、次は恥辱を述べねばならない。マルクス・ウィニキウスよ、この三年間[6]、どれほど大きな苦痛があの方の心を引き裂いたことか。どれほど長いあいだ、あの方の胸は内に押し込んだ――それが最も辛いことだが――炎で燃え上がったことか。嫁のため、孫のために[7]心を痛め、憤激し、恥をかくことを強いられたのだから。**五**　母君が亡くなられたこと[8]がこのときの苦悩をさらに増した。母君はじつに傑出した女性で、すべての面で人間というより女神に近く、その権勢が分かるのは危難を軽減したときか位階を昇進させたときしかなかった。

第百三十一章

一　神々への祈願をもってこの巻は終了すべきであろう。カピトリウムのユッピテル神よ、ローマという名の創始者にして護持者でもあるグラディウス・マルス神よ！　永遠に燃え続ける火の守護者ウェスタ女神よ！　この偉大なローマ帝国を世界の最高所へ引き上げたすべての神々よ！　あなた方に私は国民の声で呼びかけ祈る、警備と保全と庇護をこの国、この平和、この元首に賜りますよう。

二　この元首が人間界での務めを――ずっと長く続けてから――了えたあと、できうるかぎり後々まで後継者たちを定めたまえ。ただ、後継者たちは現元首にわれわれが認めたのに劣らず勇敢に世界の統治を担う力を備えるものとしたまえ。そして全市民の思慮が義務感の強い……(9)

(1) マルクス・スクリボニウス・リボ・ドルススはティベリウスに対するクーデターの嫌疑で告発され、自殺に追い込まれた(タキトゥス『年代記』二―二七―三二)。
(2) ガイウス・シリウス・アウルス・カエキナ(後一三年の執政官)は後二四年に大逆罪で告発され、自害した。
(3) グナエウス・カルプルニウス・ピソは前七年にティベリウスと執政官同僚を務め、後一七年にティベリウスの命令でシュリア総督。後二〇年にさまざまな罪状で告発され、自害した。
(4) ティベリウスの甥で養子縁組で息子になったゲルマニクスは後一九年十月十日に死んだ。ティベリウスと血縁関係にある息子ドルススも後二三年九月十四日に死んだ。
(5) 後一九年にドルススとリウィアのあいだに生まれた双子のこと。ゲルマニクス・ゲメルスは後二三年死去、ティベリウス・ゲメルスも後三八年に一九歳で死去。
(6) 後二八年と三〇年のあいだ。
(7) ゲルマニクスの妻アグリッピナと長男のネロ・カエサルのこと。ほぼ同じ頃に、前者はパンダテリア島へ、後者はポンティア島へ流刑になった。
(8) 後二九年。享年八七歳。
(9) 以下は写本が欠損する。

訳者あとがき

高橋宏幸

作者ウェレイユス・パテルクルス

本書の作者ウェレイユス・パテルクルス（Velleius Paterculus. 個人名はガイウスとも言われるが、確かではない）について知られるところは本書中での作者自身の言及以外にない。

母方の曾祖父はカンパニア地方、アエクラヌムの町のミナトゥス・マギウスといい、また、このミナトゥスの祖父デキウス・ミナトゥスはカンパニア人の第一人者であったという（第二巻第十六章二）。他方、父方の祖父ガイウス・パテルクルスはポンペイユス、マルクス・ブルトゥス、（ティベリウス帝の父）ティベリウス・クラウディウス・ネロの下で工兵隊長（praefectus fabrum）を務めた（第二巻第七十六章一）。また、叔父の元老院議員カピトは、アグリッパがユリウス・カエサル暗殺者のカッシウスを断罪したときに支持したという（第二巻第六十九章五）。

ウェレイユス自身は、おそらく前二〇ないし一九年の生まれと推測され、トラキア、マケドニア、さらに東方の各地で軍団副官（tribunus militum: 将来、高位の公職を志す若者が最初に軍事経験を積む位階）として軍役を担うことから経歴の一歩を踏み出した（第二巻第百一章三）。それが、本書の献じられたマルクス・ウィニキウス（後三〇年の執政官）の同名の父マルクス・ウィニキウスが執政官の年（前一年）であった。東方では、（アグリッパとユリアの子で、アウグストゥスの養子）ガイウス・ユリウス・カエサルの軍に加わってもいる（第二巻第百一章一－二）。軍団副官の務めを了えたあと、後四年から九年間、のちのティベリウス帝のもとでゲルマニア、パンノニア、ダルマティアにおいて軍務に就いた。軍務の当初は父から引き継いだ騎兵隊長（praefectus equitum）の任務を担い、そののち、後七年に財務官に選出されると、アウグストゥス指名軍団指揮官（legatus Augusti）となった（第二巻第百四章三、第百十一章三－四、第百十四章二、第百十五章五）。ダルマティアでは、兄弟のマギウス・ケレル・ウェレイヤヌスもティベリウスを補佐する副官（adiutor legatusque）として仕え（第二巻第百十五章一）、兄弟二人とも、ティベリウスの凱旋式に連なる（第二巻第百二十一章三）一方、後一四年にアウグストゥスが没したときにはアウグストゥス指名法務官候補者（第二巻第百二十四章四）となっていた。

このあとのウェレイユスについて知られるのは、本書を後三〇年に執政官マルクス・ウィニキウスに献じたことしかない。歴史上から完全に姿を消してしまうのである。

作品

作品の第一巻がトロイア陥落後という（われわれの感覚では神話の時代だが、古代にはトロイア戦争から歴史時代が始まるとされたので）ほぼ歴史の始源から始めて、カルタゴの完全破壊（前一四六年）まで、第二巻はそれから後二九年（つまり、執筆の直前時点）までを扱う。このように世界の始源から同時代まで全歴史をきわめて簡略化して記述する著作には先例があった。『英雄伝』の著者として知られるコルネリウス・ネポスは『クロニカ』(*Chronica.*「年次記」ほどの意味)において、詩人カトゥルスによると「イタリア人の中でただ一人、果敢にもすべての時代を三巻で述べた」(『詩集』一-五—六)という。また、キケロの生涯の友アッティクスは自分の著作に「全歴史を簡潔かつ、じつに細心の注意を払って収めた」(キケロ『ブルトゥス』一四)とされ、それは「時代順の展開の上にすべてを一望のもとに見渡せる利点」(同書一五)をもつものとしてキケロの賛辞を受けている。これら二つの著作は伝存していないが、キケロ『国家について』第二巻に記されるローマの略史は、単独の作品でもなく、「全時代」を扱ってもいないものの、関連する実例として見ることはできるかもしれない。

ウェレイユスにもこうした先例を意識していたことを窺わせる記述がある。記述を簡略に留めることへの言及は作品中に何度も見られる(第一巻第十六章一、第二巻第二十九章二、第三十八章一、第四十一章一、第五十二章三、第五十五章一、第六十六章三、第八十六章一、第八十九章一、第九十六章三、第九十九章三、第百八章二、第百二十四章二)が、とくに第二巻第五十五章一では「簡潔さを約束した」と述べられる一方、第二巻第三十八、三十九章で属州ごとに平定の時期、および、勝者と敗者がまとめて記されるとき、それは「部分ごとに記述したことを一度に全体として容易に見て取れる」(第三十八章一)ことを目的としている。

しかし、そうした記述は出来事の連なりに因果関係を見いだそうとするというより、むしろ、事柄の羅列に終わっているという感を受ける。

キケロが『国家について』でローマの歴史を概観するとき、それは「わたしたちの国家[ローマ]は、一人の者の才能ではなく多くの人々の才能により、また人間の一生涯のあいだではなく、数世紀、数世代にわたって確立された。……いかなる才能も、すべての事柄に気づくことができる者がかつて存在したと言えるほど偉大であったためしはなく、また万人の才能を一人の者に集めても、物事の熟練や時の経過なしにすべてのものを把握して将来に備えることは、一つの時期においてはできない」（同書第二巻二：岡道男訳）ということを検証するためになされている。「すべてを一望」しようとするのは「数世紀、数世代」のことを全体として把握する必要があるからで、そこには確固とした歴史観、歴史の大きな流れを捉える確かな目が認められる。

それに比べて、ウェレイユスの場合には、歴史観と呼びうるものがはっきりとは見えてこない。この点で、ウェレイユスが歴史家として第二級であるという一般の評価に訳者も同意せざるをえない。

しかし、そもそもウェレイユスがこの著作で意図したものが歴史であったのかどうか、問われるべきかもしれない。というのは、繰り返し「正式の著作」（iustum opus: 第二巻第八十九章一、第九十九章三、第百三章四）もしくは「正式の巻」（iusta volumina: 第二巻第四十八章五、第百十四章九、第百十九章一）についての言及が現われ、十全な著述はそこで行なわれることが予告されるので、少なくとも、本作は歴史作品として不十分であることを認識したうえで執筆されており、とすれば、そのような作品を執政官に献じて公にすることにどんな意味があったのか、あるいは、本作と「正式な著作」とはどのような関連のもとに構想されたかが大きな問題であるように思われるからである。

この点について確かなことは言えない。「正式な著作」は現存せず、書かれたかどうかも分からない一方、著者の構想が示されていたと考えられる冒頭部分が欠落しているためである。

そのうえで、ウェレイユスの著述の特色として「概略史」という以外に気づかれるのは、第一に、右にも見たように、著者自身と著者の家系にたびたび言及し、その言及は賛辞ないし誇示ともとれること、第二に、作品を献呈した後三〇年の執政官マルクス・ウィニキウスに頻繁な呼びかけがなされ、とくに、記述される出来事が「あなたが執政官職にある年から数えて八二三年前」(第一巻第八章一)といった形(第一巻第八章四、第十二章六、第二巻第七章五、第四十九章一、第六十五章二、第九十六章二をも参照)で、あたかもウィニキウスの執政官の年が歴史上の一つの節目であるかのように表現されること、第三に、カエサル家の人々、とりわけ、現皇帝ティベリウス、そして、ティベリウスの親衛隊長として絶大な権力を掌握したセイヤヌスへの賛辞、というより追従と呼ぶべき言辞が際立っていることである。これらのことからは、ウェレイユスが次期執政官職を目指して、この著作に自薦書の働きを担わせたとも想像したくなる。自分はローマの歴史に皇帝家支配の正統性の証しを見て取っており、それを一書に著わす能力を有する一方、自分の家系は祖先の代よりずっと皇帝家に忠実に仕えてきたし、自分自身の忠誠がさらに固いことはこれまでに実証の機会があった。そこを汲んで、どうかよろしく、という魂胆である。そこまで具体的な目論見を考えないとしても、権力者に取り入ろうとする意図があるのは疑いがないように思われる。

テキスト

ウェレイユスのテキストは一五一五年に発見された唯一の写本に由来するが、この原写本は失われる一方、原写本からの写し(一五一六年)と刊本(初版、一五二〇年)が今に伝わる。これらは、しかし、損傷が激しい。実際、第一巻はほとんどが失われた。ウィニキウスへの献辞、著作の性格や意図などが述べられたと推測される冒頭部分のほか、ローマ建国の王ロムルスの時代から、ローマ軍がマケドニア王ペルセウスに勝利して、ギリシア征服を果たしたピュドナの戦い（前一六八年）までが欠落している。この他にも小さな欠損はかなりあり、また、意味の判読が困難な箇所も多くある。

なお、本訳書では訳文と註の作成に当たって、底本として掲げたエルグアルクによるもののほか、次の校訂本ないし注釈本を参照した。

Elefante, M., *Velleius Paterculus: ad M. Vinicium consulem libri duo*. Hildesheim/Zürich/New York 1997.

Shipley, F. W., *Velleius Paterculus*. Loeb Classical Library 1924.

Watt. W. S., *Velleius Paterculus: Historiarum ad M. Vinicium consulem libri duo*. Bibliotheca Teubneriana 1988.

Woodman, A. J., *Velleius Paterculus 2.41-93*. Cambridge 1983.

Id., *Velleius Paterculus 2.94-131*. Cambridge 1977.

また、本訳書は当初、西田の単独訳として計画され、実際、本文と訳註に加えて解説と索引についても再校まで作業が進められたが、二〇一一年七月に京都大学学術出版会から依頼を受けて高橋が見直しを行なうことになった。その結果、見直しという言葉では覆いきれない大幅な修正（本文全般の改訳、訳註の整理、「解説」から「訳者あとがき」への差し替え、固有名詞から人名のみへの索引の縮小）が施された。「共訳」となったのはこのような経緯による。この作業でできる範囲のことは尽くしたつもりであるものの、識見ある読者の目にはなお不十分と映るところが多いのではないかと危惧する。ただ叱正を乞うのみである。

最後に、京都大学学術出版会の和田利博氏にはさまざまにお世話になった。お礼を申し述べたい。

される。 *II. 82*
リボ・ドルスス →スクリボニウス・リボ・ドルスス，マルクス
リュクルゴス (Lycurgus)
伝説的なスパルタの立法家。 *I. 6*
リュシッポス (Lysippus)
前４世紀のギリシア人ブロンズ像制作者。 *I. 11*
リュドス (Lydus)
伝説的なリュディアの王。 *I. 1*
ルキリア (Lucilia)
大ポンペイユスの母。 *II. 29*
ルキリウス，ガイウス (C. Lucilius)
風刺詩を創始した詩人。小スキピオの友人。 *II. 9*
ルキリウス，セクストゥス (Sex. Lucilius)
前87年の護民官。 *II. 24*
ルクルス →リキニウス・ルクルス
ルクレティウス・オフェラ，クイントゥス (Q. Lucretius Ofella)
スッラ派の将軍。 *II. 27*
ルクレティウス・カルス，ティトゥス (T. Lucretius Carus)
前94－55年頃。エピクロス派の原子論に基づく哲学詩『事物の本性について』６巻を残す。 *II. 36*
ルタティウス・カトゥルス，クイントゥス (Q. Lutatius Catulus) (1)
前102年の執政官。 *II. 12, 22*
ルタティウス・カトゥルス，クイントゥス (Q. Lutatius Catulus) (2)
前項人物の息子。前78年の執政官。 *II. 32, 43, 48*
ルティリウス・ルフス，ププリウス (Rutilius Rufus)
前105年の執政官。 *II. 9, 13*
ルティリウス・ルプス，ププリウス (P. Rutilius Lupus)
前90年の執政官。同盟市戦争で戦死。 *II. 15－16*
ルピリウス，ププリウス (P. Rupilius)
前132年の執政官。 *II. 7*
ルリウス，マルクス (M. Lurius)
オクタウィアヌスの艦隊指揮官。 *II. 85*
レグルス →アティリウス・レグルス，マルクス
レピドゥス →アエミリウス・レピドス
レントゥルス →コルネリウス・レントゥルス
ロイメタルケス (Rhoemetalces)
トラキア王。 *II. 112*
ロスキウス・オト，ルキウス (Roscius)
前67年の護民官。 *II. 32*
ロムルス (Romulus)
伝説的なローマ建国の英雄。軍神マルスと、ウェスタ女神の巫女レア・シルウィアのあいだの子。 *I. 8*
ロリウス，マルクス (M. Lollius)
前21年の執政官。前17／16年のガリア総督。 *II. 97, 102*

前190年の執政官。大スキピオの副官。 *II. 127*
ラエリウス・サピエンス，ガイウス（C. Laelius Sapiens）
前項人物の息子。前140年の執政官。小スキピオの友人。 *I. 17; II. 9, 127*
ラスクポリス（Rhascupolis）
トラキア王。 *II. 129*
ラステネス（Lasthenes）
クレタ人の指導者。 *II. 34, 40*
ラビエヌス，クイントゥス（Q. Labienus）
次項人物の息子。前39年に敗死。 *II. 78*
ラビエヌス，ティトゥス（T. Labienus）
前63年の護民官。ガリアにおけるユリウス・カエサルの副官。内乱ではポンペイユス派。 *II. 40, 55*
ラビリウス（Rabirius）
アウグストゥス時代の叙事詩人。アクティウムの海戦に取材した詩を著わしたとされるが、作品は散逸した。 *II. 36*
リウィア・ドルシラ（Livia Drusilla）
リウィウス・ドルスス・クラウディアヌスの娘。ティベリウス帝の母。前58－後29年。前38年にオクタウィアヌスと結婚。アウグストゥスの死後、その遺言によりユリウス氏に迎えられ、ユリア・アウグスタと呼ばれた。 *II. 71, 75, 79, 94—95*
リウィウス，ティトゥス（T. Livius）
ローマを代表する歴史家。前59頃－後17年頃。『ローマ建国以来の歴史』142巻を著わし、かなりの部分が伝存。 *I. 17; II. 36*
リウィウス・ドルスス，マルクス（M. Livius Drusus）
前91年の護民官。法案を提出してさまざまな身分の人の融和、農地改革そしてイタリア人に市民権を分与することに尽力したが、大衆の関心事とはならず、前91年殺された。 *II. 13—15*
リウィウス・ドルスス・クラウディアヌス，マルクス（M. Livius Drusus Claudianus）
リウィア・ドルシラの父。 *II. 71, 75, 94*
リキニウス・カルウス，ガイウス（C. Licinius Calvus）
弁論家で詩人。カトゥルスの友人。 *II. 36*
リキニウス・クラッスス，ルキウス（L. Licinius Crassus）
前140－91年。前95年の執政官。著名な弁論家。 *II. 9, 36*
リキニウス・クラッスス・ディウェス，マルクス（M. Licinius Crassus Dives）
前70、55年の執政官。第一次三頭政治体制の一員。 *II. 30, 46, 82, 91, 119*
リキニウス・クラッスス・ムキアヌス，プブリウス（Licinius Crassus Mucianus）
前131年の執政官。弁論家、法学者。 *I. 17; II. 4*
リキニウス・ネルウァ・シリアヌス，アウルス（A. Licinius Nerva Silianus）
後７年の執政官。 *II. 116*
リキニウス・ルクルス，マルクス（M. Licinius Lucullus）(1)
次々項人物の兄弟。マリウスの信奉者。 *II. 28*
リキニウス・ルクルス，マルクス（M. Licinius Lucullus）(2)
次項人物の息子。 *II. 71*
リキニウス・ルクルス，ルキウス（L. Licinius Lucullus）
前74年の執政官。第三次ミトリダテス戦争を指揮。 *II. 33—34, 37, 40, 48*
リベル（Liber）
豊穣を司るイタリア古来の神格。ギリシアのディオニュシオス（バックス）と同一視

前138年の執政官。 *II. 5*
ユニウス・ブルトゥス・ダマシップス，ルキウス（L. Iunius Brutus Damasippus）
前82年の法務官。 *II. 26*
ユニウス・ユンクス，マルクス（M. Iunius Iuncus）
前76年の法務官。 *II. 42*
ユバ（一世）（Iuba）
ヌミディア王。大ポンペイユスを支援。 *II. 53—54*
ユリア（Iulia）（1）
ユリウス・カエサルの娘。前54年に大ポンペイユスと結婚。 *II. 44, 47*
ユリア（Iulia）（2）
ユリウス・カエサルの妹。オクタウィアヌス・アウグストゥスの祖母。 *II. 59*
ユリア（Iulia）（3）
前39－後14年。スクリボニアとアウグストゥスの娘。 *II. 93, 96, 100, 104*
ユリア・アウグスタ（Iulia Augusta） →リウィア・ドルシラ
ユリウス・カエサル，ガイウス（C. Iulius Caesar）（1）
前59、48、46－44年の執政官。前100－44年。 *II. 30, 36, 39, 41, 44—61, 63—64, 68—69, 87*
ユリウス・カエサル，ガイウス（C. Iulius Caesar）（2）
前20－後4年。アグリッパとユリア（3）の息子。前17年にアウグストゥスの養子となる。 *II. 96, 99, 101—103*
ユリウス・カエサル，ネロ（Nero Iulius Caesar）
ゲルマニクスの息子。 *II. 130*
ユリウス・カエサル，ルキウス（L. Iulius Caesar）（1）
前90年の執政官。 *II. 15*
ユリウス・カエサル，ルキウス（L. Iulius Caesar）（2）
三頭政治家アントニウスの伯父。 *II. 67*
ユリウス・カエサル，ルキウス（L. Iulius Caesar）（3）
前項人物の弟。前17－後2年。アウグストゥスの養子となる。 *II. 96, 99, 102—103*
ユリウス・カエサル・アウグストゥス，ティベリウス（Ti. Iulius Caesar Augustus）
ティベリウス帝。在位、後14－37年。クラウディウス・ネロ，ティベリウスの子として（父と同名を受け継ぐ）生まれ、アウグストゥスの養子となる。 *II. 39, 75, 94—97, 99—101, 103—107, 109—115, 117, 120—124, 126—129*
ユリウス・カエサル・オクタウィアヌス・アウグストゥス，ガイウス（C. Iulius Caesar Octavianus Augustus）
ガイウス・オクタウィウス（1）の子として生まれ（前63年）、ユリウス・カエサルの養子となってオクタウィアヌスを名乗り、前27年にアウグストゥスの称号を元老院から授与される。元首政の樹立者。後14年没。 *II. 36, 38—39, 59—62, 65—66, 69—72, 74—78, 83—100, 102—104, 110—111, 123—124, 126—127*
ユリウス・カエサル・ストラボ，ガイウス（C. Iulius Caesar Strabo）
前90年の高等造営官。著名な弁論家。 *II. 9*
ユリウス・フロルス（Iulius Florus）
トレウェリ族出身で、後21年のガリア人蜂起の指導者。 *II. 129*
ユルス・アントニウス →アントニウス，ユルス
ユンクス →ユニウス・ユンクス，マルクス
ラエナス，プブリウス →ポピリウス・ラエナス，プブリウス
ラエリウス，ガイウス（C. Laelius）

前項人物の息子。前95年の執政官。著名な法律家、弁論家。 *II. 9, 26*
ムキウス・スカエウォラ，プブリウス（P. Mucius Scaevola）
前133年の執政官。 *II. 2*
ムナティウス・プランクス，ルキウス（L. Munatius Plancus）
前42年の執政官。前22年の監察官。 *II. 63—64, 67, 74, 76, 83, 91, 95*
ムレナ →テレンティウス・ウァロ・ムレナ，アウルス（ルキウス）
ムンミウス・アカイクス，ルキウス（L. Mummius Achaicus）
前146年の執政官。コリントスの征服者。 *I. 12—13; II. 38, 128*
メガステネス（Megasthenes）
伝説的なクマエの建国者。 *I. 4*
メッサラ →ウァレリウス・メッサラ
メテルス →カエキリウス・メテルス
メドン（Medon）
アテナイのアルコーン。 *I. 2*
メナス（Menas）
セクストゥス・ポンペイユスの艦隊指揮官。 *II. 73, 77*
メナンドロス（Menander）
ギリシア新喜劇詩人。古典喜劇の模範的作家。前344／43－292／91年。 *I. 16*
メネクラテス（Menecrates）
セクストゥス・ポンペイユスの艦隊指揮官。 *II. 73, 77*
メネラオス（Menelaus）
スパルタの王。アガメムノンの弟。ヘレネの夫。 *I. 1*
メラントス（Melanthus）
アテナイ王コドロスの父。 *I. 2*
メルラ →コルネリウス・メルラ，ルキウス
ヤヌス（Ianus）
門戸を司るローマの神格。 *II. 38*
ユウェンティウス・ラテレンシス，マルクス（M. Iuventius Laterensis）
前51年の法務官。三頭政治家レピドゥスの将校。 *II. 63*
ユグルタ（Iugurtha）
ヌミディア王家の傍流に生まれ、前112年に王位を武力で奪取。前104年、マリウスに敗北後に刑死。 *II. 9, 11—12*
ユニア（Iunia）
マルクス・ユニウス・ブルトゥスの姉妹。三頭政治家レピドゥスの妻。 *II. 88*
ユニウス・シラヌス，マルクス（M. Iunius Silanus）（1）
前109年の執政官。 *II. 12*
ユニウス・シラヌス，マルクス（M. Iunius Silanus）（2）
前25年の執政官。 *II. 77*
ユニウス・ブラエスス，クイントゥス（Q. Iunius Blaesus）
後10年の補充執政官。 *II. 125*
ユニウス・ブルトゥス，マルクス（M. Iunius Brutus）
前44年の法務官。ユリウス・カエサルの暗殺者。 *II. 36, 52, 56, 58, 62, 65, 69—74, 76, 78, 87—88*
ユニウス・ブルトゥス・アルビヌス，デキムス（D. Iunius Brutus Albinus）
前42年の予定執政官。ユリウス・カエサル暗殺に関与。 *II. 56, 58, 60—64, 87*
ユニウス・ブルトゥス・ガラエクス，デキムス（D. Iunius Brutus Gallaecus）

パルティア王。前項人物の息子。在位、前３／２－後２年。 *II. 101*
フラウィウス・フィンブリア，ガイウス（C. Flavius Fimbria）
マリウスとキンナの信奉者。 *II. 24*
プラウティウス・シルウァヌス，マルクス（M. Plautius Silvanus）
前２年の執政官。 *II. 112*
プラトン（Plato）
ギリシアの哲学者。ソクラテスの弟子。アカデメイアを設立。 *I. 16*
プランクス　→プロティウス・プランクス，ルキウス、または、ムナティウス・プランクス，ルキウス
フルウィア（Fulvia）
アントニウス，マルクス（2）の妻。前40年に死去。 *II. 74, 76*
フルウィウス・ノビリオル，マルクス（M. Fulvius Nobilior）
前189年の執政官。 *I. 15; II. 38*
フルウィウス・フラックス，クイントゥス（Q. Fulvius Flaccus）（1）
前237、224、212、209年の執政官。前211－210年にカプアを攻略。 *II. 8*
フルウィウス・フラックス，クイントゥス（Q. Fulvius Flaccus）（2）
前179年の執政官。前174年の監察官。 *I. 10; II, 8*
フルウィウス・フラックス，クイントゥス（Q. Fulvius Flaccus）（3）
フルウィウス・フラックス，マルクス（2）の息子。 *II. 7*
フルウィウス・フラックス，グナエウス（Cn. Fulvius Flaccus）
前項人物の兄弟。 *I. 10*
フルウィウス・フラックス，マルクス（M. Fulvius Flaccus）（1）
前264年の執政官。 *I. 12*
フルウィウス・フラックス，マルクス（M. Fulvius Flaccus）（2）
前125年の執政官。前122年の護民官。 *II. 6—7*
ブルトゥス　→ユニウス・ブルトゥス
プロティウス・プランクス，ルキウス（L. Plotius Plancus）
ムナティウス・プランクスの兄弟。前43年の法務官。 *II. 67*
ペイディッポス（Phidippus）
ヘラクレスの末裔、テッサロスの息子。 *I. 1*
ヘシオドス（Hesiodus）
ギリシアの叙事詩人。前700年頃。『神統記』『仕事と日』を残す。 *I. 7*
ベスティア　→カルプルニウス・ベスティア，ルキウス
ペディウス，クイントゥス（Q. Pedius）
前43年の執政官。 *II. 65, 69*
ペトレイユス，マルクス（M. Petreius）
前64年の法務官。ポンペイユスの副官。 *II. 48, 50*
ヘラクレス（Hercules）
ギリシア無双の英雄。 *I. 2—3, 6, 8*
ヘリウス・アシニウス（Herius Asinius）
同盟市戦争でのイタリア人側指導者の一人。 *II. 16*
ペルセウス（Perseus）
マケドニア国王（在位、前179－168年）。ピリッポス五世の息子。 *I. 9, 11*
ペルペンナ（ペルペルナ），マルクス（M. Perpenna（Perperna））
前130年の執政官。 *II. 4, 38*
ペルペンナ・ウェイイェント，マルクス（M. Perpenna Veiento）

ピリッポス（五世）(Philippus)
マケドニア王。ペルセウスの父。 *I. 6*
(似非) ピリッポス (Pseudophilippus)
本名アンドリスコス。一時マケドニアの支配権掌握。 *I. 11*
ヒルティウス，アウルス (Hirtius)
前43年の執政官。ムティナの戦いに指揮官として参戦し戦死する。 *II. 57, 61—62*
ピレモン (Philemo)
ギリシア新喜劇詩人。前368／60－267／63年。 *I. 16*
ピンダロス (Pindarus)
ギリシア祝勝合唱歌詩人。前518頃－438年。『オリュンピア祭祝勝歌』『ピュティア祭祝勝歌』『ネメア祭祝勝歌』『イストミア祭祝勝歌』などを残す。 *I. 18*
ファウォニウス，マルクス (Favonius)
前49年の法務官。 *II. 53*
ファビウス・ドルソ，ガイウス (C. Fabius Dorso)
前273年の執政官。 *I. 14*
ファビウス・マクシムス，クイントゥス (Q. Fabius Maximus)
前181年の執政官。 *I. 10*
ファビウス・マクシムス・アエミリアヌス，クイントゥス (Q. Fabius Maximus Aemilianus)
アエミリウス・パウルス，ルキウス (2) の息子で、前項人物の養子。前145年の執政官。 *I. 10; II. 5*
ファビウス・マクシムス・アロブロギクス，クイントゥス (Q. Fabius Maximus Allobrogicus)
前121年の執政官。 *II. 10, 39*
ファビウス・マクシムス・ルリアヌス，クイントゥス (Q. Fabius Maximus Rullianus)
前322、310、308、297、295年の執政官。 *I. 14*
ファンニウス・カエピオ (Fannius Caepio)
前22年にアウグストゥスに対する謀叛を計画。 *II. 91, 93*
ファンニウス（・ストラボ），ガイウス (C. Fannius (Strabo))
前122年の執政官。弁論家、歴史家。 *I. 17; II. 9*
プトレマイオス (Ptolemaeus)
キュプロス王。 *II. 38, 45*
プトレマイオス（六世）・ピロメトル (Ptolemaeus Philometor)
エジプト王。在位、前180－164年。 *I. 10*
プトレマイオス（十二世）・アウレテス (Ptolemaeus Auletes)
エジプト王。在位、前80－58年。 *II. 53*
プトレマイオス（十三世）(Ptolemaeus)
クレオパトラの弟。前63－47年。 *II. 53, 54*
プピウス・ピソ・カルプルニアヌス，マルクス (M. Pupius Piso Calpurnianus)
前61年の執政官。 *II. 41*
プブリコラ　→ゲリウス・プブリコラ，ルキウス
プブリリウス・ピロ，クイントゥス (Q. Publilius Philo)
前339、327年の執政官。前339年の独裁官。 *I. 14*
プラアテス（四世）(Phraates)
パルティア王。オロデスの息子。在位、前38頃－前３／２年。 *II. 82, 91*
プラアテス（五世）(Phraates)

ヌモニウス・ウァラ，ガイウス（C. Numonius Vala）
クインティリウス・ウァルス，プブリウスの副官。 *II. 119*
ネストル（Nestor）
ピュロスの王。トロイア戦争に出征した長寿で弁舌に優れる英雄。 *I. 1*
ノニウス・アスプレナス，ルキウス（L. Nonius Asprenas）
後6年の執政官。 *II. 120*
ノルバヌス，ガイウス（C. Norbanus）
前83年の執政官。 *II. 25*
パウルス →アエミリウス・パウルス，ルキウス
パクウィウス，マルクス（M. Pacuvius）
ローマの悲劇作家。前220－130年。 *II. 9*
パコロス（Pacorus）
パルティア王オロデスの息子。 *II. 78*
パッシエヌス・ルフス，ルキウス（L. Passienus Rufus）
前4年の執政官。 *II. 116*
パナイティオス（Panaetius）
ロドス島出身のストア哲学者。小スキピオの文芸サークルの一員。 *I. 13*
パナレス（Panares）
クレタ島の指導者。 *II. 34, 40*
パピウス・ムティルス（Papius Mutilus）
同盟市戦争でのイタリア側指揮官。 *II. 16*
パピリウス・カルボ，ガイウス（C. Papirius Carbo）
前131年の護民官、前120年の執政官。有名な弁論家。 *II. 4, 9*
パピリウス・カルボ，グナエウス（Cn. Papirius Carbo）（1）
前113年の執政官。 *II. 12*
パピリウス・カルボ，グナエウス（Cn. Papirius Carbo）（2）
前85、84、82年の執政官を務める。 *II. 24, 26－27*
パピリウス・カルボ・アルウィナ，ガイウス（C. Papirius Carbo Arvina）
前83年の法務官。 *II. 26*
パルナケス（二世）（Pharnaces）
ポントス王ミトリダテスの息子。 *II. 40, 55*
パンサ →ウィビウス・パンサ・カエトロニアヌス，ガイウス
ハンニバル（Hannibal）
第二次ポエニ戦争でローマを苦しめたカルタゴの将軍。 *I. 14－15; II. 18, 27－28*
ピウス →カエキリウス・メテルス・ピウス
ピソ →カルプルニウス・ピソ、または、プピウス・ピソ・カルプルニアヌス，マルクス
ヒッポクレス（Hippocles）
伝説的なクマエの建国者。 *I. 4*
ヒッポテス（Hippotes）
ヘラクレスの末裔。 *I. 3, 13*
ビブルス →カルプルニウス・ビブルス，マルクス
ピュロス（Pyrrhus）（1）
アキレウスの息子。 *I. 1*
ピュロス（Pyrrhus）（2）
エペイロスの王。 *I. 14; II. 17*
ピリップス →マルキウス・ピリップス，ルキウス

テュレノス（Tyrrhenus）
伝説的なエトルリア建国の王。 *I. 1*
テラモン（Telamon）
サラミスの王。アイアスとテウクロスの父。 *I. 1*
デリウス，クイントゥス（Q. Dellius）
内乱期に変節漢として知られる人物。 *II. 84*
テレンティウス・アフェル，プブリウス（P. Terentius Afer）
小スキピオの文人サークルで活躍した喜劇詩人。前195頃－159年。6作品が伝存する。 *I. 17*
テレンティウス・ウァロ・ムレナ，アウルス（ルキウス）（A.（L.）Terentius Varro Murena）
前23年の執政官。 *II. 91, 93*
トゥキュディデス（Thucydides）
ギリシアを代表する歴史家。前460頃－400年。 *II. 36*
トゥリウス・キケロ，マルクス（M. Tullius Cicero）
前63年の執政官。前106－43年。ローマを代表する文人。多数の弁論、哲学書、修辞学書、書簡が伝存。 *I. 17; II. 14, 34—36, 45, 48, 58, 62, 64—66, 128*
ドミティウス・アヘノバルブス，グナエウス（Cn. Domitius Ahenobarbus）（1）
前122年の執政官。 *II. 10, 39*
ドミティウス・アヘノバルブス，グナエウス（Cn. Domitius Ahenobarbus）（2）
前項人物の息子。前104年の護民官。前96年の執政官。 *II. 12*
ドミティウス・アヘノバルブス，グナエウス（Cn. Domitius Ahenobarbus）（3）
ドミティウス・アヘノバルブス，ルキウス（2）の息子。前32年の執政官。 *II. 72, 76, 84*
ドミティウス・アヘノバルブス，グナエウス（Cn. Domitius Ahenobarbus）（4）
後32年の執政官。皇帝ネロの父。 *II. 10, 72*
ドミティウス・アヘノバルブス，ルキウス（L. Domitius Ahenobarbus）（1）
前94年の執政官。 *II. 26*
ドミティウス・アヘノバルブス，ルキウス（L. Domitius Ahenobarbus）（2）
前54年の執政官。 *II. 50*
ドミティウス・アヘノバルブス，ルキウス（L. Domitius Ahenobarbus）（3）
前項人物の孫。前16年の執政官。 *II. 72*
ドミティウス・カルウィヌス，グナエウス（Cn. Domitius Calvinus）
前53と前40年の執政官。内乱ではカエサルに味方して戦う。前39年ヒスパニアの総督で指揮官。 *II. 78*
ドラベラ　→コルネリウス・ドラベラ
ドルスス　→クラウディウス・ドルスス、または、クラウディウス・ネロ・ドルスス・カエサル、または、スクリボニウス・リボ・ドルスス，マルクス、または、リウィウス・ドルスス
トレボニウス，ガイウス（C. Trebonius）
前45年の執政官。カエサル暗殺に関与。 *II. 56, 69, 87*
ニコメデス（四世）・ピロパトル（Nicomedes Philopator）
ビテュニア王。在位、前94頃－75／74年。 *II. 4, 39*
ニノス（Ninus）
伝説的なアッシュリア建国の王。自分の名を冠した都ニノス（＝ニネウェ）を建設。セミラミスの夫。 *I. 6*
ヌミディクス　→カエキリウス・メテルス・ヌミディクス，クイントゥス

前268年の執政官。 *I. 14*
センプロニウス・トゥディタヌス，ガイウス (G. Sempronius Tuditanus)
前129年の執政官。 *II. 4*
センプロニウス・ブラエスス，ガイウス (G. Sempronius Blaesus)
前244年の執政官。 *I. 14*
センプロニウス・ロングス，ティベリウス (Ti. Sempronius Longus)
前218年の執政官。 *II. 90*
ソクラテス (Socrates)
ギリシアの哲学者。前470－399年。 *I. 16*
ソシウス，ガイウス (C. Sosius)
前32年の執政官。 *II. 85—86*
ソポクレス (Sophocles)
ギリシア三大悲劇詩人の一人。 *I. 16*
タウルス →スタティリウス・タウルス，ティトゥス
ダマシップス →ユニウス・ブルトゥス・ダマシップス，ルキウス
ディアナ (Diana)
森と狩猟、月光を司るローマの女神。 *II. 25*
ティグラネス (一世) (Tigranes)
アルメニア王。在位、前100頃－56年頃。 *II. 33, 37*
ティグラネス (二世) (Tigranes)
前項人物の孫、アルタウァスデスの息子。アルメニア王。在位、前20－前 6 年頃。 *II. 94, 122*
テイサメノス (Tisamenus)
オレステスの息子。 *I. 1*
ティティウス，マルクス (M. Titius)
前31年の執政官。 *II. 77, 79, 83*
ディド (Dido)
伝説上のカルタゴの建国の女王。エリッサとも呼ばれる。 *I. 6*
ディピロス (Diphilus)
ギリシア新喜劇詩人。 *I. 16*
ティブルス，アルビウス (Albius Tibullus)
ローマの恋愛エレゲイア詩人。前55頃－19年。伝存する『集成』のうち第 1 、 2 巻が真作とされる。 *II. 36*
ティベリウス →ユリウス・カエサル・アウグストゥス，ティベリウス
テウクロス (Teucer)
トロイア戦争に出征したギリシアの英雄。 *I. 1*
テオドトス (Theodotus)
プトレマイオス十三世の家臣。 *II. 53*
テオパネス (Theophanes)
ミュティレネ出身の歴史家。ポンペイユスの友人。 *II. 18*
デキウス・マギウス (Decius Magius)
本書著者の祖先。 *II. 16*
デキウス・ムース，プブリウス (P. Decius Mus)
前312、308、297、295年の執政官。 *I. 14*
テメノス (Temenus)
ヘラクレスの末裔の指導者。 *I. 2*

スパルタクス (Spartacus)
前73－71年の剣闘士を中心とする奴隷蜂起の指導者。 *II. 30*
スルピキウス・ガルバ，セルウィウス (Ser. Sulpicius Galba)
前144年の執政官。著名な弁論家。 *I. 17; II. 9*
スルピキウス・ルフス，プブリウス (Sulpicius Rufus)
前88年の護民官。有名な弁論家。 *II. 9, 18—20, 36*
セクスティウス・カルウィヌス，ガイウス (C. Sextius Calvinus)
前124年の執政官。 *I. 15*
セゲステス (Segestes)
ケルスキ族、アルミニウスの叔父。 *II. 118*
セミラミス (Semiramis)
アッシリア王国の女王。 *I. 6*
セルウィリア (Servilia)
アエミリウス・レピドゥス，マルクス (2) の妻。 *II. 88*
セルウィリウス，クイントゥス (Q. Servilius)
前91年の法務官。 *II. 15*
セルウィリウス・イサリクス，プブリウス (P. Servilius Isauricus)
前48、41年の執政官。 *II. 53*
セルウィリウス・ウァティア・イサウリクス，プブリウス (P. Servilius Vatia Isauricus)
前79年の執政官。前55年の監察官。 *II. 39*
セルウィリウス・カエピオ，クイントゥス (Q. Servilius Caepio) (1)
前140年の執政官。 *II. 1*
セルウィリウス・カエピオ，クイントゥス (Q. Servilius Caepio) (2)
前106年の執政官。 *II. 12, 53*
セルウィリウス・カエピオ，グナエウス (Cn. Servilius Caepio) (1)
前169年の執政官。 *I. 15*
セルウィリウス・カエピオ，グナエウス (Cn. Servilius Caepio) (2)
前141年の執政官。前125年の監察官。 *II. 10, 21*
セルウィリウス・グラウキア，ガイウス (C. Servilius Glaucia)
前100年の法務官。 *II. 12*
セルギウス・カティリナ，ルキウス (L. Sergius Catilina)
前68年の法務官。前63年に企んだ陰謀をキケロに取り押さえられる。 *II. 34—35*
セルトリウス，クイントゥス (Sertorius)
前83年（？）の法務官。前123－72年。前90年のクァエストル。マリウスとキンナの信奉者。 *II. 25, 29—30, 90*
センティウス・サトゥルニヌス，ガイウス (C. Sentius Saturninus)
前19、後４年の執政官。 *II. 77, 92, 103, 105, 109—110*
センプロニウス・グラックス，ガイウス (C. Sempronius Gracchus)
グラックス兄弟の弟。前123、122年の護民官。 *I. 17; II. 2, 6—7, 9, 13, 32*
センプロニウス・グラックス，ティベリウス (Ti. Sempronius Gracchus) (1)
グラックス兄弟の父。前177、163年の執政官。 *II. 2, 7*
センプロニウス・グラックス，ティベリウス (Ti. Sempronius Gracchus) (2)
グラックス兄弟の兄。前133年の護民官。 *I. 17; II. 2—4, 6—7, 9, 13*
センプロニウス・グラックス，ティベリウス (Ti. Sempronius Gracchus) (3)
ユリア (3) の愛人。 *II. 100*
センプロニウス・ソプス，プブリウス (P. Sempronius Sophus)

前280年の執政官。 *II. 128*

サクロウィル (Sacrovir)

ガリア、アエドゥイ族の指導者。 *II. 129*

サトゥルニヌス →アプレイユス・サトゥルニヌス，ルキウス、または、センティウス・サトゥルニヌス，ガイウス

サルウィディエヌス・ルフス，クイントゥス (Q. Salvidienus Rufus)

前39年の予定執政官。 *II. 59, 76*

サルスティウス・クリスプス，ガイウス (C. Sallustius Crispus)

ローマを代表する歴史家。前86頃－35年。『カティリナ戦記』『ユグルタ戦記』を残す。前46年の法務官。 *II. 36*

サルダナパロス (Sardanapalus)

伝説的なアッシュリア国王。 *I. 6*

シギメルス (Sigimerus)

ケルスキ族の族長。アルミニウスの父親。 *II. 118*

シセンナ →コルネリウス・シセンナ，ルキウス、または、スタティリウス・シセンナ，ティトゥス

シラヌス →ユニウス・シラヌス

シリウス・アウルス・カエキナ・ラルグス，ガイウス (C. Silius A. Caecina Largus)

後13年の執政官。 *II. 130*

シリウス・ネルウァ，プブリウス (P. Silius Nerva) (1)

前20年の執政官。 *II. 83, 90, 116*

シリウス・ネルウァ，プブリウス (P. Silius Nerva) (2)

前項人物の息子。後3年の執政官。 *II. 101*

スカウルス →アウレリウス・スカウルス，マルクス

スカエウォラ →ムキウス・スカエウォラ

スキピオ →コルネリウス・スキピオ、または、カエキリウス・メテルス・ピウス・スキピオ・ナシカ，プブリウス

スクリボニア (Scribonia)

オクタウィアヌスの妻。ユリア (3) の母。 *II. 100*

スクリボニウス・クリオ，ガイウス (C. Scribonius Curio)

前50年の護民官。優れた弁論家。 *II. 48, 55, 68*

スクリボニウス・リボ・ドルスス，マルクス (M. Scribonius Libo Drusus)

ティベリウス帝に対する謀反の計画者。 *II. 129—130*

スタイユス (スタティウス)・ムルクス，ルキウス (L. Staius (Statius) Murcus)

前45年の法務官カエサルの死後の内乱でセクストゥス・ポンペイユスに従った。だが彼は、そのポンペイユスに殺される。 *II. 69, 72, 77*

スタティアヌス，オッピウス (Oppius Statianus)

アントニウスの副官だった。 *II. 82*

スタティリウス・シセンナ，ティトゥス (T. Statilius Sisenna)

後16年の執政官。 *II. 14*

スタティリウス・タウルス，ティトゥス (T. Statilius Taurus)

前37年にアグリッパを同僚として補充執政官。前26年にアウグストゥスを同僚とする執政官。 *II. 85, 127*

スッラ →コルネリウス・スッラ・フェリクス，ルキウス

ストラトン (Strato)

ブルトゥスの従者。 *II. 70*

コルネリウス・スキピオ・アエミリアヌス・アフリカヌス，プブリウス（P. Cornelius Scipio Aemilianus Africanus）
いわゆる小スキピオ。前147と137年の執政官。 *I. 10, 12—13, 17; II. 1, 4, 8—9, 38, 127*
コルネリウス・スキピオ・アシアティクス，ルキウス（L. Cornelius Scipio Asiaticus）（1）
大スキピオの兄弟。前190年の執政官。 *II. 38*
コルネリウス・スキピオ・アシアティクス，ルキウス（L. Cornelius Scipio Asiaticus）（2）
前83年の執政官。 *II. 25*
コルネリウス・スキピオ・アフリカヌス，プブリウス（P. Cornelius Scipio Africanus）
いわゆる大スキピオ。前205、194年の執政官。 *I. 10, 12; II. 1—3, 7—8, 38, 90, 127*
コルネリウス・スキピオ・カルウス，グナエウス（Cn. Cornelius Scipio Calvus）
前222年の執政官。大スキピオの伯父。 *II. 3, 38, 90*
コルネリウス・スキピオ・ナシカ，プブリウス（P. Cornelius Scipio Nasica）
前項人物の息子。前191年の執政官。 *II. 3*
コルネリウス・スキピオ・ナシカ・コルクルム，プブリウス（P. Cornelius Scipio Nasica Corculum）
前項人物の息子。前162、155年の執政官。 *II. 1, 3*
コルネリウス・スキピオ・ナシカ・セラピオ，プブリウス（P. Cornelius Scipio Nasica Serapio）
前項人物の息子。前138年の執政官。 *II. 3*
コルネリウス・スッラ・フェリクス，ルキウス（L. Cornelius Sulla Felix）
前138－78年。前88、80年の執政官。前82－79年の独裁官。 *II. 9, 12, 15—20, 22—24, 26—30, 32, 41, 43, 61, 66*
コルネリウス・ドラベラ，グナエウス（Cn. Cornelius Dolabella）
前81年の執政官。 *II. 43*
コルネリウス・ドラベラ，プブリウス（P. Cornelius Dolabella）（1）
前44年の執政官。キケロの娘婿。 *II. 58, 60, 69, 84*
コルネリウス・ドラベラ，プブリウス（P. Cornelius Dolabella）（2）
後10年の執政官。 *II. 125*
コルネリウス・バルブス，ルキウス（L. Cornelius Balbus）
前40年の執政官。 *II. 51*
コルネリウス・メルラ，ルキウス（L. Cornelius Merula）
前87年の補充執政官。 *II. 20, 22*
コルネリウス・ルフィヌス，プブリウス（P. Cornelius Rufinus）
前290年の執政官。スッラの祖先。 *I. 14; II. 17*
コルネリウス・レントゥルス，グナエウス（Cn. Cornelius Lentulus）
前146年の執政官。 *I. 12*
コルネリウス・レントゥルス・クルス，ルキウス（L. Cornelius Lentulus Crus）
前49年の執政官。 *II. 49, 51, 53*
コルネリウス・レントゥルス・コッスス，グナエウス（Cn. Cornelius Lentulus Cossus）
前１年の執政官。 *II. 116*
コルネリウス・レントゥルス・スピンテル，プブリウス（P. Cornelius Lentulus Spinther）
前57年の執政官。 *II. 53*
コルネリウス・レントゥルス・スラ，プブリウス（P. Cornelius Lentulus Sura）
カティリナ陰謀事件の共犯者。 *II. 34—35*
コルンカニウス，ティベリウス（Ti. Coruncanius）

クリュタイムネストラ (Clytaemnestra)
アガメムノンの妻。 *I. 1*
クレオパトラ (Cleopatra)
エジプト女王。 *II. 82, 84—85, 87*
クレオン (Creon)
アテナイのアルコーン。 *I. 8*
クレスポンテス (Cresphontes)
ヘラクレスの末裔。 *I. 2*
クロディウス・プルケル，プブリウス (P. Clodius Pulcher)
前58年の護民官。キケロの政敵。 *II. 45, 47, 68*
ケイヨニウス (Ceionius)
クインティリウス・ウァルス，プブリウス指揮下の陣営指揮官。 *II. 119*
ケテグス →コルネリウス・ケテグス，ガイウス
ゲリウス・プブリコラ，ルキウス (L. Gellius Publicola)
前36年の執政官。 *II. 85*
ゲルマニクス →クラウディウス・ゲルマニクス・カエサル
ゲンティウス (Gentius)
イリュリクムの王。 *I. 9*
コクレス →ホラティウス・コクレス
コッスス →コルネリウス・レントゥルス・コッスス，グナエウス
コッタ →アウレリウス・コッタ
コテュス (Cotys)
トラキア王ロイメタルケスの息子。 *II. 129*
コドロス (Codrus)
アテナイ最後の王。 *I. 2*
コポニウス，ガイウス (C. Coponius)
前49年の法務官。 *II. 83*
コルウィヌス →ウァレリウス・メッサラ・コルウィヌス，マルクス
コルニフィキウス，ルキウス (L. Cornificius)
前35年の執政官。 *II. 79*
コルネリア (Cornelia) (1)
大スキピオの娘。グラックス兄弟の母。 *II. 7*
コルネリア (Cornelia) (2)
ポンペイユスの妻。 *II. 53*
コルネリウス・キンナ，ルキウス (L. Cornelius Cinna)
前87−84年の執政官。 *II. 20—24, 41, 43*
コルネリウス・ケテグス，ガイウス (C. Cornelius Cethegus)
カティリナ陰謀事件の共犯者。 *II. 34*
コルネリウス・シセンナ，ルキウス (L. Cornelius Sisenna)
前78年の法務官。歴史家として同時代史を執筆。 *II. 9*
コルネリウス・スキピオ (Cornelius Scipio)
ユリア (3) の愛人。 *II. 100*
コルネリウス・スキピオ，プブリウス (P. Cornelius Scipio) (1)
大スキピオの父。前218年の執政官。 *II. 38, 90*
コルネリウス・スキピオ，プブリウス (P. Cornelius Scipio) (2)
大スキピオの息子。小スキピオを養子に迎える。 *I. 10, 12*

117—120, 122
クセルクセス (Xerxes)
ペルシア王。在位、前486−465年。 *II. 33*
グラウコス (Glaucus)
半身半魚の姿で描かれる海神。 *II. 83*
クラウディウス，アッピウス (Ap. Claudius) (1)
ユリア (3) の愛人。 *II. 100*
クラウディウス，アッピウス (Ap. Claudius) (2)
クラウディウス・カエクス，アッピウスの息子。 *I. 14*
クラウディウス・カウデクス，アッピウス (Ap. Claudius Caudex)
前264年の執政官。シキリア島へ最初に侵攻したローマの将軍。 *I. 12; II. 38*
クラウディウス・カエクス，アッピウス (Ap. Claudius Caecus)
前307年の執政官。 *I. 14*
クラウディウス・カニナ，アッピウス (Ap. Claudius Canina)
前273年の執政官。 *I. 14*
クラウディウス・クァドリガリウス (Claudius Quadrigarius)
スッラの時代の歴史家。 *II. 9*
クラウディウス・ゲルマニクス・カエサル (Claudius Germanicus Caesar)
ティベリウス帝の甥として生まれ、養子となる。ゲルマニアでの戦果からその名を得る。後19年没。 *II. 116, 123, 125, 129—130*
クラウディウス・ドルスス (Claudius Drusus)
ティベリウス帝の息子。 *II. 125, 129—130*
クラウディウス・ネロ，ティベリウス (Ti. Claudius Nero)
ティベリウス帝の父。前42年の法務官。 *II. 75—77, 79, 94*
クラウディウス・ネロ・ドルスス・カエサル (Claudius Nero Drusus Caesar)
皇帝ティベリウスの兄弟。 *II. 95, 97*
クラウディウス・プルケル，アッピウス (Ap. Claudius Pulcher)
ティベリウス・グラックスの義父。 *II. 2*
クラウディウス・マルケルス，ガイウス (C. Claudius Marcellus)
前49年の執政官。 *II. 49*
クラウディウス・マルケルス，マルクス (M. Claudius Marcellus) (1)
前222、210、208年の執政官。 *II. 38*
クラウディウス・マルケルス，マルクス (M. Claudius Marcellus) (2)
アウグストゥスの甥として生まれ、養子となり、後継者と目されたが夭折。前42−23年。 *II. 93*
クラウディウス・ルフス，アッピウス (Ap. Claudius Rufus)
前268年の執政官。 *I. 14*
グラックス →センプロニウス・グラックス
クラッスス →リキニウス・クラッスス
クラティノス (Cratinus)
前484−419年頃。アッティカ古喜劇の作者。 *I. 16*
クリウス・デンタトゥス，マニウス (M'. Curius Dentatus)
前290年の執政官。 *I. 14*
クリオ →スクリボニウス・クリオ，ガイウス
クリスプス →サルスティウス・クリスプス，ガイウス、または、マルキウス・クリスプス，クイントゥス

前32年の執政官。 *II. 85, 87*
カニニウス・ガルス，ルキウス (L. Caninius Gallus)
前２年の執政官。 *II. 100*
カピト，ウェレイユス (Velleius Capito)
本書著者の伯父。 *II. 69*
ガビニウス，アウルス (A. Gabinius)
前67年の護民官。前58年の執政官。 *II. 31*
カラノス (Caranus)
ヘラクレスの末裔。マケドニアの王家の創始者。 *I. 6*
カリディウス，マルクス (M. Calidius)
前57年の法務官。有名な弁論家。 *II. 36*
カルウィリウス・マクシムス，スプリウス (Sp. Carvilius Maximus)
前293、272年の執政官。 *II. 128*
カルウス　→リキニウス・カルウス，ガイウス
ガルバ　→スルピキウス・ガルバ，セルウィウス
カルプルニア (Calpurnia) (1)
カルプルニウス・ベスティアの娘。アンティスティウス，ププリウスの妻。 *II. 26, 88*
カルプルニア (Calpurnia) (2)
ユリウス・カエサルの三人目の妻。 *II. 57*
カルプルニウス・ピソ，グナエウス (Cn. Calpurnius Piso)
前７年の執政官。 *II. 130*
カルプルニウス・ピソ，ルキウス (L. Calpurnius Piso)
前15年の執政官。 *II. 98*
カルプルニウス・ピソ・フルギ，ルキウス (L. Calpurnius Piso Frugi)
前133年の執政官。 *II. 2*
カルプルニウス・ビブルス，マルクス (M. Calpurnius Bibulus)
前59年の執政官。 *II. 44*
カルプルニウス・ベスティア，ルキウス (L. Calpurnius Bestia)
前111年の執政官。 *II. 26*
カルボ　→パピリウス・カルボ
カロプス (Charops)
アテナイのアルコーン。 *I. 2, 8*
カンヌティウス，ティトゥス (T. Cannutius)
前44年の護民官。 *II. 64*
キケロ　→トゥリウス・キケロ，マルクス
キモン (Cimon)
アテナイの軍人、政治家。前510−450年頃。ミルティアデスの息子。 *I. 8*
キンナ　→コルネリウス・キンナ，ルキウス
クインティウス・クリスピヌス・スルピキアヌス，ティトゥス (T. Quintius Crispinus)
前９年の執政官。 *II. 100*
クインティリウス・ウァルス (Quintilius Varus)
ムンダで戦死したポンペイユス派。 *II. 55*
クインティリウス・ウァルス，セクストゥス (Sex. Quintilius Varus)
前49年の財務官。 *II. 71, 119*
クインティリウス・ウァルス，ププリウス (P. Quintilius Varus)
前項人物の息子。前13年の執政官。アルミニウス率いるゲルマニア軍に敗北。 *II.*

カエキリウス・メテルス・カプラリウス，ガイウス（C. Caelius Metellus Caprarius）
前113年の執政官。 *II. 8*
カエキリウス・メテルス・クレティクス，クイントゥス（Q. Caelius Metellus Creticus）
前69年の執政官。 *II. 34, 38, 40, 48*
カエキリウス・メテルス・ケレル，クイントゥス（Q. Caecilius Metellus Celer）
前60年の執政官。 *II. 48*
カエキリウス・メテルス・ヌミディクス，クイントゥス（Q. Caecilius Metellus Numidicus）
前109年の執政官。 *II. 8—9, 11, 15, 39, 45*
カエキリウス・メテルス・ピウス，クイントゥス（Q. Caecilius Metellus Pius）
前項人物の息子。前80年の執政官。 *II. 15, 28—30*
カエキリウス・メテルス・ピウス・スキピオ・ナシカ，プブリウス（P. Caecilius Metellus Pius Scipio Nasica）
前52年の執政官。ポンペイユスの義父で、メテルス・スキピオとして知られる。 *II. 54*
カエキリウス・メテルス・マケドニクス，クイントゥス（Q. Caecilius Metellus Macedonicus）
前143年の執政官。 *I. 11—12; II. 1, 5*
カエサル →ユリウス・カエサル
カエセティウス・フラウス，ルキウス（L. Caesetius Flavus）
前44年の護民官。 *II. 68*
カエディキウス，ルキウス（L. Caedicius）
クインティリウス・ウァルス，プブリウス指揮下の陣営隊長。 *II. 120*
カエピオ →ファンニウス・カエピオ、または、セルウィリウス・カエピオ
カエリウス・アンティパテル，ルキウス（L. Caelius Antipater）
ローマの歴史家。前110年頃の生まれ。 *II. 9*
カエリウス・カルドゥス（Caelius Caldus）
不詳。 *II. 120*
カエリウス・ルフス，マルクス（M. Caelius Rufus）
前48年の法務官。弁論の才があり、キケロと親交があった。 *II. 36, 68*
カッシウス，ガイウス（パルマの）（C. Cassius Parmensis）
前43年の財務官。ユリウス・カエサル殺害者の一人。 *II. 87*
カッシウス・ロンギヌス，ガイウス（C. Cassius Longinus）（1）
前154年の監察官。 *I. 15*
カッシウス・ロンギヌス，ガイウス（C. Cassius Longinus）（2）
前124年の執政官。 *I. 15*
カッシウス・ロンギヌス，ガイウス（C. Cassius Longinus）（3）
前44年の法務官。ユリウス・カエサル暗殺の主謀者。 *II. 46, 56, 58, 62, 65, 69—73, 87*
カッシウス・ロンギヌス・ラウィラ，ルキウス（L. Cassius Longinus Ravilla）
前125年の監察官。 *II. 10*
カティリナ →セルギウス・カティリナ，ルキウス
カトー →ポルキウス・カトー
カトゥルス，ガイウス・ウァレリウス（C. Valerius Catullus）
ウェロナ出身のローマを代表する恋愛詩人。前87－46年頃。 *II. 36*
カトゥルス・ルタティウス →ルタティウス・カトゥルス
カニディウス・クラッスス，プブリウス（P. Canidius Crassus）

前20年の法務官。 *II. 91—92*
エッギウス，ルキウス（L. Eggius）
クインティリウス・ウァルス，プブリウスの陣営指揮官。 *II. 119*
エピディウス・マルルス，ガイウス（C. Epidius Marullus）
前44年の護民官。 *II. 68*
エペイオス（Epeus）
トロイアの木馬の製作者。 *I. 1*
エリッサ（Elissa）
ディドの別名。 *I. 6* →ディド
エリュクシアス（Eryxias）
アテナイのアルコーン。 *I. 8*
エレクトラ（Electra）
アガメムノンとクリュタイムネストラの娘、オレステスの姉妹。 *I. 1*
オウィディウス・ナソ，プブリウス（P. Ovidius Naso）
ローマを代表する詩人。前43－後17年頃。『恋愛術』『変身物語』などを残す。 *II. 36*
オクタウィア（Octavia）
オクタウィアヌスの姉妹。 *I. 11; II. 78, 93*
オクタウィアヌス →ユリウス・カエサル・オクタウィアヌス・アウグストゥス，ガイウス
オクタウィウス，ガイウス（C. Octavius）（1）
アウグストゥスの実父。前61年の法務官。 *II. 59*
オクタウィウス，ガイウス（C. Octavius）（2）
ユリウス・カエサルの養子となる以前のアウグストゥスの名。 *II. 59* →ユリウス・カエサル・オクタウィアヌス・アウグストゥス，ガイウス
オクタウィウス，グナエウス（Cn. Octavius）（1）
前165年の執政官。 *I. 9; II. 1*
オクタウィウス，グナエウス（Cn. Octavius）（2）
前項人物の孫。前87年の執政官。 *II. 22*
オクタウィウス，マルクス（M. Octavius）
前133年の護民官。 *II. 2*
オピミウス，ルキウス（Opimius）
前121年の執政官。 *II. 6—7*
オフェラ →ルクレティウス・オフェラ，クイントゥス
オプス（Ops）
実りと富を司るローマの女神。 *II. 60*
オレステス（Orestes）
アガメムノンの息子。 *I. 1—2*
オロデス（Orodes）
パルティア王。在位、前58／57－37年。 *II. 46, 91*
カエキナ・セウェルス，アウルス（A. Caecina Severus）
前１年の執政官。 *II. 112*
カエキリウス・スタティウス，ガイウス（C. Caecilius Statius）
ローマの喜劇作家。前220年生まれ。ギリシア喜劇から翻案したパリウム劇を書いた。 *I. 17*
カエキリウス・メテルス，マルクス（M. Caelius Metellus）
前115年の執政官。 *II. 8*

アガメムノン (Agamemnon)
トロイアに遠征したギリシア軍の総大将。ミュケナイの王。 *I. 1*
アキラス (Achillas)
プトレマイオス十三世の家臣。 *II. 53*
アキレウス (Achilles)
トロイアに遠征したギリシア軍随一の英雄。 *I. 1, 6*
アクイリウス，マニウス (M'. Aquilius) (1)
前129年の執政官。 *II. 4*
アクイリウス，マニウス (M'. Aquilius) (2)
前項人物の息子。前101年の執政官。 *II. 18*
アグリッパ →ウィプサニウス・アグリッパ
アシニウス・ポリオ，ガイウス (C. Asinius Pollio)
前40年の執政官。ローマの政治家、弁論家、文筆家。 *II. 36, 63, 73, 76, 86, 128*
アッキウス，ルキウス (L. Accius)
ローマの悲劇詩人。前170－86年頃。 *I. 17; II, 9*
アッタロス (三世) (Attalus)
ペルガモンの王。 *II. 4, 38*
アッティウス・ウァルス，プブリウス (P. Attius Varus)
前53年の法務官。 *II. 55*
アッピウス →クラウディウス，アッピウス
アティア (Atia)
ユリウス・カエサルの妹の娘。アウグストゥスの母。 *II. 59—60*
アティリウス・セラヌス，ガイウス (C. Atilius Serranus)
前106年の執政官。 *II. 53*
アティリウス・レグルス，マルクス (M. Atilius Regulus)
前267、256年の執政官。第一次ポエニ戦争においてカルタゴ側の捕虜となり、捕虜交換のためにローマへ送られたとき、元老院で交換反対を弁じ、自らカルタゴに戻って拷問死に処されたことで知られる。 *II. 38*
アトレウス (Atreus)
ペロプスの息子。オリュンピア競技祭の伝説的創設者。 *I. 8*
アニキウス・ガルス，ルキウス (L. Anicius Gallus)
前160年の執政官。 *I. 9*
アフラニウス，ルキウス (L. Afranius) (1)
ローマの喜劇作家。前130年頃の生まれ。 *I. 17; II. 9*
アフラニウス，ルキウス (L. Afranius) (2)
前60年の執政官。 *II. 48, 50*
アフリカヌス →コルネリウス・スキピオ・アフリカヌス，プブリウス
アプレイユス・サトゥルニヌス，ルキウス (L. Appuleius Saturninus)
前103、100年の護民官。 *II. 12, 15*
アプロニウス，ルキウス (L. Apronius)
後８年の執政官。 *II. 116*
アミュンタス (Amyntas)
小アシア、ガラティアの王。 *II. 84*
アリストデモス (Aristodemus)
ヘラクレスの末裔、ペロポネソスを支配した。 *I. 2*
アリストテレス (Aristoteles)

人名索引

各項目末のローマ数字は本書の巻数を、アラビア数字は章数を表わす。矢印は参照項目を指示する。

アイギストス (Aegisthus)
アガメムノンの従兄弟。クリュタイムネストラの愛人。 *I. 1*
アイスキュロス (Aeschylus)
三大ギリシア悲劇詩人の一人。前525－456年。 *I. 16*
アウグスタ (Augusta)
養女として、ユリウス家に入ったリウィアの添え名。 *II. 71* →リウィア・ドルシラ
アウグストゥス →ユリウス・カエサル・オクタウィアヌス・アウグストゥス，ガイウス
アウレリウス・コッタ，ガイウス (C. Aurelius Cotta)
前75年の執政官。大神官、有名な弁論家。 *II. 36, 43*
アウレリウス・コッタ，ルキウス (L. Aurelius Cotta)
前70年の法務官としてアウレリウス法を提出。 *II. 32*
アウレリウス・コッタ・マクシムス・メッサリヌス，マルクス (M. Aurelius Cotta Maximus Messalinus)
後20年の執政官。 *II. 112*
アウレリウス・スカウルス，マルクス (M. Aurelius Scaurus)
前108年の執政官。有名な弁論家。キンブリ族との戦争で戦死。 *II. 9, 12*
アエミリウス・パウルス，ルキウス (L. Aemilius Paulus) (1)
前219、216年の執政官。 *I. 9*
アエミリウス・パウルス，ルキウス (L. Aemilius Paulus) (2)
前182、168年の執政官。 *I. 9—10, 12; II. 5, 10, 38—40*
アエミリウス・パウルス，ルキウス (L. Aemilius Paulus) (3)
次項人物の兄弟。 *II. 67*
アエミリウス・レピドゥス，マルクス (M. Aemilius Lepidus) (1)
前46年の執政官。第2次三頭政治のメンバー。 *II. 63—64, 66—67, 80, 88*
アエミリウス・レピドゥス，マルクス (M. Aemilius Lepidus) (2)
前項人物の息子。 *II. 88*
アエミリウス・レピドゥス，マルクス (M. Aemilius Lepidus) (3)
後6年の執政官。 *II. 114—115, 125*
アエミリウス・レピドゥス・パウルス，ルキウス (L. Aemilius Lepidus Paulus)
三頭政治家の甥。前34年の執政官。 *II. 95*
アエミリウス・レピドゥス・ポルキナ，マルクス (M. Aemilius Lepidus Porcina)
前137年の執政官。 *II. 10*
アエリウス・セイヤヌス，ルキウス (Aelius Seianus)
ティベリウス帝の親衛隊長。 *II. 127—128*
アエリウス・カトゥス，セクストゥス (Sex. Aelius Catus)
後4年の執政官。 *II. 103*
アエリウス・ラミア，ルキウス (L. Aelius Lamia)
後3年の執政官。 *II. 116*

訳者略歴

西田卓生（にしだ　たくお）

一九五五年　兵庫県生まれ
一九七八年　京都大学工学部卒業
一九八六年　京都大学大学院文学研究科博士後期課程修了

主要論文

「宗教的見地から見たリーウィウスの第三 Decade」『西洋古典論集』四、一九八八年

「リーウィウスのイデオロギーと AB URBE CONDITA の第I巻の特異性」『西洋古典論集』五、一九八八年

高橋宏幸（たかはし　ひろゆき）

一九五六年　千葉県生まれ
一九八四年　京都大学大学院文学研究科博士後期課程修了
二〇一〇年　京都大学文学博士
現在、京都大学大学院文学研究科教授

主な著訳書

『ウェルギリウス　アエネーイス』（共訳、京都大学学術出版会）

『セネカ哲学全集5　倫理書簡集I』（岩波書店）

『ギリシア神話を学ぶ人のために』（世界思想社）

『ガリア戦記』——歴史を刻む剣とペン』（岩波書店）

ローマ世界《せかい》の歴史《れきし》　西洋古典叢書　2011 第7回配本

二〇一二年三月十五日　初版第一刷発行

訳　者　西《にし》田《だ》卓《たく》生《お》
　　　　高《たか》橋《はし》宏《ひろ》幸《ゆき》

発行者　檜　山　爲　次　郎

発行所　京都大学学術出版会

606-8315 京都市左京区吉田近衛町六九 京都大学吉田南構内
電　話　〇七五-七六一-六一八二
ＦＡＸ　〇七五-七六一-六一九〇
http://www.kyoto-up.or.jp/

印刷・土山印刷／製本・三省堂印刷

ISBN978-4-87698-191-5

定価はカバーに表示してあります

西洋古典叢書 ［第Ⅰ～Ⅳ期］ 既刊全84冊

【ギリシア古典篇】

アキレウス・タティオス　レウキッペとクレイトポン　中谷彩一郎訳　3255円
アテナイオス　食卓の賢人たち　1　柳沼重剛訳　3990円
アテナイオス　食卓の賢人たち　2　柳沼重剛訳　3990円
アテナイオス　食卓の賢人たち　3　柳沼重剛訳　4200円
アテナイオス　食卓の賢人たち　4　柳沼重剛訳　3990円
アテナイオス　食卓の賢人たち　5　柳沼重剛訳　4200円
アラトス／ニカンドロス／オッピアノス　ギリシア教訓叙事詩集　伊藤照夫訳　4515円
アリストクセノス／プトレマイオス　古代音楽論集　山本建郎訳　3780円
アリストテレス　天について　池田康男訳　3150円
アリストテレス　魂について　中畑正志訳　3360円
アリストテレス　動物部分論他　坂下浩司訳　4725円
アリストテレス　ニコマコス倫理学　朴　一功訳　4935円

アリストテレス　政治学　牛田徳子訳　4410円
アリストテレス　トピカ　池田康男訳　3990円
アルクマン他　ギリシア合唱抒情詩集　丹下和彦訳　4725円
アルビノス他　プラトン哲学入門　中畑正志編　4305円
アンティポン／アンドキデス　弁論集　高畠純夫訳　3885円
イソクラテス　弁論集　1　小池澄夫訳　3360円
イソクラテス　弁論集　2　小池澄夫訳　3780円
エウセビオス　コンスタンティヌスの生涯　秦　剛平訳　3885円
ガレノス　ヒッポクラテスとプラトンの学説　1　内山勝利・木原志乃訳　3360円
ガレノス　自然の機能について　種山恭子訳　3150円
クセノポン　ギリシア史　1　根本英世訳　2940円
クセノポン　ギリシア史　2　根本英世訳　3150円
クセノポン　小品集　松本仁助訳　3360円
クセノポン　キュロスの教育　松本仁助訳　3780円
クセノポン　ソクラテス言行録　1　内山勝利訳　3360円

セクストス・エンペイリコス　ピュロン主義哲学の概要　金山弥平・金山万里子訳　3990円
セクストス・エンペイリコス　学者たちへの論駁　1　金山弥平・金山万里子訳　3780円
セクストス・エンペイリコス　学者たちへの論駁　2　金山弥平・金山万里子訳　4620円
セクストス・エンペイリコス　学者たちへの論駁　3　金山弥平・金山万里子訳　4830円
ゼノン他　初期ストア派断片集　1　中川純男訳　3780円
クリュシッポス　初期ストア派断片集　2　水落健治・山口義久訳　5040円
クリュシッポス　初期ストア派断片集　3　山口義久訳　4410円
クリュシッポス　初期ストア派断片集　4　中川純男・山口義久訳　3675円
クリュシッポス他　初期ストア派断片集　5　中川純男・山口義久訳　3675円
テオクリトス　牧歌　古澤ゆう子訳　3150円
テオプラストス　植物誌　1　小川洋子訳　4935円
ディオニュシオス／デメトリオス　修辞学論集　木曽明子・戸高和弘・渡辺浩司訳　4830円
デモステネス　弁論集　1　加来彰俊・北嶋美雪・杉山晃太郎・田中美知太郎・北野雅弘訳　5250円
デモステネス　弁論集　2　木曽明子訳　4725円
デモステネス　弁論集　3　北嶋美雪・木曽明子・杉山晃太郎訳　3780円

デモステネス　弁論集　4　木曽明子・杉山晃太郎訳　3780円

トゥキュディデス　歴史　1　藤縄謙三訳　4410円

トゥキュディデス　歴史　2　城江良和訳　4620円

ピロストラトス／エウナピオス　哲学者・ソフィスト列伝　戸塚七郎・金子佳司訳　3885円

ピロストラトス　テュアナのアポロニオス伝　1　秦　剛平訳　3885円

ピンダロス　祝勝歌集／断片選　内田次信訳　4620円

フィロン　フラックスへの反論／ガイウスへの使節　秦　剛平訳　3360円

プラトン　ピレボス　山田道夫訳　3360円

プラトン　饗宴／パイドン　朴　一功訳　4515円

プルタルコス　モラリア　1　瀬口昌久訳　3570円

プルタルコス　モラリア　2　瀬口昌久訳　3465円

プルタルコス　モラリア　5　丸橋　裕訳　3885円

プルタルコス　モラリア　6　戸塚七郎訳　3570円

プルタルコス　モラリア　7　田中龍山訳　3885円

プルタルコス　モラリア　11　三浦　要訳　2940円

プルタルコス　モラリア13　戸塚七郎訳　3570円
プルタルコス　モラリア14　戸塚七郎訳　3150円
プルタルコス　英雄伝 1　柳沼重剛訳　4095円
プルタルコス　英雄伝 2　柳沼重剛訳　3990円
ポリュビオス　歴史 1　城江良和訳　3885円
ポリュビオス　歴史 2　城江良和訳　4095円
マルクス・アウレリウス　自省録　水地宗明訳　3360円
リュシアス　弁論集　細井敦子・桜井万里子・安部素子訳　4410円

【ローマ古典篇】

ウェルギリウス　アエネーイス　岡　道男・高橋宏幸訳　5145円
ウェルギリウス　牧歌／農耕詩　小川正廣訳　2940円
オウィディウス　悲しみの歌／黒海からの手紙　木村健治訳　3990円
クインティリアヌス　弁論家の教育 1　森谷宇一・戸高和弘・渡辺浩司・伊達立晶訳　2940円
クインティリアヌス　弁論家の教育 2　森谷宇一・戸高和弘・渡辺浩司・伊達立晶訳　3675円
クルティウス・ルフス　アレクサンドロス大王伝　谷栄一郎・上村健二訳　4410円

スパルティアヌス他　ローマ皇帝群像 1　南川高志訳　3150円
スパルティアヌス他　ローマ皇帝群像 2　桑山由文・井上文則・南川高志訳　3570円
スパルティアヌス他　ローマ皇帝群像 3　桑山由文・井上文則訳　3675円
セネカ　悲劇集 1　小川正廣・高橋宏幸・大西英文・小林　標訳　3990円
セネカ　悲劇集 2　岩崎　務・大西英文・宮城徳也・竹中康雄・木村健治訳　4200円
トログス／ユスティヌス抄録　地中海世界史　合阪　學訳　4200円
プラウトゥス　ローマ喜劇集 1　木村健治・宮城徳也・五之治昌比呂・小川正廣・竹中康雄訳　4725円
プラウトゥス　ローマ喜劇集 2　山下太郎・岩谷　智・小川正廣・五之治昌比呂・岩崎　務訳　4410円
プラウトゥス　ローマ喜劇集 3　木村健治・岩谷　智・竹中康雄・山澤孝至訳　4935円
プラウトゥス　ローマ喜劇集 4　高橋宏幸・小林　標・上村健二・宮城徳也・藤谷道夫訳　4935円
テレンティウス　ローマ喜劇集 5　木村健治・城江良和・谷栄一郎・高橋宏幸・上村健二・山下太郎訳　5145円
リウィウス　ローマ建国以来の歴史 1　岩谷　智訳　3255円
リウィウス　ローマ建国以来の歴史 3　毛利　晶訳　3255円